떠나갈 용기, 멈춰설 자유

떠나갈 용기, 멈춰설 자유

영국 이민 19년, 크레타에서 쓴 인생노트

초 판 1쇄 2025년 10월 24일

지은이 류두현
그　림 키미림
펴낸이 류종렬

펴낸곳 미다스북스
본부장 임종익
편집장 이다경, 김가영
디자인 임인영, 윤가희
책임진행 안채원, 이예나, 김요섭, 김은진, 국소리

등록 2001년 3월 21일 제2001-000040호
주소 서울시 마포구 양화로 133 서교타워 711호
전화 02) 322-7802~3
팩스 02) 6007-1845
블로그 http://blog.naver.com/midasbooks
전자주소 midasbooks@hanmail.net
페이스북 https://www.facebook.com/midasbooks425
인스타그램 https://www.instagram.com/midasbooks

© 류두현, 키미림, 미다스북스 2025, *Printed in Korea*.

ISBN 979-11-7355-549-7 03810

값 19,500원

※ 파본은 구입하신 서점에서 교환해드립니다.
※ 이 책에 실린 모든 콘텐츠는 미다스북스가 저작권자와의 계약에 따라 발행한 것이므로 인용하시거나 참고하실 경우 반드시 본사의 허락을 받으셔야 합니다.

미다스북스는 다음세대에게 필요한 지혜와 교양을 생각합니다.

영국 이민 19년, 크레타에서 쓴 인생노트

떠나갈 용기, 멈춰설 자유

글 류두현
그림 키미림

두려움 속에 나선 길, 기쁨으로 멈추어 서다

미다스북스

프롤로그   7

PART 1   익숙함을 떠나, 미지의 길 위에 서다

1 | 세미 리타이어를 결정하다   13
2 | 크레타에서 다시 그릴 삶의 밑그림   19
3 | 공항, 두려움과 환희 사이   26
4 | 인생은 내 생각처럼 되지 않는다   32
5 | 고난과 인내, 새 희망을 품다   38

PART 2   영국이라는 새로운 퍼즐 속의 나

1 | 디지털 사회에서 아날로그 사회로의 이동   47
2 | 크레타의 밝혀진 과거, 나의 숨기고 싶은 과거   52
3 | 영국에서 부르는 이방인의 애가   57
4 | 브로커가 필요한 사회 영국   64
5 | 니코스 카잔차키스의 무덤에서 물어본 자유와 교만   69
6 | 『그리스인 조르바』, 문학과 나의 이어짐   74
7 | 크노소스에서 생각한 소유의 삶, 존재의 삶   82

PART 3   크레타에서 삶을 비추다

1 | 바닷빛이 말을 걸어온 순간, 아요스 니콜라오스   93
2 | 인생의 비수기, 은퇴를 위한 조건들   99
3 | 럭서리를 향한 욕구 그리고 그 후유증   105
4 | 시시에서 떠올린 동업의 기억들   110
5 | 트레이스 에킬리시에스, 사랑과 삶의 변주   116
6 | 호헬 비치에서, 삶이 한가해질 때 생기는 것   123

PART 4 타지에서 마주한 일상의 얼굴

1 | 발루스 비치에서 떠올린 영국에서 집을 산 이유　133
2 | 생존을 고민하며 추진된 두 번째 집　139
3 | 계획에서 벗어난 하루, 허영과 마주하다　148
4 | 사업을 접고서 만난 바다 위 코끼리　153
5 | 레티몬에서 만난 일상의 무거운 계산서　159

PART 5 흔들리던 심신을 딛고 다시 선 나날

1 | 에우로페의 바다, 내 결심이 태어난 자리　169
2 | 낭만과 현실, 헤르소니소스에서　176
3 | 나무 위로 올라간 염소들, 아이들의 인생도 힘들다　181
4 | 크라시의 2,400살 플라타너스가 전한 환대　186
5 | 크레타 최고봉 이다산에서 받은 건강 진단서　193

PART 6 인생길 위에서 되찾은 가족의 의미

1 | 크레타에 오신 두 분의 VIP　201
2 | 파도 속 아들이라는 나침반　209
3 | 보트는 파도를 가르고, 나는 아버지를 마주했다　217
4 | 아이들의 런던행을 바라보며　225

PART 7 다시, 내일로 가다

1 | 오히 데이, 학생 퍼레이드의 감동을 안고 동부 해안까지　233
2 | 주니어 스위트 룸에서의 하룻밤　240
3 | 영국에서의 사업, 그 시작과 끝　249
4 | 귀환의 여정, 뜻밖에 건물주가 되다　256

에필로그　265

부록 1　1,500자로 다시 쓰는 크레타 이야기　269
부록 2　하루로 만나는 크레타, 자동차 7코스　277

프롤로그

영국 중부의 중소 도시 노팅엄, 내 작은 집의 서재, 세미 은퇴를 실행하고 1년이 다 될 무렵에야 드디어 내 인생 첫 책을 끝마칠 수 있었다. 왜 이 책을 쓰게 되었냐고 묻는다면, 무모해 보였던 영국에서의 삶을 글로 잘 정리해서, 다른 삶을 꿈꾸어 보는 독자에게 찬찬히 이야기해 주고 싶었다고 대답하고 싶다.

누구나 인생은 다른데 왜 유독 당신만 다르다고 생각하냐고 묻는다면, 움츠러든다. 사실 유명한 사람도 아니고 위대한 일을 한 적도 없다. 하지만 익숙한 곳을 떠나 이민이라는 다른 길을 택해서 살아왔기에 머뭇거리고 있을 누군가에게 새로운 인생길이 있음을 차근차근 이야기해 줄지 모른다. 무언가를 떠나갈 용기를 줄 수도 있다.

나는 가난을 극복한 아버지와 삼촌 세대의 노력 위에서 배고픔 없이 성장했다. 하지만 한국이라는 좁은 땅에는 많은 사람들이 살았기에 경쟁은 필연적이었다. 나도 그곳에서 35년의 세월을 보냈다.

용기를 내서 한국을 떠났고 영국이라는 전혀 다른 곳에 왔다. 공부도 해

보고, 사업도 하며 19년의 세월이 지났다. 뿌리를 옮기고 다시 내리는 과정에서 절망의 구렁텅이에서 헤맸던 때도 있었고, 어쩔 수 없이 마냥 기다려야 할 때도 있었고, 작은 기쁨에 껑충껑충 뛰고 싶었던 때도 있었다.

그렇게 영국에서의 시간이 지나자, 삶에 경제적 안정이 생겼다. 떠날 때 유치원을 다녔던 두 아이는 영국에서 대학을 졸업하고 자기의 길을 나섰다. 열심히도 살았지만 나도 모르는 보살핌도 함께한 시간이었다.

안정이 찾아오자 잊고 지내던 삶의 의미에 대한 고민이 다시 시작되었다. 새로운 인생을 살고 싶냐고 내 마음에 물어보았다. 허영을 멀리하고 겸손할 수만 있다면 하던 일을 멈추고 다시 도전해도 된다고 생각했다. 다시 자유를 꿈꾸었다.

이 이야기는 나를 놓고 본 70년대생의 이야기이고, 열심히 살아가고 있는 80년대, 90년대생에게 해 주고 싶은 이야기이다. 이민을 준비하는 사람들에게는 먼저 이민살이를 했던 사람의 생생한 이야기일 수 있다. 은퇴를 준비하는 사람들에게는 다른 시각의 마음가짐을 줄 수 있을 것 같다. 인생 후배들에게는 자리를 박차고 나설 용기를 줄 수도 있다. 첫 직장을 준비하는 초년생에게는 다양한 삶이 있다는 것을 알게 해줄지도 모른다. 아무쪼록 나의 이야기가 독자들에게 단지 개인의 체험담에 머물지 않고 각자의 방식으로 떠남과 머묾, 자유와 변화, 그리고 삶의 의미라는 보편적 물음에 대한 사유를 할 수 있는 시간이 되었으면 좋겠다.

이 글은 지중해의 아름다운 섬 크레타에서 쓰였다. 이 책을 읽는 시간은 이 섬을 이곳저곳 나와 같이 여행하는 시간이다. 낯선 길 위에서 마주했던 지나간 여정을 들으며 사유의 동행을 할 수 있다면 더없이 영광이겠다. 크레타는 세계사 수업 시간에 '유럽 문명의 시작'으로 소개되었던 곳으로 유럽 문명의 뿌리인 미노아 문명이 시작된 곳이다. 크레타는 16세기를 대표하는 화가인 엘 그레코와 20세기를 대표하는 대문호 중 한 명인 니코스 카잔차키스의 고향이기도 하다. 이 매혹적인 섬에 대해 틈틈이 나오는 여러 정보는 보너스라고 생각해 주면 좋겠다.

PART 1

익숙함을 떠나,
미지의 길 위에 서다

안전한 일상 속에도 숨이 막힐 때, 떠나는 쪽이 오히려 나를 지키는 선택일 수 있다.
삶의 방향을 바꾸고 싶었던 순간, 두려움을 지닌 채 나는 떠나기로 했다.

1
세미 리타이어를 결정하다

나는 한국의 2차 베이비붐 시대(1968-1974)에 태어났다. 특히나 내가 태어난 1971년은 우리나라 역사 이래 연간 출생아 수가 가장 많았던 해이다. 공식적으로만 1,024,773명이 태어났다.

국민학교(초등학교) 때는 한 반에 무려 70명이 있는 교실에서 공부했고, 90년대에 재수를 하고도 전기 대학에 떨어지고 힘들게 후기 대학에 입학했다. 입학에 비해서는 수월하게 대학을 졸업하고, 성장하는 한국에서 운 좋게 남들이 다 아는 모양새 나는 직장을 잡았다. 수백만 명의 동기와 연배들과 같이 사는 삶 속에서 상호 경쟁은 익숙한 것이었고, 이에 따르는 성공과 실패가 필연적으로 반복되는 시간을 보냈다. 그렇게 한국에서 35년을 약간 넘게 살았었다. 그러다가 만으로 35살이 넘어서기 바로 전 어느 날, 홀연히 직장을 그만두고 선진국에서 공부한다는 그럴싸한 명목으로 영국에 갔다. 그때부터 한국의 동기와 같은 연배들과는 다른 인생의 길이 펼쳐졌고, 그 안에서 여러 시행착오를 겪으며 지나온 시간이 어느새 19년이다. 그리고 어느 날 같은 해 태어난 동기들보다는 조금 빠른 은퇴를 생각할 수 있게 되었다.

조금 빠른 은퇴

특유의 한국인 정신으로 성실하게 또 부지런히 살았다지만, 영국에서의 삶은 여러 사회적, 문화적 차이를 느끼며, 다른 사회와 다른 인종 사이에서 눈치꾸러기처럼 살아온 시간이었다. 한국에서의 35년과는 다른, 영국에서의 삶은 낯설고 고달픈 19년의 세월이었다.

내 청춘의 마지막 끝자락을 보낸 영국에서의 삶을 조심히 마무리하며, 영국에 처음 올 때만큼이나 무모해 보이는 새로운 인생을 시작하기로 결심했다.

지난 50여 년의 삶을 정리하고 새로운 인생을 시작한다. 새로운 인생을 본격적으로 운전하기 전에, 이곳저곳을 둘러보며 지나온 날을 정리하고 미래를 준비할 시간이 필요하다고 생각했다. 은퇴를 하고 매일매일 반복되는 일상에서 벗어나자, 지금을 소중히 생각하라는 '카르페 디엠(carpe diem, 'Seize the day'라는 뜻)'이 마음속에 자리 잡았다. 이 워밍업 기간에 서양 문명이 시작된 그리스의 섬, 크레타에서 한 달 살기가 포함되었다. 크레타는 내 인생에 한 번도 가보지 않은 곳! 하지만 누구나 역사책에서 한 번쯤은 들어보았을 흥미로운 섬이다.

영국에서는 완전히 일을 하지 않으면 '리타이어*retirement*'라고 하고, 어떤 이유든 조금이라도 하는 일이 있으면 '세미 리타이어*semi-retirement*'라고 한다. 그 정의를 따른다면 나는 '리타이어'라기보다는 '세미 리타이어'가 맞다. 사실 나는 아직도 돈에서 퍽 자유롭지만은 않다. 2008년의 영국 금융 위기와,

이어진 2016년 브렉시트Brexit의 시류를 타면서 침체기의 영국에서 내 집을 살 수 있는 기회를 얻었다. 그 후로 몇 채의 수익형 부동산을 저렴하게 구입할 수 있었다. 그렇게 구입한 수익형 부동산에서 소득이 들어오도록 만들어 놓았지만, 그렇다 해도 살림살이에 있어 넉넉함이란 내 인생에 지금까지도 없었고 앞으로도 없을 것 같다. 게다가 영국이라는 나라는 가만히 있어도 돈이 술술 나갈 수밖에 없는 사회다. 예를 들어 작은 소득형 부동산에서 임대소득이 연 1천만 원이라면 1년에 한 번, 수입의 20%인 200만 원을 세금으로 일률적으로 납부해야 한다. 으슬으슬 추운 영국에서 겨울을 지내기 위한 필수 난방비는 한국의 두 배 정도, 자동차 기름값도 한국보다 50%는 비싸다. 지붕에 있는 기와 한 장이라도 사람을 불러 보수를 하려면, 요사이는 기본적인 인건비가 한국 돈으로 20만 원 이상이다.

삶의 목표를 물질적 '소유'를 늘리는 데에 두지 않는다면, 그리고 미래에 대한 '시뮬레이션'을 돌려서 일부러 미리 돈 걱정을 하지 않는다면, 조금 덜 일하며 대신에 시간을 얻을 수 있는 '세미 리타이어'는 생각보다 많은 이들이 한번쯤 고려할 수 있는 옵션이 된다.

은퇴를 생각하는 많은 이들이 어쩔 수 없이 은퇴해야 하는 상황에 놓일 때까지는 은퇴를 걱정하기는 하되, 은퇴를 실천하지는 못한다. 일단 많은 사람들이 자신들이 아직 물질적으로 넉넉하지 않다고 생각하는 것 같다. 대부분은 일을 계속하는 현재의 상황을 유지하는 것이 더 안전하다고 느끼며 일에 매진한다. 어떤 사람은 은퇴하기에는 정말 넉넉하지 않을 수도 있지만 어떤 사람은 객관적으로 넉넉함에도 불구하고 일하고 돈 버는 인생으로 본인 자신을 밀어붙이는 사람도 많다. 물질적 소유에 있어 충분히 많다고 느끼는 사람은 세상에 없다. 경험상 사람들은 넉넉해도 더 돈을 벌어야 하는 이유와 목표를 세운다.

내가 은행에서 일하던 2002년경의 일이다. 은행에 온 50대 단골 고객은 강남에 타워팰리스라는, 당시에도 그리고 지금도 비싼 주택에 살고 있었다. 통장에는 유동성으로 운용하는 돈도 수억 원이 있었다. 그럼에도 은행에 오실 때마다 미래에 대해 돈 걱정을 하셨다. 당신의 20대 초반의 자식들에게 아파트를 마련해 주려면 지금으로서는 여전히 부족하니 돈을 더 벌어야 한다고 진지하게 말하곤 하셨다. 30대인 내가 보기에는 이 50대 아저씨는 항상 자기가 물질적으로 부족하다고 일부러 본인에게 마인드 컨트롤을 하며 돈을 벌어야 하는 이유를 만드는 것 같았다.

시뮬레이션에 의지하면 용기를 낼 수 없다

많은 사람들이 실패의 가능성을 줄이고 미래 상황을 정확히 예측하기 위해 여러 자료를 바탕으로 시뮬레이션을 돌린다. 개개인이 은퇴를 해도 되는가 스스로에게 묻고 시뮬레이션을 돌리면, 회사를 떠나지 않아야 하는 이유나, 은퇴를 하면 안 되는 이유가 수없이 나온다.

성격상 이유인지는 몰라도 나는 인생을 살며 시뮬레이션을 돌리지는 않았다. 시뮬레이션을 돌렸다면 회사를 그만두어서도 안 되었고, 영국에 와서도 안 되었고, 영국에서 사업을 해서도 안 되었고, 마지막으로 지금 은퇴를 해서도 안 되었다. 그렇게 하면 안 될 이유, 설득력 있는 시뮬레이션의 결과물이 항상 있었다. 하지만 인생은 한 번뿐이어서 지금 안 하면 영영 못할 것 같다고 느낄 때 나는 그냥 하고 싶은 것을 했다. 시뮬레이션은 과거의 데이터를 근거로 만들어진 것이다. 내가 영국에서 집을 살 가능성을 시뮬레이션으로 돌렸다면 제로에 가까웠을 것이다. 시뮬레이션은 국가 같은 큰 조직에는 필요할지 모르지만, 개개인의 삶에 적용할 때는 적잖은 오류를 가져온다. 많은 경우 용기를 잃게 한다. 개인에게 작건 크건 주어져 있는 상황을 잘 파악하고 그 범위 안에서 무리하지 않고 실제로 해보는 것이 중요하다. 내가 첫 집을 살 무렵에 있었던 2008년 영국의 금융 위기도, 건물을 살 무렵 있었던 영국의 브렉시트조차도 시뮬레이션은 예상하지 못했다. 그 시간에 얼마 안 되는 내 돈을 가지고 어떻게든 무언가를 해보려고 고민을 참 많이 했다. 그리고 운 좋게도 내가 가진 미천한 것들이 잘 활용되었다.

세미 리타이어를 한 지금, 나는 시간에 크게 구속받지 않는다. 하지만 급하지는 않지만 때때로 해야 하는 일이 있다. 예를 들어, 임대한 집의 관리 보수도 해야 하고, 임차인과 어쩔 수 없이 부딪히는 직간접적인 일을 처리해야 한다. 집 앞과 건물 주변의 청소 및 각종 공과금, 세금 관리 등등, 급하지는 않지만 꼭 해야 하는 일들이 있다.

죽어서 이 세상을 떠날 때까지 시간에서 완전히 자유로운 사람이 과연 있을까? 여러 가지 세상 일은 아직도 때때로 내 시간을 필요로 한다. 감사한 것은 내가 내 시간을 내 마음대로 좀 더 쓸 수 있게 된 것이다. 나는 아직 하고 싶은 일도 많고, 해야 할 일도 많다.

이 오래되고 작은 건물이 내 불안함에 쉼터가 되어 주었다.

2

크레타에서 다시 그릴 삶의 밑그림

브레이브 하트를 가지고 스코틀랜드 스털링으로

"He who holds Stirling Holds Scotland."
(스털링을 가지고 있는 사람이 스코틀랜드를 가진 사람이다.)

- 스코틀랜드 격언 -

세미 리타이어를 결심하고 운영하던 작은 회사를 폐업하자마자 곧바로 차를 몰고 영국의 북쪽, 스코틀랜드를 향해 떠났다. 첫 도착지는 후배인 김 교수가 박사 과정을 마치고 첫 직장으로 부임한 스털링$_{Stirling}$ 대학교였다. 스코틀랜드의 잉글랜드에 대한 오랜 투쟁 역사가 숨어 있는 스털링은 무척 의미 있는 장소지만, 후배 교수가 없었다면 절대 가 볼 생각은 못 했을 작은 도시였다.

역사적으로, 스털링은 '멜 깁슨' 주연의 영화 〈브레이브 하트〉(1995)의 실제 주인공인 윌리엄 월리스$_{William\ Wallace}$가 활동한 곳이다. 그가 사령관으로 활동한 스털링 다리 전투(1297)는 스코틀랜드가 잉글랜드로부터 독립을 이루는 데 매우 큰 영향을 미친 전투였다. 그의 기념탑이 스털링의 높은 언덕 위에 있다. 근래에, 스털링 출신으로 가장 유명한 사람은 영국이 자랑하는 윔블던 테니스 대회의 우승자인 '앤드루 머레이*Andrew Murray*'가 있다.

영국 북단 낯선 곳에서 고군분투하고 있을 젊은 교수와 그 가족을 위로하는 차원에서 방문한 이곳에서, 객지 적응의 어려움으로 무척 힘들겠지만 웃음을 잃지 않고 열심히 살고 있는 김 교수 가족을 살펴볼 수 있었다. 나와는 15년 터울의 김 교수와 그 가족은 예의 바른 사람들이다. 고운 말을 쓰고 상대방을 배려해 주는 태도에서 우리는 상대방이 어떤 사람인지를 파악하곤 한다. 최근에는 경쟁하듯이 영화나 드라마에서 거칠고 더럽고 흉한 말이 당연한 듯 표현되고, 사람들은 그걸 아무렇지도 않게 따라 하며 입을 더럽히곤 한다.

노고를 위로해 주려고 갔다가 젊은 친구의 예의 바른 삶의 태도와 힘든 것을 마다 않고 부지런히, 열심히 사는 모습에 많은 것을 배웠다. 우리 부부도 우리가 알고 있는 영국에서 경험한 살아있는 정보를 열심히 알려줄 좋은 기회의 시간이었다.

이웃과 적당한 거리 두고 살기

나이가 들수록 이웃과 멀지도, 가깝지도 않게 적당한 거리를 잘 유지하는 것이 필요함을 느낀다. 어떤 이유로든 필요 이상 이웃과 가깝게 알게 되어 친하다고 느끼는 사이가 되면, 어느 사이에 관계가 서서히 나빠지는 것을 발견하게 된다. 경험상, 적당한 거리를 두고 적당한 선에서 사람을 알아가야 한다. 상대방에 대해 많이 알면 상대방이 나의 가벼운 말에도 상처를 입기도 하고, 이에 대한 반발로 나에게 상처를 입히기도 한다. 예를 들어 상대방에 대한 진심 어린 위로와 격려 또는 조언은 때로는 주제 파악을 못한 오지랖으로 거칠게 평가받는다. 친하다고 생각하여 허심탄회하게 자식들 자랑을 하면, 때론 시기 질투로 돌아온다.

이웃과의 교제에 있어서 또 다른 깨달음은, 비슷한 나이의 사람들과 관계를 발전시키는 것이 더 어렵다는 것이다. 동년배의 경우에는 서로가 비교의 대상이 되고 상대방의 좋은 일에 시기심이 생기고, 나쁜 일에는 뒷말의 소문지가 된다. 그래서인지 꾸준하고 상호 긍정적인 관계를 맺기를 원한다면 최소한 10년 터울이 나는 게 좋다. 위로 10년, 또는 아래로 10년 이상 터울이 있으면 서로 간의 비교 의식이 덜 하고 상대방의 말에 크게 개의치 않는다. 나이 차이가 좀 나는 친구일수록 진심 어린 조언과 격려를 오해 없이 받아들일 수 있으며, 내 자랑이나 상대방의 자랑도 서로 마음 편히 들을 수 있다. 이러한 이유로 영국에서도 친구 관계를 잘 유지하는 것이 쉽지 않다. 한국에서 사는 사람들도 비슷한 걸 느끼지 않을까 싶다.

서양 문명의 시작 크레타, 내 삶을 다시 그려본다

"크레타는 바다 한가운데 떠 있는 땅으로, 천혜의 요새와 같은 섬이다."

- 헤로도토스(고대 그리스 역사가) -

PART 1 익숙함을 떠나, 미지의 길 위에 서다

회사 운영에서 손을 떼고서 5개월여 이곳저곳을 다니며 다양한 사람들과 대화를 나누고, 그들의 인생을 들여다봤다. 좋은 점 나쁜 점을 살피는 동안 나의 은퇴 후의 삶에 대해서도 어렴풋이 그려갈 수 있었다. 이제, 아는 사람이라고는 아무도 없는 그리스의 가장 큰 섬, 크레타로 25일간의 긴 여행을 출발한다.

출국을 준비하다가 역시나 아무도 아는 사람 없는 영국에 사전 조사차 처음 왔을 때의 해프닝이 떠 올랐다. 19년 전, 처음 영국에 도착해 입국 수속을 할 때, 런던 히스로 공항 입국장에서 당황했던 기억이다. 입국 심사대에서 입국 심사관이 왜 영국에 왔냐고 가볍게 물어보았다. 심사관은 여행을 왔다는 말을 기대하며 막 관광 비자 스탬프를 찍어 주려던 참이었다. 난 별 생각 없이 앞으로 공부할 계획이라고 한마디 했다. 갑자기 입국 심사관의 표정이 돌변했다. 나에게 공부하려고 영국에 온 거면서 왜 정식 학생 비자를 받지 않고, 관광 비자로 들어오려 하냐고 매우 의심 어린 표정으로 물었다. 그렇게 한참을 입국장에서 대기해야 했던 영국 입국 첫날은 힘든 기억으로 남아 있다. 다행히도 심사관은 내가 보여준 영국 대학의 입학 허가서를 근거로 정식 학생 비자를 내 여권에 떡하니 찍어 주었다. 공항에서 즉석으로 찍힌 예상에 없던 내 여권 속 학생 비자는 몇 년 후 내 인생의 방향을 드라마틱하게 인도해 준 중요한 비자였다. 이때 찍힌 학생 비자가 없었다면 영국에서 대학원을 졸업한 후 합법적인 체류를 위한 비자 연장에 매우 큰 어려움이 있었을 것이다.

크레타는 내가 좋아하는 르네상스 후기 화가 엘 그레코 *El Greco*의 고향이다.

이탈리아 로마와 스페인에서 주로 활동했던 엘 그레코의 본명은 '도메니코스 테오토고폴로스_Δομήνικος Θεοτοκόπουλος_'이다. 이 길고 복잡한 이름을 그대로 사용했다면 그는 역사에 남지 못했을 듯하다. 엘 그레코는 '그리스인_The Greek_'이라는 뜻으로 이탈리아와 스페인에서 활동할 때 붙여진 부르기 쉬운 별명이었다. 그는 르네상스 최고의 예술가로 많은 사람들의 존경을 받던 미켈란젤로를 공개적으로 폄하하기도 하였는데 그런 이유에서인지 이탈리아를 도망치듯이 급히 떠나, 인생 후반의 대부분을 스페인 땅에서 활동하였다. 스페인에서 활동할 때도 자기가 그린 그림을 당대의 화가들의 평균 가격보다 열 배가 넘는 가격을 불러서, 그의 독특한 그림을 사고 싶어했던 왕족과 귀족들 그리고 성직자들을 당혹스럽게 했던 문제아 같은 인물이었다.

12년간 운영하던 회사를 접고 은퇴를 하기로 결정한 1년여 전에 특별한 고민 없이 오래전부터 가보고 싶었던 크레타를 여행 장소로 정했다. 그리스의 가장 큰 섬인 크레타는 유럽인에게 손 꼽히는 휴가처이다. 아울러 그곳에 가서 열 배 가격을 청구한 엘 그레코의 배짱도 배우고 싶었고, 유명한 소설, 『그리스인 조르바』의 흔적도 찾아보고 싶었다

한국에서 크레타에 가는 방법은 여러 가지가 있다. 인천공항에서 그리스의 수도 아테네로 가 비행기를 환승하여 크레타의 가장 큰 국제공항이자 그리스 2번째 규모라는 니코스 카잔차키스 국제공항_Nikos Kazantzakis International Airport_으로 도착하는 방법이 가장 일반적이다. 또는 아테네에서 페리를 타고 하루를 소모해 크레타의 가장 큰 도시 헤라클리온_Heraklion_으로 가는 방법도

있다.

크레타에 도착하면 가장 먼저 마주하는 도시 헤라클리온은, 중세에는 베네치아 공화국이 지배했고, 수백 년 동안 칸디아*Candia*라고 불리었다. 후에 동로마 제국을 멸망시킨 오스만 제국의 침략을 대비해 헤라클리온 바닷가에 정교한 요새를 만들었고, 이 요새 안에서 21년 동안이나 저항했었다(칸디아 공방전, 1648~1669). 아직도 요새는 잘 보존되어 헤라클리온을 찾는 많은 관광객을 맞이한다.

인생 5막

35년을 한국에서 살았다. 직장 생활이 지겨웠지만 다른 재미를 찾아가며 살았다. 그러던 어느 날 신에게 기도드렸던 약속(서원)이 마음 깊은 곳에 숨어 있다가 갑자기 내 의식의 세계로 튀어나왔다. 마음 한편 부담을 느끼면서도 또 한편으로는 감사하며, 기꺼이 남들이 가지 않는 길로 발걸음을 돌릴 수 있었다.

일반적으로 사람들은 은퇴 후가 인생 2막이라고 단순히 구분하지만, 나는 인생을 좀 더 나누어 보고 싶다.

태어나 대학을 졸업할 때까지, 1막이다. 부모님의 강력한 영향력과 그 결정이 인생을 좌지우지하는 시기이다. 내가 결정한 것은 거의 없다.

취직하고 결혼하는 시기가 2막이다. 처음으로 세상에 온전한 나로 던져지고 내가 고른 직장과 내가 고른 여자와 결혼하는 시기이다.

3막은 결혼하여 가장이 된 후, 직장 생활을 하면서 바쁘게 살다가 그 직장을 퇴사할 때까지의 시간이다. 인생이 무엇인지, 사람답게 사는 것이 무엇인지 고민하지만 정작 너무 바빠서 그냥 열심히만 살아가는 시간이었다. 내 친구들, 동기들 많은 사람들이 아직도 인생 3막에서 열심히, 바쁘게 살고 있다.

4막은 나 같은 케이스로 한국 회사에서 퇴사하고 외국(영국)으로 이민을 와서 살다가 현지에서 은퇴하기까지이다. 만 35살 때에 시작되어 50살이 한참 지나고 19년이 지나 올해 막을 내렸다.

이제 인생 5막의 시작이다. 내 인생이 5막으로 끝날지 또 다른 6막이 있을지는 잘 모르겠다. 크레타에서 한 달을 지내며 새로운 인생 5막을 잘 준비해 보려고 한다.

3

공항, 두려움과 환희 사이

공항이라는 매력의 장소

"인간이 배고픔만큼이나 힘들어하는 것이 권태로움이다."

- 쇼펜하우어 -

나는 똑같은 것을 다시 하는 것을 좋아하지 않는다.

모르는 것을 아는 것이 즐겁고, 안 가본 곳을 가볼 때 희열을 느낀다. 모르는 사람과 무언가 공통된 주제로 이야기하며 친분이 생기면 너무 즐겁다.

그런 나의 성향 때문인지 공항은 내가 특히 좋아하는 곳이다. 매일 똑같은 일과, 반복하는 삶 가운데서 탈출하여 안 가본 곳을 가보는 도피처(영국에서는 'Getaway'라고 한다)이고, 일상에서 만나지 못하는 사람들을 구경할 수 있는 곳이고, 또는 오랫동안 못 본 그리운 사람을 만날 수 있는 곳이다.

내가 좋아하는 공항이라는 곳에서 비행기를 처음 탄 것은 대학교 1학년 때였다. 재수를 하고 지원했던 대학에서 떨어져 무척 가슴앓이를 하다가 다음 해 2월에 한 후기대학교에 지원해 합격하였다. 아쉬운 마음도 컸지만 삼수를 하고 싶지는 않았다. 하지만 목표하던 대학을 못 간 아쉬움과 열등감으로 첫 학기를 즐겁게 지내는 것이 쉽지 않았다. 무언가의 탈출구가 필요했는데, 마침 노태우 정부의 해외여행 자유화 정책으로 평범한 사람도 해외에 갈 수 있도록 문호가 막 열리게 되었다.

1991년 대학교 첫 여름 방학에, 당시에는 생소했던 유럽 배낭여행을 준비했다. 그때는 학생에게는 여권도 단수 여권만 발급해 주고, 게다가 반공교육도 하루를 꼬박 받아야만 여권 취득이 가능했던 시절이었다. 말로만 듣고 책으로만 보던 유럽은 갈 곳도 많고 다시 가기도 어렵다고 생각해서 욕심껏 40일을 계획하였다. 그렇게 친한 친구 한 명과 의기투합하여 20kg 배낭을 메고 유럽 곳곳을 다녔다. 경쟁이 치열한 좁은 한반도에서 살다가, 꿈만 꾸던 유럽으로 배낭여행을 간 것은 인생을 두고두고 내 자랑이다. 젊음의 특권으로, 숙소 없이 유럽의 야간열차에서 며칠간을 여행하면서도 하나도 힘들지 않다고 생각했던 시절이었다.

해방의 느낌, 가방 다섯 개를 가지고 크레타로 출발!

거의 한 달을 크레타에서 묵을 계획을 하니 나름 단단한 준비를 하게 되었다. 큰 가방 세 개, 작은 가방 두 개, 총 다섯 개의 가방을 가지고 공항으로 당당히 출발하였다. 아내와 공항에 도착해 입국 수속을 하자 아직도 비행기 이륙 시간까지 2시간이나 남았다. 앉아서 커피 한 잔을 마시는데, 주변에 희한한 조합의 커플이 보인다. 늙은 아저씨와 젊고 예쁜 아가씨의 조합에서, 또는 아줌마와 아저씨가 너무 싱글벙글 웃으며 사이가 좋을 때, 내 마음속에서 합리적 의심이 밀려온다. 하지만 지금 이 순간을 신나게 살고 싶고, 인생은 한번 가면 그만이라는 입장이라면, 반복되는 일상에서 택한 이러한 부도덕조차도 살아 있음을 알리는 넘치는 생기가 느껴져 그리 싫지만은 않다. 살아보니 신뢰를 저버리고 믿던 사람을 아프게 하면 언젠가는 스스로 뿌린 그 대가를 아프게 치르게 되어 있다. 그들이 그 쓰린 대가에 대해 각오를 했든 안 했든 간에, 지금 행복하고 즐거운 그들의 모습으로 인해 나 역시 즐겁다.

인생에서 비행기를 타고 하늘로 올라가는 몇 초보다 더 마음속에 해방감을 주는 순간이 있을까? 비행기는 하늘로 오를 뿐이지만, 그 짧은 순간 우리는 우리를 잡고 있는 여러 가지 끈에서 해방되는 느낌을 받는다. 많은 억압의 끈으로부터 해방되는 그 순간에 우리는 우리의 삶이 주저앉아 있지 않고 위로 솟아오를 수 있다는 짧은 상상을 하게 된다.

배고픔만큼이나 힘든 것이 권태로움이다

쇼펜하우어가 말했던가? 인간은 욕망덩어리다. 자기를 지키려는 자기 보존 욕망만큼이나 재미를 추구하는 욕망 역시 강하다. 인간이 배고픔만큼이나 힘들어하는 것이 권태로움이다. 똑같음과 지루하게 반복되는 일상 속에 살아가는 것을 매우 힘들어한다.

그래서 누구나 그 반복되는 일상과 권태로움에서 벗어나기 위한 탈출구를 만든다. 처음 가보는 골프 코스에서, 동호회에서 처음 만나는 사람과의 대화 속에서, 춤을 추며 지금까지 안 해보았던 새로운 동작을 배울 때 희열을 느낀다. 중년의 남녀는 바람을 피우며 권태로움을 탈출하고, 청소년은 새로운 게임을 하며 더 높은 단계에 진입할 때 큰 쾌감을 느낀다. 더 나아가 어떤 사람은 화투장이나 트럼프 카드가 넘어갈 때 느끼는 쾌감 때문에 도박을 즐긴다. 어떤 사람은 수십 미터 높이의 파도를 즐기며 서핑을 하고, 어떤 사람은 생명의 위험을 감수하고 가파른 절벽을 올라가며 권태 탈출을 시도한다.

나는 도박이나 극한 스포츠보다는 훨씬 안전한 탈출구인 여행을 통해 내 권태로움을 해결한다.

내적인 여행으로는 새로운 견해를 가진 사람의 책을 읽으며, 나의 자기복제를 막고, 똑같이 반복되는 일상의 지겨움을 극복한다.

외적 여행은 말 그대로 모르는 곳에 가는 여행이다. 이를 위해 오늘도 비행기를 통해 하늘로 올라섰고 나의 마음은 즐겁다. 한 번도 가보지 못했던 크레타는 어떤 곳일까? 나는 그곳에서 어떤 사람을 만나고 어떤 장소를 보며 어떤 들어보지 못한 음악을 들어 볼 수 있을까?

고고학적 관점에서, 그리고 역사적인 관점에서 크레타만큼 수많은 종족과 문화가 지나간 곳이 있을까? 이곳은 4천 년 전 미노스 문명이 꽃피운 곳이다. 전설에 따르면 그리스 최고의 신 제우스가 자란 곳이며, 그가 페니키아에 살던 에우로페*Europa* 공주를 납치하여 유럽이라는 낯선 곳으로 데려온 곳이다. 오늘날 유럽이라는 지명이 바로 이 에우로페 공주의 이름에서 유래했다고 한다.

크레타는 미노스 문명이 쇠퇴한 후, 그리스 본토에서 온 미케네 문명의 지배를 받다가 이어서 로마 제국의 지배를 받았다. 동로마 제국으로 이어진 오랜 기간을 로마의 영향력 안에서 살다가, 한때는 이슬람 세력에 의해 점령되기도 하였다. 이후, 4차 십자군 운동의 영향으로 베네치아 공화국의 식민지가 되었다. 그렇게 지중해 무역의 중심지로 풍요로운 시간을 지내다 1669년에 오스만 제국에 의해 중심 도시 칸디아가 점령되어 이슬람의 지배 안으로 들어갔다. 근대에 들어서는 오스만 제국으로부터 해방(1898)되어 크레타 자치국*Cretan State*으로 독립 국가가 된 적도 있었지만, 결국 1913년에 그리스 왕국에 편입되었다. 지금은 하얀색 바탕에 푸른 십자가가 그려진 국기를 자랑스럽게 여기는 기독교 국가이다. 이렇게 여러 국가와 문명과 종교가 지나간 역사의 땅 크레타를 향해 출발한다.

아파트를 팔고서

19년 전, 잘 다니던 회사에서 퇴사하고 살고 있던 아파트를 판 돈을 들고 영국행 비행기를 탔다. 당시 근무하고 있던 은행이 다른 은행에 합병되었고 막 승진도 한 무렵이었다. 두 은행의 합병으로 인해 인원 감축이 예상되던 시점에 실제로 반년 안에 은행에서 자발적 퇴직을 권할 것이라는, 그와 함께 꽤 큰 액수의 명예 퇴직금을 준다는 정보가 있었다. 그런데 떠나기로 결심을 한 이상 명예퇴직금을 기다릴 수는 없었다. 나의 무모해 보이는 이 시도에는 가족이라는 이름으로 묶인 아내와 두 어린아이도 포함되어 있었다. 왜 늦은 나이에 공부하러 간다고 하는지 이해하실 수 없으셨던 부모님은 그러면 나만 가서 빨리 공부하고 돌아오라고 권하셨다. 하지만 나는 내 가족을 떼어 놓고 가기는 싫었다.

이미 결혼과 출생으로 탄생한 가족은 운명 공동체라고 생각했다. 이 생각에 동의해 준 아내에게 아직도 미안하고 또 감사하다. 10년 가까운 은행원 생활을 버리고, 나름 안정된 삶에서 늦은 나이에 아무것도 보장되지 않는 학생이 되는 삶을 택했다. 그저 나만 믿고 있는 내 가족과 함께 13시간의 비행기를 타고 우리 네 명은 영국으로 향했다. 모두에게 큰 모험이었다.

공항 가는 길, 하늘로 올라가는 그곳은
늘 해방감과 두려움을 동시에 느끼는 곳이었다.

PART 1 익숙함을 떠나, 미지의 길 위에 서다

4

인생은 내 생각처럼 되지 않는다

희망과는 다른 현실

"큰 광풍이 일어나며 물결이 배에 부딪혀 들어와 배에 가득하게 되었더라."

- 『성경』, 「마가복음 4:37」 -

크레타의 작은 호텔에 도착한 시간은 저녁 11시쯤.

공항에 내려서 여행사가 준비한 작은 버스를 타고 바로 호텔로 향했다. 24박 25일을 한곳에서 지내야 하는 긴 여행. 거의 1년 전에 예약한 호텔은 실제로는 어떨까? 기대가 가득했다. 예약 당시에는 호텔 가격이 비교적 저렴했고, 고객 리뷰가 좋아서 별 고민 없이 선택했었다. 우리를 태우고 가는 버스 운전기사는 남부 유럽 사람들에게 있는 명랑함과 흥이 넘쳤다. 30분쯤 지나자 함께 공항에서 픽업한 다른 여행객들을 각각의 호텔에 내려주기 시작했다. 내가 묵는 호텔은 세 번째로 도착한 호텔이었다. 호텔에 도착하자 게이트에서 미리 기다리고 있던 직원이 웃으며 따듯하게 맞이해 준다.

그때까지는 모든 것이 완벽했다.

19년 전 영국에 처음 올 때도 처음에는 완벽해 보였다.

호기롭게 10년을 다니던 은행을 그만두고 영국행을 택할 때는 영국의 한 명문 대학의 조건부 입학 허가서가 있었다. 멋진 영국에서 세계적인 명문 대학을 다니며 새로운 미래를 향해가는 나를 꿈꾸었다. 무조건이 아니고, 조건부라는 것이 하나 걸렸지만 내가 받은 IELTS(영국 공인 영어 능력 평가 시험) 점수에서 딱 한 단계만 높아지면 되는, 그리 어려워 보이지 않는 조건이었다. 은행을 그만두고 사표를 내기로 하니 많은 직장 동료들이 나에게 '왜?'라고 물었다. 나는 꿈을 찾아서 간다고 했다. 지금 생각하면 두 아이를 낳은 35살의 가장에게는 너무 추상적인, 돈키호테 같은 몽상가나 할 수 있는 말인 것 같다. 동료들은 아마 속으로 철없어 보이는 날 걱정하든지, 비웃든지 했을 것 같다.

호텔에서 체크인을 하고 호텔 직원의 안내로 따라간 방에서 바로 문제가 발생했다.

나는 원 베드 아파트를 예약했는데, 나에게 배정된 방은 그보다 작은 스튜디오였다. 처음에는 정신이 없어 차이를 몰랐었는데 아내가 금방 눈치를 채고 "This doesn't look like the room I booked(이건 내가 예약한 방이 아닌 것 같아요)."라고 당혹스러운 표정으로 직원을 보며 말한다. 나도 그제야 정신을 차리고 컴플레인을 하려니까 우리를 안내했던 직원은 겸연쩍어하면서 오늘 호텔에 우리가 예약한 방이 다 차서 어쩔 수 없이 작은 방을 배정했다고 고백했다. 두 밤만 자면 원래 예약한 방으로 옮겨 주겠다고 하는 것이다. 솔직히 호텔 측에서 이러한 사정을 미리 말했더라면 어느 정도 이해했을텐데 우리가 차이를 알아채자 그제야 사정을 얘기하는 것이 어쩌면 슬며시 속이려 했다는 느낌이 들었다. 얼떨결에 직원이 인도한 방에 들어왔지만, 커다란 배신감과 불쾌함이 바로 마음속에 몰려왔다.

신약 성경에서 사도 바울은 그레데인(크레타 사람)은 거짓말쟁이[*]라고 했는데 2,000년이 지나서도 똑같은 것일까? 여행 첫날부터 기분을 잡쳐 버렸다. 아내의 구시렁거리는 목소리는 이 호텔을 고른 나를 원망하는 것 같아서 금방 부부싸움으로 이어졌다. 호텔에 오기 전까지 세운 모든 계획과 새로운 곳에 온 들뜬 마음에 찬물이 끼얹어졌다. 인생은 아무리 철저히 준비한다고 해도 계획대로 되지 않는다.

영국에서 비싼 어학원을 다닌 이유

19년 전 조건부 입학 허가서를 준 대학에서 직접 운영하는, 당시로는 최고로 비싼 어학원에 등록하였다. 조건부를 극복할 영어 점수를 달성하는 데 이 어학원에서 공부하는 것이 유리할 것이라는 근거 없는 믿음, 내가 믿고 싶은 대로 믿은 근거 없는 이유였다. 이 대학 부설 어학원은 런던에서 최고로 비싼 사설 어학원보다도 더 가격이 비쌌다. 등록할 때, 어학원의 상담사는 나의 영어 점수와 능력을 볼 때 학원의 4개월 과정을 마치면 대학

---

[*] '그레데인 중의 어떤 선지자가 말하되 그레데인들은 항상 거짓말쟁이며 악한 짐승이며 배만 위하는 게으름뱅이라 하니' - 『신약성경』, 「디도서 1장 12절」 -

교가 인정하는 어학원 영어 시험을 무난히 통과할 것이라고 말했다. 나는 아무 책임도 지지 않을 그의 말을 믿었다. 그냥 믿고 싶었다.

다시 하는 영어 공부는 즐거웠다. 10년 이상 어린, 세계 여러 곳에서 온 친구들과 사귀는 것도 행복했다.

4개월이 지나고 어학원 자체에서 평가하는 시험을 보았다. 결론만 말한다면 난 평균 점수에서 1점 차로 영어 조건부 점수를 달성하지 못했다. 나와 상황이 비슷하던, 4개월을 같이 공부했던 대다수의 학생들은 해당 대학의 조건부 입학 허가서가 정식 입학 허가서로 변경되었지만, 나는 예외가 되었다.

결과를 받은 그날, 내 인생의 장밋빛 청사진이 순식간에 아무 가치 없이 쓰레기통에 처박혔다. 직장도 없어지고, 비싼 어학원에다가 한국에서 어렵게 번 돈만 가져다주었다. 나만 바라보고 영국에 온 아내와 두 아이만 덩그러니 황당해하는 나를 쳐다보고 있었다.

오늘 크레타의 호텔에서 황당한 다운 그레이딩 대접을 받고 나니 19년 전 머릿속에 확실히 기록된 이방인으로서 당한 아픈 마음이 트라우마가 되어 불쑥 솟아났다. 나는 바로 씩씩거리며 예약을 한 여행사에 전화해서 항의 메시지를 남겼다. 매우 공격적으로 이 사태에 대한 성의 있는 배상과 처우 개선을 요구하였다. 너무 늦은 시간이어서 내일 오전에 답변을 주겠다고 메시지가 바로 왔다. 원룸 같은 작은 스튜디오에서 잠을 자는데, 가을임에도 모기가 윙윙거려서 더더욱 화를 돋운다. 이성을 잃고 분노에 가득 차서 있다가 새벽 2시경 어쩔 수 없이 잠을 청했다. 자는 아내의 코 고는 소리가 점점 커지고 있었다. 조금 전에 아내는 내 마음을 몇 마디 말로 뒤집어 놓았다. '저렇게 쿨쿨 잠을 잘 자다니.' 하고 생각하니 더욱 화가 치밀어 오른다. '내일은 어떤 하루가 될까?' 절망스럽기까지 하다.

나는 이른바, 그 명문 대학의 대학원 입학 허가를 받지 못하고 나서, 당연히 되리라고 생각해 전혀 생각해 보지 않았던 플랜 B를 찾아보기 시작했다. 이 비참한 상황이 되어서야 아직 런던의 여러 대학들이 입학 창구를 열어 놓고 있다는 것을 알았다. 나의 기존 영어 점수와 여러 경력 증명서를 가지고 다른 대학원들을 급하게 알아보았다. 런던의 한 중위권 대학에서 내 영어 점수와 여러 가지를 참고하여 특별 입학 허가를 내주었다. 원하지 않던 플랜 B였지만 상황이 상황인 만큼 감사했다. 이제 비자도 연장 가능하고, 런던에 머무를 작은 이유를 찾았다. 하지만 이 대학은 한국 사람은 아무도 모르는 그런 대학이었다. 그때는 영국에 남겠다는 것 말고 내 마음속에 다른 선택의 여지가 없었다. 처음부터 뭔가가 크게 잘못된 것을 알았지만 시작부터 포기할 수는 없었다. 그것이 혹시 썩은 동아줄일지라도 그냥 잡고 올라가야 했다. 아내에게 상황을 말하면서도 아무래도 면목이 없었다. 아내는 이 일로 실망스럽다는 내색 한 번도 없이 묵묵히 내 옆에 있어 주었다. 아내는 그 당시 작게라도 나를 비난하지 않았고, 그냥 고생했다고 말해 주었다.

지금, 이 호텔에 오자마자 당한 불쾌하며 황당한 이 상황에도 불구하고 어느새 쿨쿨 잠자고 있는 아내에게 나는 황당했다. 아내는 나보다 성품이 더 침착한 것 같다. 지금도 저렇게 편히 자는 것을 보니 정말 그런 것 같다. 처음 영국에 와서 어학 점수를 못 받았다고 말했을 때도 아내는 나보다 침착했다.

5

고난과 인내, 새 희망을 품다

영국서 나아갈 방향을 잃어버리다

"여호와여 내가 부르짖어도 주께서 듣지 아니하시니 어느 때까지리이까 내가 강포로 말미암아 외쳐도 주께서 구원하지 아니하시나이다."

- 『성경』, 「하박국 1:2」 -

새벽 2시가 한참 넘어 잠이 든 탓에 아침 9시가 되어서야 일어났다. 이미 우리를 속이려 했던 호텔에 기분이 상해서 호텔에서 제공하는 아침 식사도 하고 싶지 않았다.

점심시간이 다 되어서야 무거운 마음으로 집사람과 호텔을 나섰다. 크레타 관광 첫날이다. 우리는 주변에서 가장 가까운 마을인 피스코피아노 *Piskopiano*에 있는 리뷰가 좋은 식당을 찾아가기로 했다.

길을 나서자마자 모바일 데이터 환경이 안 좋은지 구글맵이 먹통이다. 호텔 입구에 서자 왼쪽에는 오르막길, 오른쪽으로는 내리막길이 보였다.

오른쪽 내리막길을 택해 가다가 얼마 후 가고자 했던 피스코피아노가 아닌 반대 방향으로 가고 있는 것을 알게 되었다. 걷는 것을 유독 싫어하는 아내는 벌써 입이 나왔다. 아내의 얼굴을 애써 외면하며 내려갔던 길을 다시 올라갔다. 마침내 가려던 식당에 도착했지만, 정오부터 열린다는 구글에서의 안내가 거짓인지 문은 닫혀 있었다. 첫날부터 우리는 방향을 잘못 잡아서 15분이면 갈 곳을 45분이나 걸려서 갔다. 그리고, 겨우 도착한 우리가 찾았던 그 식당은 역시나 우리를 반겨주지 않았다. 오랫동안 영업을 안 하는 곳처럼 문이 닫혀 있었다.

우리는 길에 있는 아무 식당이나 들어가 허기진 배를 채워야 했다. 그래도 아무 정보 없이 들어간 그 식당은 다행히 꽤 괜찮았다. 나중에 알고보니 이 동네 최고 맛집이었다! 우리는 크레타 가정식 양갈비를 주문했다. 비주얼은 그다지 좋지 않았지만 푹 고운 양고기가 야들야들 부드럽고 맛이 좋았다.

실패의 연속, 컴컴한 터널 가운데서 갈 길을 잃다

어디로 가야 하는지, 무얼 해야 하는지 모르는 시간들이었다.

영국살이 만 4년이 끝날 무렵이었다. 모든 것이 좌절되어 절망 속에 있었다. 컴컴한 터널에서 출구가 보이지 않고 입구에서는 너무 멀리 와 버린 느낌이었다.

영국에 올 때, 첫째 목표는 영국 대학교에서 석사를 끝내고 공부를 더 해서 박사 학위를 획득하는 것이었다. 하지만 박사 과정 진학을 약속했던 지도 교수의 변심으로 석사 학위는 잘 받았지만 박사 과정 진학에는 실패하였다. 절망스러웠다. 또 애초에 없던 플랜 B를 새롭게 만들어 영국에서 변호사Solicitor가 되어 보겠다는 근사한 목표를 놓고 다시 힘을 내고 시도하였다. 이 역시 내 생각에는 인종 차별의 결과로 말도 안 되는 불명예를 안고 끝나버렸다.

변호사가 되는 꿈이 좌절될 즈음에 합법적인 영국 체류를 위한 비자 기간도 끝나가고 있었다. 비자 외에도 실제로 더 큰 문제는 돈이었다. 4년은 충분히 버틸 거로 생각하며 준비했던 돈, 여분의 아파트를 판 돈과 살던 집의 전세금을 합한 돈은 3년째에 다 소진이 되었다. 3년이 지나고부터는 한국에서 살고 있던 집의 임차인으로부터 전세금을 올려 받고 그 돈으로 살고 있었다.

결국 그때 할 수 있는 것이라고는 다 포기하고 부모님과 형제가 있는 한국으로 돌아가는 것이었다. 직장을 호기롭게 때려치우고 영국에 온 지 4년 동안 내가 한 것은 결론적으로 의미 없어 보이는 영국 석사 학위를 하나 받은 것뿐이었다. 돌아갈 한국 땅은 60년대, 70년대, 80년대 태어난 사람들이 치열하게 살고 있는 곳이었다. 그 한국 땅은 이제 나에게는 두렵고 떨리는 곳이었다.

낯선 영국에서 버티어 보기로 결심하다

애초에 하고자 했던 공부를 해서 제2의 화려한 인생을 살겠다는 목표는 사라지고, 단지 영국에서 나와 가족의 생존을 위한 플랜 B를 만들려고 고민을 반복해도 답이 없었다. 그즈음에 같은 교회에 출석하던 사장님이 식사를 같이하자고 하셨다. 몇 해를 뵈었는데 무뚝뚝한 분이셨고, 교회에서 이따금 인사 말고는 더 친근한 관계를 맺지 못하던 분이었다. 런던 시내에 있는 사장님 사무실 근처로 가서, 점심 식사 중에 나는 플랜 B조차 만들지 못해 한국에 돌아갈 계획이라고 말씀드렸다. 사장님은 내 사정을 듣고 생각하시더니 영국에서 미니캡을 운전해도, 아니면 물건 배달을 하는 배달원이 되더라도 한국에 돌아가면 안 된다고 단호하게 말씀하였다. 어떻게든 살 방법을 찾아서, 영국에서 살아남으라고 하셨다. 이제 한국에 돌아가면 평생 실패자의 굴레에서 벗어날 수 없다고도 하셨다. 사장님은 나의 실상을 말해 미안하지만, 나는 이제 한국에서 경쟁력이 없어졌다고 하시며 영국이 유일한 희망의 땅이라고 말씀하셨다.

"어떻게요? 저는 이제 돈도 없고, 저를 써주겠다는 사람도 이 땅에는 어디에도 없어요!"

속으로는 혹시 나를 회사에서 쓰시려나 하는 희망을 품고 대화를 이어갔다. 하지만 나를 채용할 생각은 애초에도 없으셨고 그 이후도 없으셨다.

"자네가 믿는 하나님께 살게 해 달라고 간절히 기도하게, 살 수 있네! 안 된다고만 생각하지 말게. 하나님이 기도를 들으시고 도와주신다면 살아갈 길을 찾게 될 거야!"

식사를 마치고, 집으로 돌아가는 지하철 안에서 '기도하라는 말, 살 수 있다는 말, 하고자 하면 살 수 있다라는 말'을 되뇌다가 여러 마음이 교차하며 눈물이 터졌다. 지금 생각하면 런던 지하철 안에 있던 많은 사람이 나이 많은 동양인의 울음과 절규를 이상하게 여겼으리라!

조금 지나고 눈물과 한숨이 멈추고 나니, 가슴속 어딘가에 무언지 모를 용기가 생겨났다. 그것은 나에게는 지금은 아무것도 없지만 하나님이 뜻이 있으셔서 날 도와주시면 영국에서 어떻게든 당당하게 살 수는 있을 거라는, 당시로서는 근거도 빈약하고 논리적으로도 설명이 안 되는 소망 같은 것이었다.

피스코피아노의 식당에서 가정식 양고기 갈비를 맛있게 먹고 나서 계산서를 기다리고 있는데 식당 주인 할머니가 시원한 수박 두 조각을 가져다 주셨다. 이어서 종업원이 투명한 술 두 잔을 내왔다. 그리스 전통 증류주인 '라키$_{Raki}$'라는 술인데 피곤함을 해소해 준다고 들이켜라고 권한다. 아내는 술을 먹지 않아 혼자 두 잔을 들이켰다. 소주 같은 느낌이었는데 식도를 통과하자 화끈함이 올라오며 눈이 확 뜨였다.

방향을 잘못 잡아서 헤매다가 배고파 찾아간 음식점에서 주인은 수박과 술 한잔으로 나의 가슴과 몸을 따듯하게 해 주었고 피곤함을 잠시 잊게 해 주었다. 1년 전부터 고대하던 안식년의 첫 시작부터 우리를 속인 호텔 때문에 크레타에 대한 불쾌함이 가득했다가, 처음 만난 손님에게 준 라키 한잔에 노여운 마음이 다 누그러졌다.

수박 두 조각과 라키 두 잔에 누그러진 마음.

PART 2

영국이라는
새로운 퍼즐 속의 나

법과 원칙을 중시하면서도 개개인의 개성을 존중하고, 개방적이며 실용적인 나라 영국!
하지만 이방인에 대한 교묘한 차별과 따돌림이 함께한다. 나는 오늘도 조심조심 살아간다.

1
디지털 사회에서 아날로그 사회로의 이동

사람과 직접 접촉하는 기쁨

여행 3일째, 크레타에서 가장 큰 도시인 헤라클리온에 가기로 하였다. 이 도시 이름은 그리스 신화에 나오는 '헤라클레스'를 기리며 지어졌다고 한다. 풀이하자면 헤라클레스의 도시라는 뜻이다. 현지 그리스 발음으로 '이라클리오'라고 한다.

중세에 베네치아 공화국이 지배할 때는 칸디아라고 불렸는데 아직도 그 이름의 흔적이 도시 곳곳에 많이 남아있다. 오스만 제국이 다스릴 때는 메갈로 카스트로*Megalo Kastro*로 불렸는데 큰 성이라는 뜻이라고 한다. 헤라클리온은 오랜 역사만큼 여러 개의 이름을 가지고 있다.

버스 정류장에서 시내버스를 기다리니 번호도 이름도 없는 커다란 관광버스가 도착했다. 이라클리오로 간다고 하니 운전기사가 웃으며 다짜고짜 그냥 타란다. 버스비를 어떻게 내야 하는지 걱정스러웠다. 그리스에서 사용되는 유로$_{Euro}$는 조금뿐이 없었는데, 은행 카드로도 결제가 가능할지 궁금했다. 자리에 앉으니 조금 있다가 이목구비가 뚜렷한 검은 머리 차장 언니가 와서 도착하는 목적지를 묻고, 두 사람 몫으로 7유로를 내라고 한다. 다행히 그만큼의 현찰은 있어서 요금을 낼 수 있었다. 그런데 알고 보니 카드로도 결제가 가능하다고 한다.

크레타에서 오랜만에 버스 차장 언니를 보니 어렸을 때 버스에서 '오라이'를 외치던 정겨운 차장 언니가 떠올라 마음이 따듯해졌다. 대중교통이 디지털화된 런던에서는 현찰을 가지고 버스나 지하철을 탈 수조차 없다. 한국과 마찬가지로 운전기사석 옆에 있는 카드 리더기에 카드를 대고 결제를 해야만 버스 탑승이 가능하다.

70년대 한국에 있던 그 많은 버스 안내양은 다 어디로 갔을까? 나의 성장기는 사람이 하던 일을 점차 기계가 대신하던 때로, 서비스 산업 안에서 자동화를 일상으로 알고 살아왔다. 일상에서 접촉하는 여러 환경이 사람에서 기계로 변화되는 것을 당연하게 생각하던 시간이었다. 어느 순간 버스 안내양이 사라지고 극장 앞 티켓 박스에서 표를 팔던 사람들이 사라졌다. 요즘은 심지어 음식 주문도 주문용 스크린에서 하고, 로봇이 음식을 가져다주는 식당도 볼 수 있다. 이제 앞으로의 시대는 인공지능(AI)이 더욱 발달하며 삶의 모든 것이 광범위하게 변화될 시대가 올 거라고 한다. 그러면 반복적으로 하던 거의 모든 사무직, 예를 들어 보험 상담원, 은행원, 회계사, 세무사, 변호사, 약사, 내과 의사 같은 직업도 사라지거나 축소될 것 같다. 때때로 만나던 그 사람들을 직접 보며 만날 수 없는 시간이 다가오고 있음이 피부로 느껴진다.

전문 지식과 자격증을 무기로 보통의 평범한 월급쟁이보다는 돈을 많이 벌고 있는 전문직 사람들에겐 인공지능과의 큰 싸움이 기다리고 있다. 한편 다행인 것은 비교적 적은 급여를 받고 육체 노동을 담당하는 사람들에게는 인공지능이 당장 싸움을 걸어오진 않을 것 같다. 요양 보호사, 간호사, 고충을 상담하는 사회 복지사와 같이 사람을 직접 대하되 급여가 비교적 적은 직업을 가진 사람은 오히려 당분간 걱정이 없어 보인다.

영국은 모든 시중 은행들이 동네에 있는 지점들을 폐쇄하고, 고객 접촉을 축소하고 있다. 은행에 직접 가서 볼 일을 처리하려고 해도, 예를 들어, 계좌 말소 같은 것조차도 사람이 직접 해 주지 않고 전화나 인터넷을 통해 하라고 한다. 전화를 해도 사람과 접속하기는 쉽지 않다. 전화 너머 들려오는 기계음의 지시에 따라 진행해야 한다. 이따금 간단한 YES, NO 정도가 아닌, 긴 말을 하면 내 영어 발음을 기계가 인식을 못 해서 진행이 더 안 되어 당황스럽다.

자율 운행 자동차 기술이 좀 더 완벽해지면, 예전에 버스 안내양이 순식간에 사라졌듯이 수많은 운전사도 사라질 것처럼 보인다. 대중 버스를 탈 때, 운전사조차도 없는 차에 승객이 획일적으로 타는 모습을 상상하면 내 마음은 어둡고 두려워진다.

다행히 크레타는 아직 모든 것을 사람이 한다. 박물관의 입장료도 사람이 받고, 주유소에 가면 주유원이 직접 주유를 해준다. 식당에서는 사람이 주문을 받고, 서빙을 하며 계산을 해준다.

이 편안함이란! 사람들이 하니 걱정이 없다. 그리스어를 못 해도 사람이 바로 앞에 있으니 알아듣든 말든 영어로 말하고, 그것이 안 되면 보디랭귀지로 해 본다. 사람이 직접 하니 모든 일이 쉽게 풀어진다.

사람 때문에 때로는 스트레스가 가득하고 만남이 지긋지긋하다고 느낄 수도 있지만, 인간이란 사람을 만나고 대화하고 교류할 때 살아있음을 느낄 수 있다.

기러기 가족

내가 영국에 올 무렵에는 지금처럼 한국말로 척척 번역해 주는 챗지피티 *ChatGPT*나 딥시크*Deepseek*도 없었고, 심지어는 네이버 파파고 번역기도 없어서 영어에 대한 중요성이 지금보다도 더 과하게 평가받은 것 같다. 한국의 많은 내 또래 부모들이 자녀들에게만큼은 영어를 원어민처럼 잘하도록 공부시키려는 강한 열정이 시작된 때였다. 상당수의 엄마들이 아이들과 같이 미국 또는 캐나다 같은 나라로 연수를 가고 아빠는 몇 년 동안 한국에서 일을 하며 금전적으로 아내와 아이들을 지원하는 기러기 가족이 늘어났다. 내가 처음 영국에 올 무렵에도 이와 같은 열정으로 적지 않은 한국 엄마들이 영국에 와 있었다. 그런데 내가 알고 있던 그런 기러기 가족이 아니었다. 대다수 한국 엄마들 본인이 저렴한 영국의 영어 학원에서 어학 연수로 등록하고, 이를 가지고 1년짜리 학업 비자를 받았다. 이어서 자녀들을 부양가족으로 등록해 동반 비자를 받았다. 엄마와 동행한 아이들은 영국 입국 후에 수업료가 없는 영국의 공립 초등학교를 보냈다. 한마디로 엄마들의 어학연수는 형식이고, 실제로는 아이들 영어 교육을 저렴하게 시키려는 한국인다운 알뜰한⑴ 묘안이었다.

   다만 최근에는 한국인 말고도 다른 나라 외국인 엄마들까지 이와 비슷한 시도가 너무 많아져서, 결국 영국 당국이 눈치를 채고 말았다. 요즘은 엄마의 어학연수로는 부양가족을 데려올 수 없다고 한다. 심지어는 대학, 대학원 같은 정규 교육기관에서 공부를 해도 부양가족에게는 특별한 경우를 제외하고는 동반 비자를 잘 안 준다고 한다.

   우리 가족에게는 기러기 가족의 시간은 없었다. 영국에 오기로 결정하고 항상 가족이 모두 같이 살았다. 영국에 와서 여러 번 어려운 상황이 있었지만 이 동행 결정을 한 것이 얼마나 다행인지 모른다. 영국에서의 삶이 힘들고 어려운 와중에도 우리 가족은 다 같이 경험하고 서로 위로하며 살았다. 반면에 경제적 서포트를 이유로 떨어져 살던 많은 기러기 가족들이 가족 간의 연대감이 서서히 허물어져 가는 것을 오랜 시간 안타깝게 보아왔다. 가족이 따로 있으면 마음도 조금씩 멀어진다. 당연히 배우자에게 소홀해지고 아이들에게도 부정적인 영향이 갈 수밖에 없다. 아이들의 미래를 위해 최선을 다하려고 간 해외에서의 기러기 삶이 애초 예정대로만 되지 않는 듯하다.

   19년 전 영국으로 가는 비행기의 야간 등 아래서 아무 생각 없이 영화를 보고 있던 두 아이는 그저 신나고 즐거웠다. 모든 친척과 친구들을 다 한국 땅에 남겨 두고, 나는 아이들의 삶을 완전히 바꾸어 놓는 선택을 해버렸다. 내 어깨는 무거웠다. 다행히 19년이 지난 지금 가족의 *끈끈함*은 더 강해져 보인다.

2

크레타의 밝혀진 과거, 나의 숨기고 싶은 과거

미노아 문명, 숨겨져 있던 역사

큰 문명도, 국가도, 조직도, 개인조차도 다 평가받을 역사가 있고, 나쁘건 좋건 그 역사에 대한 평가의 시간이 있다. 숨겨져 있어도 드러날 것은 결국 드러나게 되어 있다.

크레타는 오랜 역사를 가지고 있다. 미노아 문명_Minoan Civilzation_은 공인된 유럽 최초의 문명 발생지로 평가되고, 그래서 이곳에서 유럽이 시작되었다고 말할 수 있다. 하지만 19세기 전까지는 오랫동안 잊혀져 있었다. 다시 세계사에 등장한 장소가 헤라클리온 외곽에 있는 크노소스 궁전_Knossos Palace_이다. 다소 무리한 복원으로 비난도 있다고는 하지만, 영국의 고고학자인 아서 에번스_Arthur Evans_는 사비를 털어 본인의 열정을 다해 온 인류의 역사에 커다란 일을 했다. 그는 헤라클리온에서 조금 떨어진 남쪽 외곽에 있는 땅을 사들여 발굴을 시작하였는데 땅을 파자마자 엄청난 유물이 쏟아져 나왔다. 이를 분석하여 20세기 초반에 이 놀라운 발견을 온 세상에 알렸다. 아서 에번스는 궁전 유적을 사람들이 이해할 수 있도록 명확히 복원하기 위해 당시로는 최신 건축 자재였던 콘크리트로 건물을 재현하고, 색상을 복원하였다. 이러한 자의적 해석이 학계에서는 너무 주관적이라고 비판이 많다. 직접 가서 실제로 보니 무슨 말인지 알겠다. 4천 년 전 건물이 당시에 이용할 리 없는 튼튼한 콘크리트로 복원되기도 하고 오른쪽 팔뚝과 왼쪽 다리 하나만 남아 있는 프레스코화의 나머지 부분을 본인의 상상으로 재현해 놓기도 했다. 비슷한 원리로 크노소스 궁전의 상징적 벽화로 알려진 돌고래 그림도 상당 부분 상상으로 그려졌고 유명한 소 그림도 그렇게 그려졌다. 이렇듯 많은 부분이 발굴자인 아서 에번스의 상상의 산물이다. 실제 있던 것을 너무 미화시킨 것은 아닐까 의심이 들었다.

궁궐터는 생각보다 컸다. 크레타를 소개할 때, 여기서 딱 한 곳을 보고 가야 한다면 크노소스 궁전을 보고 가야 할 것처럼 소개한다. 내 생각에는 꼭 하나만 택한다면 차라리 이 유적지보다는 헤라클리온 도시 중앙에 있는 고고학 박물관에 가는 것이 더 좋을 듯싶다. 그곳에는 인공적인 콘크리트 유적이 아니라 실제로 발굴된 유물들이 잘 관리되어 있어서 아서 에번스의 노력과 업적을 더 쉽게 이해하게 된다. 비록 규모가 크지 않은 박물관이지만 수천 년 전의 유물들을 보기 편하게 전시하고 있다.

중세 시대에는, 헤라클리온은 이슬람 세력과 기독교 세력의 충돌 지점이었다. 이슬람 세력이던 오스만 제국은 기독교 지역을 하나하나 점령하며 크레타를 둘러싼 모든 해상 지역을 점령하고, 마지막에는 크레타 섬마저 점령하였다. 하지만, 이 섬의 가장 큰 도시인 헤라클리온을 정복하는 데는 크레타의 나머지 부분을 다 정복하고도 추가로 21년이 더 필요했다. 헤라클리온은 오스만 제국의 세력에 완전히 포위된 상태에서도 베네치아 공화국으로부터 바다를 통해 물자를 공급받으며 21년을 더 버텼다.

높은 해자형 성곽이 싸고 있는 구도심은 과거에 치열했던 전투의 흔적을 보여준다. 지금은 많은 관광객의 방문지이다.

더 이전 고대 시대에는 바울의 제자였던 디도가 그리스도교를 전파하고 크레타의 첫 주교로 있었던 땅이다. 디도의 유해가 보관되고 있는 교회 *Cathedral of Saint Titus*는 도시의 중심부에 자리 잡고 있는데 그래서 헤라클리온은 기독교 성지라고도 할 수 있다. 이 교회 바로 근처에는 베네치아 공화국의 상징인 돌사자가 정교하게 새겨진 분수대가 있는데, 이곳은 관광객들의 집결지이다.

시내 관광지는 거리 어디에도 쓰레기 하나 보이지 않고 부티가 자르르 흐른다. 게다가 길에서 흔히 보는 젊은 여자들은 왜 이리도 아리따운지, 높은 코에 커다란 눈, 적당한 키에 잘록한 허리, 그리고 긴 다리. 서양 미의 기준이 왜 그리스에서 시작되었는지 직접 이곳에 와보니 알겠다.

월급 받는 직장에서 삶의 방향을 잃다

군 생활을 마치고 은행이라는 직장에 들어와서는 꿈이 있었다. 은행의 해외 지점에 나가 근무하는 것이었다. 답답한 사무실이나 영업장에서 일하지 않고, 어느 곳이든 해외에 있는 지점에 나가 근무할 수 있다면 적성에도 맞고 행복할 거로 생각했다.

답답한 최초 2년의 영업점 근무가 끝나고 은행원이 가장 선망하던 부서 중 하나인 인사부에 발령이 나고부터는 이런 나의 꿈도 실현이 될 가능성이 높아졌다고 여겼다. 크고 힘 있는 부서에서 능력을 보여 빨리 승진해 당당히 해외 지점으로 보내 달라고 요청하는 미래를 꿈꾸었다. 이 파워풀한 부서 조직에 잘 보이기 위해서는 부서의 선배들에게 잘 보여야 한다고 생각했고, 선배는 물론 동기와 후배들에게도 좋은 인상을 남겨 원활한 대인관계를 만들려고 노력했다. 술도 열심히 마시고, 내 윤리 기준에서 넘어서는 안 되는 선도 대담하게 넘나들었다. 일에 있어서의 능력은 중간이어도 괜찮지만, 조직원의 인간성 평가가 중요하고, 같이 일하는 사람에게 모나지 않게 보이는 것이 중요해 보였다. 인사부로 발령받은 그때부터 내가 아닌 나로 살아온 은행원 시절이 시작되었다. 열심히 주변과 관계를 맺으며 지냈지만, 시간이 지나며 주변에 있던 소위 잘나가는 것으로 보이는 선배와 동기와 후배는 내 관점에서 조금 이상해 보였다. 노조에서 직원들을 위해 일한다는 사람은 깜짝 놀랄 만큼 비민주적이며 자기 아집이 강했고, 미국 지점에서 막 돌아온 능력 있어 보이는 같은 부서 차장님은 알면 알수록 성격이 의뭉스러운 믿을 수 없는 사람이었다.

결론적으로 내가 몸담았던 조직은 다른 은행에 합병을 당하였다. 능력 있어 보이는 차장님은 조금 심하게 말해 점령 은행에서 피 점령된 기존 조직을 팔아먹는 앞잡이가 되었고, 직원을 위한다던 노조 위원은 자기 것 챙기기에 급급한 이기적인 모습을 태연히 보여 주었다.

사실, 합병이 되니 나 같은 말단 회사원들은 근무 환경이 더 좋아졌다. 합병 보너스도 나오고, 사무실도 더 쾌적해졌다. 우리 조직보다 더 높은 월급을 받던 상대 조직에 보조를 맞추어 월급도 덩달아 올랐다. 하지만 내 마음속에는 허무함이 몰려왔다. 거의 10년을 함께 했던 합병당한 회사가 실망스러웠고, 그 회사에서 성공하고자 내가 아닌 나로 살며 사람에게 충성했던 자신도 실망스러웠다.

3

영국에서 부르는 이방인의 애가

외국인이 바라보는 영국

영국은 정해진 원칙대로 움직이는 사회인 것 같다. 정해진 법과 규칙을 따르는 데 익숙해져 있다. 영국에서 살다 보면 법과 규칙에서 벗어난 예외가 좀처럼 잘 생기지 않아서 심적인 안정감을 느낀다.

정책이든 사람이든 결정이 될 때까지는 오랜 시간이 걸려 답답할 지경이지만 일단 결정이 되면 최대한 믿고 따라주려고 한다. 한 예로 공영 방송인 BBC의 메인 앵커도 한번 정해지면 기본이 10년이다. 내가 영국에 온 초기부터 봐온 BBC의 한 기상 캐스터는 아기를 가져서 배가 부른 상태로 방송을 하고 출산을 거듭 반복하더니 이제는 조금 늙은 모습으로 여전히 방송을 진행하고 있다.

또 다른 영국 사회의 특징으로 '개인주의'가 있다. 정해진 규칙 안에서 살되, 남을 방해하지 않고 자기 삶도 방해받기 싫어한다. 꼭 필요한 일이 아니면 남의 일에 관여하지 않는다. 일상에서 경험한 한 예로, 영국인은 길에서 만나도 상대방을 귀찮게 할까 봐 모르는 척 그냥 지나가는 일이 생각보다 많다. 상대방을 위한 배려로 좋게 해석할 수도 있지만, 알면서도 그냥 지나치는 상황을 경험하면 무시하는 건가 하고 무척 불쾌했던 기억이 있다.

우리나라에서도 지금 논란이 되고 있는 '포괄적 차별 금지법'도 영국에서 국회 통과 이후에는 너무나 잘 지켜지고 있다. 공공장소에서 '게이' 또는 '레즈비언'라는 말을 하는 것조차 차별을 유도할 수 있다고 여겨 평범한 사람들은 입 밖에 내는 것을 조심하는 분위기이다. 불법으로 거주하는 외국인들도 추방 전에 마지막 수단으로 이민국에 의해 차별을 당했다고 호소하면 거주 기간을 연장해 준다. 몇 년 전 이 법이 실행되는 안건이 올라왔을 때 너무 빨리 진행되어 놀랐다. 진보 성향의 노동당도 아니고, 보수당에서 이 법을 체결하여 법제화했기 때문이다. 오랫동안 지켜지던 전통과 규칙을 존중하는 보수적 성향의 보수당이 왜 급하지도 않은 법을 서둘러 진행하게 했을까 궁금했다. 나와 별 상관없으면 누구든 귀찮게 안 하겠다는 영국의 개인주의 성향의 영향이 커져 오랜 전통도 파기하게 된 것은 아닐까? 영국에서는 20세기 초까지 동성애자는 감옥행이었다. 합리적이라고 합의된 개인주의의 확대가 심지어는 보수당 안에서도 오랫동안 지켜온 전통과 관습을 무너뜨리고 있다.

영국의 또 다른 특징은 다른 곳에서 온 문화, 관습, 사람에게 열려 있는 사회라는 것이다. 경험상, 미국 사회보다도 영국 사회가 더 열린 사회인 것 같다. 백인 남성 중심의 미국과 다르게 영국은 여성 총리도 이미 세 명째이고, 인도계 총리도 있었다. 정부 고위 관료 중에도, 런던 같은 큰 도시의 시장 중에도 유색 인종이 많다. 심지어는 국영 방송 BBC의 뉴스 주 진행자도 흑인이다. 누구든 열심히 하면 성공할 수 있다는 느낌이 든다. 외국에서 온 이민자에게도 열려 있는 사회로 보인다. 아직도 왕족과 귀족이 있는 계급 사회임에도 불구하고 아무도 그 계급을 외부로 뽐내지 않는다.

19년을 영국에서 산 사람으로 열린 사회라는 의미가 때로는 좀 다른 시각으로 다가오기도 한다. 역사적으로 볼 때 영국 사회는 본인들이 펼친 제국주의의 영향으로 어쩔 수 없이 개방된 열린 사회를 추구한 듯이 보인다. 하지만 정작 이런 열린 사회가 이곳에서 오랫동안 살아온 사람들에게는 심리적 안정감을 침해하는 듯이 보인다. 장점이라고 말하는 개방성 때문에 실제 살고 있는 거주민의 삶은 너무나 다른 문화권에서 온 이웃으로 인해 혼란스럽다.

글로벌한 영국의 도시에서 길을 걸을 때면 여러 번 다녀 익숙한 길인데도 뭔지 모르는 불안함이 항상 있다. 내 근처의 주변 사람이 어떤 사람인지 불안하다. 그러니 이 사회는 이민 온 사람들의 삶의 지평은 혹 넓어질지 몰라도, 이곳에 뿌리를 내리고 살고 있는 대부분의 거주민들은 불안하다. 문화적, 교육적, 인종적 차이를 극복하는 것이 쉽지 않아 보인다. 만나는 사람들에게 가능한 예의를 차리며 배려하려 노력하지만, 그 안에서 진정한 배려를 느끼기가 어렵다. 영국 같은 열린 사회에서 상호 간의 예의라는 것은 그냥 순간의 곤경을 벗어나려는 형식에 불과하다는 생각도 든다.

영국에서 당한 억울한 일

영국에 와서 처음 몇 년간 정말 어처구니없는 일을 여러 번 당했다.

조심조심 살아야 했는데 영국 땅에서 한국식으로 생각했기에 이런 일이 벌어진 것 같기도 하다. 지금 생각하니 내가 당한 어처구니없는 일들은 한국 사회와는 다른 영국 사회를 제대로 이해하지 못한 것에서 발생하였다고도 할 수 있다.

영국에서 변호사 *Solicitor* 가 되기로 목표를 잡고 첫 단계로 GDL이라는 과정을 하던 때였다. 국적과 상관없이 모든 외국인에게 열려있는 과정이었다. 이 과정은 9개월을 전업하여 공부하고 나서 일곱 개의 법학 과목을 7일 동안 일곱 번 시험을 치르고, 모든 과목에서 일정 이상의 점수를 받아야 하는 과정이다. 변호사가 되는 최종 교육 과정인 LPC에 가기 전 반드시 넘어가야 하는 시험이었다. 영어가 모국어가 아닌 나 같은 외국인에게는 매우 어려웠다. 심지어는 어렸을 때부터 영국에서 정규 교육을 받은 영국인들에게도 매 과목 3시간 동안 열 장이 넘는 페이퍼를 써야 하는 힘든 과정이었다.

지금 생각해도 황당한 이 사건은 시험 4일째 계약법을 볼 때 발생했다.

페이퍼에 내 의견을 열심히 적어 가고 있는데, 얼마 전 수업을 들은 적이 있어 안면이 익은 영국인 시험관이 내 옆에 서서 내 법전을 펴서 넘겨 보더니 갑자기 페이지 몇 장을 찢어갔다. 아주 짧게 뭐라고 말을 했는데 무슨 말을 했는지 기억도 안 난다. 나는 시험을 보다가 너무 황당했다. 나중에 해당 시험은 도저히 받아들일 수 없는 이유로 과락을 당했다. 이유는 내가 부정행위를 했다는 것이다. 좀 자세히 말하면 인쇄된 법조문 말고는 백지여야 하는 법전에 개인적 메모가 남아 있다는 것이다. 이에 따라 일곱 과목의 시험을 다 보고 최종 결과를 기다리던 어느 날, 나머지 여섯 과목 성적과 상관없이 난 불합격이라는 통지를 받았다. 나는 어렸을 때부터 연필에 힘을 주고 쓰는 습관이 있는 탓에 연필 자국이 종이에 깊이 남는다. 아무리 잘 지워도 자국이 남는다. 그래서 나는 시험 보기 전에 그런 오해를 받을까 봐 내가 적은 메모를 지우고 또 지웠다. 내 억울함을 직접 만나 설명하고 싶었지만 그 시험관을 만날 수조차 없었다. 이메일로 항의했지만 답변도 오지 않았다. 난 그 백인 감독관이 아직도 밉고, 그 차가움에 몸서리가 쳐진다. 결론적으로 나는 오해의 여지가 없도록 새 법전을 사든지 빌려서 시험을 봐야 했던 것이다. 하지만 나와 같이 공부했던 다른 학생들도 법전에 메모하고 그 법전을 이용해 시험을 보았다.

여러 생각이 들었다. 시험 감독을 잘했다고 공시해야 하는데 샘플 한 명이 필요했던 건 아닐까? 동양인이고 나이도 많고 영어도 어눌해서 내가 컴플레인하기가 쉽지 않을 것 같아서 날 샘플로 삼았나? 날 일부러 지목해 시험 감독을 제대로 했다고 홍보하려고 떨어뜨린 것은 아닐까? 별의별 생각이 다 들었다. 지금도 나는 이런 생각이 합리적 의심이라고 생각된다. 나의 항의에 대해 학교 측의 공식 답변은 법전 규정을 어겼다는 것이 다였다. 나는 깨끗하게 모두 나의 메모를 지웠다고 양심을 다해 말할 수 있었다. 규정을 어겼다며 증거가 있다고 하는데 나는 이 억울한 상황에서 어떻게 구제받는지도 그때는 몰랐다. 그래서 결국 1년 공부가 허무하게 끝났다. 과정 수료를 하되, 결국 다음 과정 LPC 과정에 올라가지 못했다. 비싼 과정 비용을 내고, 열심히 공부하고 결국은 최고의 불명예를 받았다. 허무함과 억울함에 한숨이 나왔다. 눈물이 났다.

이후에도 영국에서 몇 번의 예상치 못했던 억울한 일을 당했고, 견디어 내야 했다. 그런 여러 경험 후 오늘까지 오랜 시간을 조심조심 살아오고 있다. 외국인임에도 불구하고 자식들을 잘 공부시키고, 돈도 벌어 집도 사고 잘 정착하여 살 수 있게 해 준 영국 사회에 감사한다. 하지만 한편으로는, 개방적이고 실용적인 사회로 보이는 영국에서 당한 교묘한 차별과 따돌림과 무시함을 생각하면 아직도 불쾌함이 가득 밀려온다.

헤라클리온에서 숙소로 돌아오는 길에 버스 터미털에서 오후 5시에 출발하는 티켓을 구매했다. 오후 5시 버스를 기다리고 있었는데, 갑자기 터미널에서 일하는 아저씨가 오더니 4시 40분 버스에 자리가 몇 자리 비었으니 그냥 타라고 한다. 얼떨결에 20분 먼저 버스를 타고, 숙소로 빨리 돌아왔다. 이런 일은 사소해 보이지만 원칙을 따지며 남에게 별 관심이 없는 영국 사람이라면 나서지 않고 가만히 있었을 것 같다. 영국이라면 분명히 예정대로 5시 차를 탔을 것 같다.

그리스의 섬 크레타는 영국과는 비교할 수 없는 좁은 사회이다. 한국보다도 더 작은 사회인 것 같다. 오래전부터 살던 익숙한 곳이기에 같이 살고 있는 이웃에게도, 또 우연히 가끔 만나는 이방인에게도 관심과 참견도 많아 보인다. 상대방에게 좋은 것이 있으면, 심지어 관광객에게도 편히 이야기하고 그걸 택하라고 강요하는(!) 유연한 모습을 보곤 한다. 오늘 버스를 빨리 타라고 한 것도 그 예인 것 같다.

플랜 B를 찾을 때마다 가슴은 무너졌다. 하지만 지나고 나니 플랜 A가 인생의 정답은 아니었다.

4

브로커가 필요한 사회 영국

영국의 부동산 중개사

영국 사회의 다른 특징을 하나 더 이야기하고 싶다.

영국인은 이해 당사자가 직접 서로 얼굴을 맞대고 거래하는 것을 선호하지 않는다. 그래서 당사자 간에 완충 역할을 해 줄 수 있는 중간 브로커를 상호 간에 원하는 것 같다. 한국에서는 브로커라는 말이 부정적인 이미지이지만, 영국은 아니다. 많은 경우 양쪽 이해 당사자가 직접 얼굴을 볼 일이 별로 없다. 양쪽의 의견을 전달하며 조정하는 중간 역할을 해 주는 브로커가 활성화된 사회이기 때문이다.

GDL 과정에서 그렇게 억울한 일을 당하고도 내가 그 시험관을 직접 볼 수 없었던 것도 같은 맥락이다. 다른 담당자가 시험관과 나 사이에서 브로커 역할을 했었다. 나는 억울했었고, 그 시험관을 만나면 내 입장을 잘 설명하고 싶었다. 그래도 설득이 안 된다면 시험관의 뺨이라도 한 대 때려주고 싶었지만 불가능했다. 중간 브로커에게만 하소연할 수밖에 없었다. 막상 나에게 피해를 준 그 시험관은 이후에는 이메일로도 접촉할 수 없었다.

　이와는 다르게 브로커로 인해 행복하고 편안했던 경험도 있다. 영국에서 처음 내가 살 집을 구매할 때의 기억이다. 영국에서 부동산 구매 시, 현찰 100%로 집을 구매하는 것이 아니라면, 주택 담보 대출(모기지)을 받기 위해 모기지 브로커를 만나는 것이 일반적이다. 한국처럼 구매자가 직접 은행을 방문해 대출을 승낙받기가 쉽지 않다.

　참고로, 영국의 부동산 중개사는 한국에 비해 사업 환경이 좋아 보인다.
　첫째로, 중개 수수료가 판매 가격의 1%나 된다. 한국과 비교할 때 상당한 수수료다. 한국은 0.3%~0.4% 정도인 것 같다.
　둘째로, 영국은 부동산 중개소를 운영하기 위해 우리나라 같은 공인중개사 시험을 봐야 할 필요도 없다. 누구나 사무실이 있으며 부동산 중개소를 할 수 있다.
　셋째로, 집주인이 집을 여러 부동산 중개소에 의뢰하기가 어렵다. 대부분은 한 곳에만 의뢰한다. 이유인즉 두 곳의 중개소에 집을 내놓으면 두 곳 중 어느 중개소에서 성사되었건 내야 하는 중개수수료가 1.0%에서 1.5%로 인상되기 때문이다. 세 곳이면 2.0%로 인상된다. 집을 소개하지 못한 중개소도 거래 성사 후 집 값의 0.5%의 수수료를 매도자로부터 받는다.
　넷째로, 권리 이전을 해주는 계약서도 부동산 중개소에서 하지 않고 변호사에게 의뢰한다. 다시 말해 부동산 권리 이전에 따른 법률 책임이 부동산 중개소에 없다.

집주인인 매도자는 부동산 중개소의 수수료 외에도 법률 이전을 도와주는 변호사에게도 별도의 수수료를 내야 한다.

외국인으로 영국 은행에서 모기지 받기

내가 처음 영국에서 집을 살 때의 이야기다. 영국에서 내 집을 산다는 것을 처음 몇 년 동안은 꿈도 못 꾸었다. 그런데 회사를 설립하고 내가 사장이자 내가 직원인, 그래서 내가 나에게 주는 것이지만 꼬박꼬박 월급을 받으며, 이에 따라 영국 정부에도 적지 않은 세금을 내면서 나의 신용 등급이 상향되었음을 알게 되었다. 수입이 증빙되면서 모기지(부동산 담보 대출)를 받을 수 있는 자격이 생긴 것이다. 영국에는 외국인이 많이 살아서 그런지 외국인이라고 모기지를 받는 데 차별은 없는 것 같다. 그래서 좀 알아보니, 처음 집을 살 때 집값의 25%만 내가 담당하고, 나머지 75%는 모기지를 은행에서 받는 것이 일반적인 형태였다. 집을 구매 후에 매달 모기지 이자를 내고 빌린 원금을 조금씩 매달 더해서 갚아도, 월세를 내는 것보다는 훨씬 저렴해 보였다. 영국의 임대 제도에 전세 제도는 없다. 반전세도 없다. 오직 월세뿐이다. 그런데 한국처럼 구매할 집이 정해지면 직접 은행에 가서 모기지를 신청하는 것이 아니었다. 부동산을 소개한 부동산 중개소에서 소개해 주는 모기지 브로커에게 모기지를 신청하도록 권유했다. 브로커는 은행과의 모기지 계약이 성사되고 나서, 나와 은행으로부터 성사 수수료를 받아 갔다. 내 입장에서는 막상 성사가 되고 나니 은행에서 대출받는 것이 이렇게 쉽나? 하고 느낄 만큼 쉽게 느껴졌다. 영국에서 누구나 아는 큰 은행에서 75%의 모기지를 저렴한 이자율로 받게 되었다.

    몇 년이 지나고 나서 다른 부동산을 구매할 때, 모기지 브로커를 이용하지 않고 직접 은행과 접촉해서 모기지를 받으려고 추진한 적이 있었다. 모기지 관련 브로커에게 주는 수수료가 아깝다고 생각했기 때문이다. 게다가 난 은행원이 아니었던가? 한국의 은행에서 모기지 브로커에게 수수료를 주었다는 이야기는 들어 본 적도 없었다. 그런데 자신감 있게 추진한 이 시도의 결과는 실패였다. 공들인 부동산도 당연히 구매하지 못했다. 직접 접촉한 은행에서는 정말 귀찮게 요구하는 것이 많았다. 처음에 요구한 신청 서류들을 모두 제출한 이후에도 시차를 두고 추가로 이런저런 서류를 달라고 했다. 그렇게 여러 번 여러 서류를 가져다주며 결과를 기다리고 또 기다렸다. 최초에 은행에 신청서를 내고 약 3개월 후에 나온 최종 결론은 대출 불가였다. 이유도 무척 자의적이고 애매모호했다. 처음부터 해 주기 싫어서 시간만 질질 끈 것 같다는 생각이 들었다.

    이후부터는 모기지 브로커 비용을 아까워하지 않기로 했다. 모기지 브로커는 나와 은행 사이에서 꼭 필요한 것을 타이밍에 맞추어 잘 챙겨서 준비해 주는 전문가라는 생각을 하게 되었다.

    영국에서 19년을 살면서 나도 영국 사람처럼 변했다는 생각을 이번에 크레타에서 처음 했다.

    예약한 큰 방 대신 작은 방을 주어서 첫날부터 크레타의 호텔에 불쾌함이 컸지만, 호텔 측 누구에게도 이 때문에 싫은 표정 하나 보이지 않았다. 대신

중개를 한 여행사를 통해, 강력한 컴플레인을 했고 오늘 숙소에 돌아오니 효과가 있어 작은 방에서 큰 방으로 옮겨졌다. 그 호텔의 여러 객실 중에서도 전망이 좋은 객실이었다. 게다가 여행사는 2일 치 호텔비를 피해 보상으로 반환해 주었고, 호텔을 대신해서 불편함을 준 것에 대해 여행사 직원이 직접 와 사과를 전했다. 호텔 측과 필요 없는 감정 소모가 없어서 좋았다.

반대로 호텔 주인 입장에서는 내가 이틀 동안 호텔 측과 아무 일 없는 듯이 웃으며 지냈는데, 다른 한쪽에선 여행사에 강력한 컴플레인을 진행했음을 알았을 테니 내 이중적인 태도에 무척 황당했을 것 같다. 좀 미안한 마음이 들어서 나중에 돌려받은 2일 치 호텔비 중 1일 치를 돌려주었다.

처음에 여행사를 통해 여행을 준비할 때 좀 비싸다는 생각을 했다. 그래서 조금 망설였는데 지금 보니 잘 했다는 생각이 들었다. 여행사도 호텔과 고객 간에 문제가 생길 때는 그 중간에서 브로커 같은 역할을 한다고 생각하게 되었다.

사회가 복잡해지고 영국처럼 업계마다 오랜 관행이 있을 때, 그 일을 처음 접하는 사람들은 해당 업계의 관행을 알기가 어렵고, 혹 안다고 해도 익숙하지 않은 복잡한 일을 하다가 어느 순간 실수를 할까 봐 두렵기도 하다. 내 일로도 복잡한 세상에서, 가끔 있는 생소한 일에 시간과 정성을 전적으로 쏟기도 어렵다. 결국 이 모든 것을 고려해 브로커를 찾게 된다.

인공지능이 급속도로 발전하는 미래에도 영국에서 이런 형태의 브로커에 대한 의존이 계속될지는 의문이다. 하지만 오늘 내가 부동산을 산다면 모기지 브로커는 꼭 있어야 하는 존재이다.

5

니코스 카잔차키스의
무덤에서 물어본 자유와 교만

크레타의 자랑, 니코스 카잔차키스

"인간은 짐승이요. 사납게 대하면 당신을 존중하고 두려워해요. (반대로) 친절히 대하면 눈이라도 뽑아갈 거요! 놈들의 간덩이를 키우지 마시오."

- 『그리스인 조르바』 중에서 -

한국인 작가 한강이 노벨 문학상 수상자로 발표된 바로 그날, 나는 그렇게도 노벨 문학상을 받고 싶었고, 수없이 노벨 문학상 후보에 올랐지만, 결국 받지 못한 그리스의 문학 영웅인 '니코스 카잔차키스'의 무덤 앞에 있었다. 무덤은 헤라클리온 구도심을 싸고 있는 남쪽 성곽 위에 자리 잡고 있었는데, 돌로 된 무덤 앞에 커다란 나무 십자가가 서 있었다.

그의 비석에는 그리스어로 "나는 아무것도 바라지 않는다. 나는 아무것도 두려워하지 않는다. 나는 자유다."라고 쓰여 있었다. 작가의 유언에 따라 그렇게 비석에 글을 새겼다고 하는데 사실인지는 모르겠다.

그가 말하고 싶었던 이 자유는 그의 대표 소설 『그리스인 조르바』에도 서두 부분에 소설의 주인공인 '조르바'의 입을 통해서 언급된다. 소설 속에서 조르바는 '나'와 고용 계약을 하면서 일에 대해서는 강요하고 요청할 수 있지만, 일 외에는 어떤 것도 강요해서는 안 될 것을 말한다. 이유인즉 '나는 인간이며, 그 인간이라는 뜻은 자유'이기 때문이다. 소설 속 화자는 우연히 만난 조르바를 통해 새로운 형태의 이상적 인간상을 발견하고 이에 감동하며 그와 크레타에서 지낸 이야기를 썼다.

나는 기독교인이고 기독교인으로 온전히 살다 생을 마감하기를 바라는 사람이다. 세상에서 가장 좋은 책은 성경이라고 생각한다. 누구나 성경을 읽고 그걸 유대 땅의 유대인 이야기가 아닌 우리 자신의 이야기로 여기고, 자신의 인생을 하나하나 성경에 적용하고 해석해 보아야 한다고 생각한다. 성경은 변증법으로 증명할 책이 아니요, 그 자체로 믿어야 한다고 생각한다. 기독교 교부 중 한 명인 '아우구스티누스'도 '이해하기 위해 믿어라(Crede ut intelligus).'라고 말했었는데, 이는 무언가 깨닫는 것은 믿음의 대가이며 이성만으로 진리에 이를 수 없다는 뜻으로 해석된다.

어린 시절부터 살아야 하는 이유에 대한 형이상학적 번뇌를 거듭했고, 죄에 대한 근심에서 어떻게 해야 하는지 몰라 몸부림쳤다. 그러다가 스무 살이 넘어, 성경책을 진지하게 보다가 예수가 우리를 위해 십자가를 지셨음을 이해하고 인정했다. 그러자 얼마 안 있어 오로지 예수의 은혜로 예수를 인격적으로 만났다. 그 감동에 몇 시간 동안 울고 예수를 따르기로 결심하였다. 그날은 하늘도 땅도 예전과 달랐다. 얼마나 세상이 아름다웠는지 모른다. 그 후 30년을 예수님께 의지하며 살고 있지만 나는 여전히 세상의 작은 도전과 시련에 번번이 쓰러진다. 결국 나는 아직도 '자유'롭지 못하고 아마도 죽을 때까지 이러한 나의 자유롭지 못한 한계성에 낙담하고 때로 절망하며, 그럼에도 불구하고 하나님이 주신 대속의 은혜에 감사하며, 주를 의지하며 살 것이다. 결국 나는 한계를 가진 인간이다. 도덕적으로 볼 때도 내 마음, 내 행동을 한 꺼풀만 벗기고 들여다보면 나는 절망한다.

니코스 카잔차키스의 비석에 쓰여 있는 글이 정말 그의 확신이라면 그가 정말 부럽다. 하지만 그가 교만한 사람은 아니었을까? 혹시 아니라면 과연 그가 정말 저렇게 쓰인 자기의 비석을 원했을까? 예수를 인간으로 끌어내린 이야기라고 평가받는 책, 종교계뿐 아니라 사회 전반적으로도 논란이 많았던 그의 책 『그리스도 최후의 유혹』을 놓고서 그를 한마디로 평가한다면, 그는 결국 '세간의 주목을 받기 위해 넘지 않아야 할 선을 넘어가 버린 작가'였을 뿐이다. 그가 뭐라고 하든 무슨 상관인가? 결국 그는 인기를 쫓아다닌 하찮은 인간일 뿐이다.

그의 묘지를 내려와 도심의 북쪽 길을 걸어 중심부로 걸어가는 길, 벽에는 예술이라고 할 수 없는 수없는 수많은 그라피티가 그려져 있었다. 어제 내가 본 깨끗한 헤라클리온이 맞나 싶을 만큼 이 도시 한편은 더럽고, 관리가 되지 않아 흉측했다. 겉으로는 그럴듯해 보여도 속으로는 문드러지고 썩어 있는 나와 니코스 카잔차키스 같은 인간의 마음인 것 같다.

영국에서 사업을 시작하다

영국에서 비즈니스를 하고자 사업자 등록을 한 것은 영국에서 어떻게든 정착해 보기로 결심하고 몇 달 후였다. 사업자 등록을 하기 전 몇 달 동안은 훈련의 시간이었다. 내게 영국 정착을 권한 사장님께 매주 한 번 점심시간에 찾아가 공짜 점심을 얻어먹으며, 내가 생각한 사업 아이템을 두근거리는 마음으로 말씀드렸다. 매번 얼굴을 찡그리시며 왜 이 사업은 안 되는지를 이런저런 이유를 들어 꾸중 조로 말씀하시는 것을 반복하여 들었던 몇 달이었다.

　매번 꾸중을 들었지만 지금 생각해도 참 귀한 시간이었고, 많은 시행착오를 줄일 수 있는 배움의 시간이었다. 내 생각을 사장님의 조언을 통해 객관적으로 평가할 수 있었던 시기였고, 잔뜩 힘이 들어간 어깨에 힘을 빼고, 겸손히 사업을 시작할 수 있는 준비 기간이었다. 당시의 나는 겸손했다기보다는 겸손할 수밖에 없는 상황이었다. 사업을 시작하는 많은 사람들이 자기가 가진 것을 과대평가한다. 고객은 금방 나타날 것으로 생각하고, 자신의 사업 구상은 놀라운 것으로 생각한다. 하지만 막상 사업이라는 것은 그렇게 본인 생각대로 되지 않는다. 자신을 낮추고, 상대방의 요구를 적절히 수용하여 돈을 벌 수 있는 그 정확한 지점을 찾는 것은 참 어렵다.

　연구를 거듭하다가 충분히 돈을 벌 승률이 있다고 생각되는 사업을 하나 발견했다. 상담하던 사장님께도 이 사업은 괜찮겠다는 의견을 들을 수 있었다. 그 말이 큰 힘이 되었다. 나아가야 할 방향이 잡히고 나니 일사천리로 신나게 진행했다. 내가 부족한 전산 및 그래픽 업무를 대신 담당할 사업 파트너와 같이 동업을 하기로 했다. 사무실은 없었다. 살고 있는 집의 방 하나를 사무실로 이용했고, 집 주소를 회사 주소로 등록하였다. 최초에는 회사의 자체 인터넷 사이트도 없어서 '다음'의 인터넷 카페를 통해 우리 사업을 소개하며 언제 올지 모르는 고객을 기다렸다. 사업을 위해 쓸 돈은 애초에 없었고, 고객이 주문한 상품은 내 신용카드를 통해 구매하기로 하였다. 어렵기는 했지만, 한 달이 될 무렵 고객과의 상호 이익이 되는 접점을 찾았고, 그 결과 물건을 주문하는 고객이 생기기 시작했다. 고객이 요구에 맞추어 여러 종류의 물건을 팔기 시작했다. 영국에서 처음으로 수입이 생겼다. 다른 사람에게 돈을 받는 월급쟁이가 아니고, 내가 내 사업을 하며 스스로 돈을 벌기 시작한 것이다.

니코스 카자차키스의 무덤 : '니코스! 넌 너무 교만하지 않니? 넌 인간일 뿐이야.'

6

『그리스인 조르바』, 문학과 나의 이어짐

나의 친구가 된 유명한 작가 친구들

크레타 사람들은 크레타가 배출한 작가 니코스 카잔차키스가 자랑스러운지 크레타의 헤라클리온 국제공항의 애칭도 '니코스 카잔차키스 공항'이다. 그의 묘비에 쓰여 있는 것이 그의 본심이라면 그 자신을 자유라고 외친 그 자신감은 부럽기까지 하다. 나 역시 어떻게 살 것이냐는 주제로 고민하고, 본인의 해결책을 세상에 소설과 에세이를 통해 말해 주었던 이 사람에게 감사의 마음도 있다.

그는 인생의 의미와 방향에 대해 나만 고민하는 것이 아니고 많은 사람들이 같이 고민하고 있음을 우리에게 알게 해 주고, 그렇게 고민하는 우리를 위로해 주며, 그가 고민하고 해결 받고 이해한 것들을 이야기해 주었다. 어떤 글은 놀라운 혜안을 주어 감동을 주고, 직접 실천해 보고 싶을 만큼 마음속에 도전 의식을 준다.

책을 통해 만나는 작가 중 일부는 어느새 나의 친구가 되었다고 느껴질 때가 있다. 그런 내 마음 속 친구가 된 작가 중에 내가 가장 좋아하고 존경하는 친구는 덴마크의 실존주의 철학자이자 신학자인 '키르케고르Søren Kierkegaard'이다. 그는 불과 40살을 조금 넘겨 살았지만 평생 신의 은혜 안에서 자기와 하나님 사이의 질서를 찾아 헤매었다. 그가 발견한 지혜를 세상에 알려주기 위해 돈벌이가 되지 않는 책을 쓰고, 본인의 자비를 들여 출판했다. 성경 속 인물들을 드러내고, 책을 쓴 본인은 드러내기 싫어서 대부분의 책에 가명을 썼다. 그가 170여 년 전 덴마크 코펜하겐에서 쓴 책들을 읽으며, 오늘을 사는 내 존재를 이해하고 어떻게 살 것인가에 대해 도전을 받았다.

그가 『관점』이라는 책에서 쓴 글이다.

'외톨이란 종교적인 견지에서 본다면 이 시대의 전 인류가 반드시 통과해야 하는 범주다. 나의 과제는 비천한 하인으로서 되도록 많은 사람을 '외톨이'라는 골짜기를 통과할 수 있도록 초대하고 선동하는 일이다. 아무도 외톨이가 되지 않고서는 이 골짜기를 통과할 수 없다.'

그 외에도 좋아하는 작가인 친구로, 키르케고르와 결은 좀 다르지만, 쇼펜하우어 같은 실존주의 철학자가 있다. 프로이트, 융, 아들러같이 인간의 정신세계를 탐구해 우리의 사고의 지평을 광범위하게 넓혀준 심리학자도 있고, 프란츠 카프카와 알베르 카뮈 같은 노벨상을 받은 실존주의 소설가도 있다. 최근에 만난 소설가 친구로는 소설 『연금술사』를 쓴 '파울로 코엘료'와 『그리스인 조르바』를 쓴 '니코스 카잔차키스'가 있다. 이 작가 친구들은 책을 통해 나에게 그들의 고민과 그들 나름의 해결책을 넌지시 말해준다. 나는 그들의 생각을 내 마음의 글로 적고, 내 나름대로 해석한다. 해석이 된 내 생각을 그 유명한 친구들에게 피드백으로 말해주고 싶지만 안타깝게도 저세상에 가 있는 그들을 만날 수는 없다.

'니코스'에게 삶에 대해 물어보다

친구된 마음으로 무덤 속에 누워있는 니코스에게 넌지시 물었다.
'넌 너무 교만하지 않니? 너 따위가 어떻게 본인을 자유라고 선언할 수 있어! 넌 허약하고 갈대처럼 흔들리는 아무것도 아닌 인간일 뿐이야.'
이 친구가 살아있다면 나름 자기를 잘 변호했겠지! 하지만 이미 죽은 그는 자기의 무덤 앞 나무 십자가를 보여줄 뿐 다른 말은 없다.
그가 『그리스인 조르바』 속 조르바의 입을 통해 말한 인간에 대한 언급에 이런 것이 있다.
"인간은 짐승이요, 사납게 대하면 당신을 존중하고 두려워해요. 친절히 대하면 눈이라도 뽑아갈 거요!"
인간에게 친절로 대하면 어느 순간 그 친절을 당연하게 생각하고, 심한 경우 친절을 베푼 이에게 해를 입힐 수도 있다는 말이다.
"자유를 얻는 도리는 (원하는 것을) 터질 만큼 (자신에게) 처넣는 것 이외에는 달리 방법이 없습니다."
결국 욕망을 참는 금욕주의로는 욕망을 요구하는 육체를 절대 다스릴 수 없다는 의미로 보인다. 그의 글 다른 구절에는 악마를 이기려면 스스로 악마 한 마리 반은 되어야 한다는 언급도 있다.
작은 사업을 하며 여러 동료와 직원과 함께 일하며 10여 년이 지났다. 사막과 같은 환경에서 오아시스를 그리며 살았다고 생각한다. 내 입장에서 사람에 대한 그의 생각은 확실히 설득력이 있고 오아시스처럼 시원하다. 하지만 이렇게 사람을 회의적으로 바라보는 니코스 자신이 어떻게 본인 자신에게는 그런 나르시시즘 가득한 절대자 같은 평가를 내린 걸까? 악마를 이길 만큼, 악마보다도 더 미치도록 욕심을 채워봐야 거기에서 빠져나올 수 있다는 그의 교만함은 어디서 나온 것일까? 무덤가에서 다시 니코스에게 물어보았다. 물론 대답은 없다.

나같이 책을 통해 삶을 배우고자 하는 사람들은 책 속의 화자 '나(니코스)'가 그랬던 것처럼, 조르바 같은 삶과, 그 같은 체험을 동경한다. 그런 종류의 사람은 소위 '지식의 세례'를 받지는 못했어도, 스스로의 경험을 통해 세상의 이치를 파악하고 나름의 삶을 정의한다. 조르바 같은 사람은 뱀처럼 온 땅을 훑고 다녀서 세상사에 대해 모르는 것이 없기에 배짱이 두둑하고 삶의 문제점을 단번에 밝혀낼 수 있다. 조르바는 생각하고 바로 행동한다. 책 속에서 니코스가 그랬던 것처럼, 지식인 흉내를 내며 책을 통해 진리를 찾지만, 막상 행동하지 못하는 현재의 나 같은 사람을 부끄럽게 한다.

나에게도 극 중의 주인공 조르바 같은 친구가 있다. 내가 항상 삶이란 무언인가? 인생은 어떻게 살아야 하나? 고민할 때 단순하게 문제를 바라보고 해결책을 제시해 주며, 힘들 때일수록 강단을 가지고 태연하게 있는 묘한 친구다. 부끄럽게 말하건대 내 아내이다. 내가 힘들 때는 조용히 내 옆에서 나를 응원했고, 고민하고 있을 때는 정복왕 알렉산더가 고르디아스의 매듭 Gordian Knot 을 칼로 잘라 버렸듯이 복잡한 상황을 단순하게 정리해, 갈 길을 말해 준 적도 있다. 심지어는 돈이 없어 고민할 때 그동안 한 푼 두 푼 저축한 돈이라며 돈을 내주기도 했다. 이번 여행도 아내가 마지막에 보태라고 준 돈이 없었다면 감히 오지 못했을 것 같다. 오늘 니코스를 다시 만나지도 못 했을 뻔했다.

니코스의 여러 책 안에서 그가 찾은 인생의 해결책은 인도 불교 부처의 가르침을 따르려는 노력이었다고 보인다. 실제로 그는 『붓다』라는 책을 쓰기도 하였다. 그는 서양에 살면서도, 동양의 부처를 마음속에 기준으로 삼아 본인을 '무아(無我)'로 만들어 놓고자 했다. 그러면서도 끊임없이 회의하고 의심했으며, 조르바 같은 사람을 동경했다.

니코스는 경험을 통해 인간의 악취를 맡아보았고, 인간이 거칠며, 때로는 쉽게 타락하는 것을 발견하였다. 그럼에도 '베르그송'과 '니체'같은 철학자의 사상을 접하면서 한계에 도전하는 인간상을 표현하려고 노력했던 것으로 보인다. 그는 세상에서 조르바처럼 계속 투쟁하라고 독려하고 있으니, 우리보다 나은 사람은 맞다.

책 속의 등장인물인 수도사 '자하리아'를 통해 그가 말한 수도원의 모순된 모습과 그 수도원에 불을 지른 '자하리아'의 행동을 보며 니코스가 사회주의자일 수도 있겠다는 생각도 들었다. 역사적으로 여러 사례를 바탕으로 사회주의자들은 사회 모순을 열을 올려 비판하지만, 막상 본인들의 삶의 성숙도는 미약한 경우가 많았다. 사회를 개혁하려고 기득권층을 비난하고 헐뜯는 데에는 열심이지만 그뿐이다. 파괴와 비난이 지나간 후에 그 사회주의자들은 그들이 혐오해서 제거한 그 기득권층과 같이 되어 권세를 즐긴다. 남미의 혁명가인 체 게바라 같은 예외적 인물은 극히 적었다고 생각한다. 좌든 우든 사람들의 추앙과 박수를 받으며 한쪽 끝으로 향하던 이들이 어느 순간 사람을 경시하며, 공익을 말하면서 실제로는 사익을 추구하는 괴물이 돼가는 모습은 온 인류의 역사에 반복되어 온 비극적 모습이다.

『그리스인 조르바』를 다시 읽어보고 느낀 점은 인간은 고결한 척해도 결국 쾌락을 추구하는 존재라는 점이다. 좋은 사람인 척 잠깐은 속일 수 있어도 결국은 쾌락을 추구하는 자기애의 범주를 벗어나지 못하는 한계가 있다. 그러면 어떻게 살아야 하는가? 이 또한 니코스는 조르바의 말을 통해 답을 적어 놓았다.

'어제의 슬픔도 잊고, 내일의 걱정도 버리고 오늘에 충실하며 사는 것.'

개인적으로 좋아하지만, 교만한 인본주의자, 사회주의자이고 크레타인들에게는 큰 자랑거리인, '니코스 카잔차키스!'

그의 무덤 앞에서 그를 다시 만났다.

헤라클리온의 역사 박물관에는 니코스 카잔차키스의 방이 그대로 재현되어 박물관 한편에 전시되어 있고 그의 수많은 저서가 전시되어 있다. 그의 책 중에는 『그리스도 최후의 유혹』이라는, 앞에서도 말한 그의 문제작도 있다. 이 책으로 인해 그는 그리스 교회에서 파문당했고 그 책은 오랫동안 그리스에서 금서가 되었다. 내용을 보면 알겠지만, 기독교계 입장에서 이 책을 보면 솔직히 파문당할 만하다. 이에 대해 그는 고대의 저명한 교부인 '터툴리안'의 의견, '나는 그것이 불합리하기 때문에 믿는다(Credo quia absurdum est).'를 인용하며, 자신은 예수의 신성을 부정하기 위한 것이 아니라 도리어 예수의 신성과 인성을 동시에 성찰하려고 시도했다고 변호했다. 그럼에도 그는 교회 묘지에 묻히지 못했다고 한다.

아이들에게 좋은 책 골라 주는 법

영국에서 아이들을 성장시키며 정말 신중하고 조심히, 그렇지만 열심히 권한 것이 아이들의 폭넓은 인문학 독서였다. 초등학교 고학년 때부터 고전 중에서 책을 골라 아이들에게 읽히고 감상문을 쓰게 하고, 이어서 토론을 함께하였다. 나 역시 아이들과 같이 책을 읽어야 했기에 적지 않은 시간과 노력이 필요했다. 하지만, 이 시간은 나에게도 아이들에게도 꼭 필요하고 소중한 시간이었다. 나는 추억의 책을 다시 읽어 좋았고, 아이들에겐 책을 읽는 습관을 키우며 사고의 폭을 확대하는 기회가 되었다.

개인적으로 영국 학교에서, 신문에서, 또는 방송에서 제시한 추천 도서를 믿지 않는다. 한국도 사실 마찬가지다. 자본주의 세상 속에서는 소비자인 내가 결정해 물건을 사지 못하고, 공급자가 광고하는 물건을 산다. 소비자가 자기 뜻에 따라 산 것처럼 착각하지만, 실제로는 판매자의 뜻에 따라 소비자가 구매하는 혼돈의 시대가 되었다.

출판 시장에서는 거대한 돈의 힘이 크게 작용해 내가 보기에는 쓰레기 같은 책이 추천 도서로 제시된 경우가 많다. 그래서 나는 웬만하면 내가 확실히 좋은 책이라고 확신하지 않은 책, 내가 읽지 않은 책은 아이들에게 권하지도 못했고 권할 수도 없었다. 몇 년 전에 '한강' 씨가 맨부커 상을 『채식주의자』를 통해 받자, 집사람이 너무 기쁜 나머지 나에게 말도 없이 영문으로 된 책을 아마존에서 주문해 고등학생이던 아이들에게 읽혔다. 막상 아내는 이 책이 어떤 책인지도 모르고 단지 유명한 상을 받은 책이니 좋은 책이겠지 하고 생각했다고 한다. 아이들이 읽자마자 책에 대해 비판적인 말을 하였다. 난 그 후에야 그 책을 읽어보고 깜짝 놀랐다. 이 책은 어린 청소년에게 읽히기에는 너무 '극단적'이었다. 물론 문학적으로 나름의 의미가 있는 책이라고 볼 수도 있겠지만 내가 보기에는 개개인의 인성 형성에 선한 영향력보다는 나쁜 영향력이 더 커 보였다. 나는 집사람을 나무랐다. 읽어보지 않고 책을 추천하는 경솔한 행동이라는 생각이 들었다. 한강 씨가 노벨 문학상을 받고 책이 없어서 못 판다는 이야기를 요즘 들었다. 어른들이 먼저 읽고 나서 그다음에 아이들에게 책이 읽히기를 바랄 뿐이다.

'그리스인 조르바'의 모습을 상상하며.

7

크노소스에서 생각한 소유의 삶, 존재의 삶

크노소스 궁전 둘러보기

헤라클리온에서 크노소스 궁전 _Knososs Palace_ 으로 가는 길은 택시를 타면 14유로, 크노소스 궁전에서 헤라클리온으로 돌아오는 버스는 2.5유로, 크노소스 궁전 입장료는 15유로(학생은 50% 할인), 헤라클리온에 있는 고고학 박물관은 12유로(학생은 50% 할인). 소소한 지출의 연속이다.

미노아 왕조가 고대에 존재했음을 세상에 당당히 알린 크노소스 궁전은 나의 예상보다 규모가 컸다. 1시간여 둘러보고 궁전을 나왔을 때 내 머리에 남은 기억은 발굴된 유적지 위에 일부 콘크리트로 복원된 건물들. 그 복원된 건물 벽에 새롭게 칠해진 색상에 대한 의심이 생겼다. 예전에도 정말 그런 색이었을까? 콘크리트 건물로 복원이 최선이었을까? 고고학에 특별한 지식이 없는 나로서는 솔직히 14유로의 택시비와, 1인당 15유로 입장료를 지급하고 들어갈 필요가 있었나 싶었다. 게다가 이 궁궐 주변에 있는 레스토랑에서 크레타에 와 유일하게 바가지요금을 냈다고 생각되니 더더욱 유쾌하지 않았다. 이 레스토랑은 다른 크레타의 식당과 다르게 식사 전에 주는 빵도 돈을 따로 받고, 빵에 찍어 먹는 올리브 오일도 추가 요금을 받았다. 심지어는 레스토랑의 화장실도 사용할 수 없었다. 크노소스 궁전 길 건너에 식당이 두 곳이 있다. 이곳은 가능하면 이용하지 마시라.

크노소스 궁전에서 시내버스를 타고 헤라클리온으로 돌아와서, 시내 중심에 있는 고고학 박물관을 방문했다. 크레타 크노소스 궁전에서 출토된 유물들을 관람하고 나니, 내 생각이 완전히 바뀌어 이 박물관에 오기 전에 크노소스 궁전을 방문하고 오기를 잘했다는 생각이 들었다. 크노소스 궁전에서 발굴된 3,500년~4,000년 전에 제작된 진기하고 다양한 유물들이 고고학 박물관에 빼곡히 전시되어 있었는데, 오래된 유물이지만 조금 전에 다녀온 크노소스 궁전을 생각하니 마치 바로 얼마 전에 사용한 듯한 생생함이 느껴졌다.

만약 크노소스 궁전과 고고학 박물관 둘 중 어느 한 곳에 가지 않았다면 크노소스 궁전도, 그곳에서 출토된 수많은 유물도 상호 간에 연결된 생동감 있는 존재감이 없었을 것 같다.

크지 않은 박물관은 시대별 전시관을 분리해 순차적으로 고대 크레타의 흐름을 잘 이해할 수 있도록 동선 배치가 잘되어 있었고, 구경하다가 틈틈이 앉아서 쉴 곳도 많아 관람하는 데 부담이 덜했다. 크노소스 궁전을 방문하고 나서 꼭 이 박물관도 방문하는 것이 이상적이다. 특별히 고고학에 관심이 없어도 현장에서만 느낄 수 있는 깊은 감동이 있어 크노소스 궁전과 고고학 박물관 두 곳만 다녀와도 멀리 외국에서 크레타를 찾아 올 이유가 충분하다는 생각이 들었다. 신기한 것은 시대가 내려올수록 전시된 유물들의 세련됨이 오히려 더 떨어져 보였다. 크레타 문명의 시작 무렵의 유물이 더 예술적이고 정교하다는 느낌을 받았다.

그리스 법에 따르면 그리스 땅에서 유적이 출토되면 모두 그리스 정부 소유가 된다고 한다. 개인 소유의 땅에서 유적이 출토되어도 그것은 국가의 것이다. 크노소스 궁전에서 발굴된 많은 유물들도 그리스 정부 것이 되어, 정부가 관리하는 박물관이나 연구소로 갔다.

크노소스 궁전은 영국의 고고학자 아서 에번스*Authur Evans*가 발굴을 시작하기 전에 발굴할 땅을 전부 구매하고 나서 발굴을 시작했다. 그는 발굴이 마무리된 후에 유물을 모두 정부로 이전하고, 궁궐터에 대한 소유권은 그리스에 있는 영국 고고학 학교*The British School of Athens*에 전부 기증했다. 지금 크노소스 궁전의 입장료 수입과 관리는 그리스 정부가 대신 책임지고 있다.

소유보다 존재가 더 중요하다?

근대 계몽주의 시대를 지나 현대 자본주의 시대로 전환된 후, 물질 중심적인 사회에 살면서 사람들은 자신들이 소유하고 있는 것으로 자신을 증명하게 되었다. 자본주의 사회는 소유가 없어지면 자신도 없어질 듯한 두려움을 갖게 한다. 그래서 사업을 통해, 혹은 유산을 통해 넉넉한 부자가 되어도 더 가지려고만 하지, 그 소유 중 일부라도 자발적으로 포기하거나 양도하는 결정은 흔치 않다. 끊임없는 소유욕으로 괴로울지언정 더 많은 소유를 향해 나아간다.

에리히 프롬Erich Fromm의 대표작 『소유냐 존재냐』라는 책을 읽어보면 실제로는 소유가 아닌 것으로 보이는 것도 소유인 것이 많다는 것을 알 수 있다. 다시 말해 모양을 교묘히 바꾸어서 아닌 듯하면서도 실제로는 소유인 것이 많다는 얘기다. 예를 하나 들자면, 조깅을 하면서 매일 본인의 운동 시간이나 운동 거리에 관해 기록을 하고 이를 자랑하는데, 이 역시 기록을 소유하고자 하는 소유욕이다. 이렇게 '소유한다는 것'이 삶의 곳곳에 중요하게 자리 잡고 있어서, 사람에게 소유와 관련된 것이 아닌 것들은 시시하고 중요하지 않은 것처럼 느끼게 한다.

'그건 아닌데.' 하면서도 소유가 세상의 중심에 있다. 소유와 관련이 없는 것들, 예를 들어 사랑, 존경, 명예, 전통 그리고 인간 같은 것들은, 그냥 소유를 얻기 위한 도구로 이용하거나 아니면 너무 가볍게 취급하는 세상이다.

나의 경우도 마찬가지다. 만약 나도 내가 운영했던 회사가 나에게 매달 많은 돈을 가져다주고, 혹은 큰 성장이 예상되었다면 과연 포기할 수 있었을까? 솔직히 아닐 것 같다. 하고 싶은 것을 하기 위해서 바로 앞에 있는 큰돈을 포기하기는 쉽지 않다. 우리는 모두 소유된 삶에서 자유롭지 않다.

나와 은행에 같이 입행했던 동기들은 지금은 억대 연봉을 직장에서 받는다. 암 같은 치명적인 병에 걸리는 아주 특별한 이유가 없는 한 억대 연봉을 포기하기란 쉽지 않다.

은행 외에 다른 직장에 다니는 내 주변의 친구들도 마찬가지다. 스트레스가 너무 심해서 이제 그만하는 게 좋겠다 싶은데도 회사에서 주는 월급(소유)을 포기할 수 없다. 어떤 이는 간이 부어서 간경화가 될 지경에 이르렀는데도 사업을 더 크게 만들고 시장 지배권을 얻고자 예전보다도 더 열심히 일하고 있다. 그 바탕에는 돈과 밀접한 지배권 확장에 있다. 이제 끝내야 하는데, 끝이 없이 나아간다.

바로 퇴직을 앞둔 사람조차도 최대한 퇴직을 미루며 회사 안에서 놀라운 업적을 어떻게든 만들고 싶어 한다. 지배권이나 업적 같은 것들은 소유가 아닌 듯싶지만, 실제로는 소유와 깊은 관련이 있고, 우리는 이것이 계속 더 커지기를 바라고 원하며, 그 일에 자신을 바친다.

게다가 최근 미디어는 우리 모두 100세를 살 것처럼 말하며, 은퇴를 지연시키고 좀 더 일해서 긴 노후를 준비해야 한다며 돈과 관련된 소유를 강조한다.

에리히 프롬은, 우리 삶에 정말 소중한 것은 앞에서 말한 돈 권력 업적 같은 '소유'가 아니라 사람에 대한 사랑, 존경, 명예, 전통 같은 '존재'라고 말한다. 예로 들자면 우리 옆에 어렵게 살아가는 한 사람을 방문하고 진심 어린 위로 한마디를 건네려면 그 방문의 중요성을 깊이 인식하고, 시간을 내야 한다. 잠시 우리 마음에서 돈과 관련된 욕심을 내려놓아야 돈과 상관없는 어려운 사람을 만날 때 진실하게 위로할 수 있다. 그렇지 않다면 위로의 만남은 친절을 외부로 보여주며 무언가를 소유하려는 한 형식에 불과하게 된다.

어떤 질병이나 사고로 쓰러져 고통받는 주변 사람을 보면 우리는 마음속으론 그 사람이 안쓰러우면서도, 금방 나와는 상관없는 듯이 살아간다. 자기가 그 불행한 사람이 될 수 있다는 생각은 소유의 삶을 지속하는 데 방해가 되며 마음을 위축시켜 위험하기까지 하다. 그냥 불행한 사람과 불행한 상황은 잊어버리려 하고, 의도적으로 무시한다. 많은 사람들이 소유와 상관없는 것은 가치 없이 취급하고 있다. 소유보다 더 중요할 수 있는 사람, 즉 존재를 뒷전으로 남겨둔다.

성경에 이런 말이 있다.

"…나를 가난하게도 마옵시고 부하게도 마옵시고 오직 필요한 양식으로 나를 먹이시옵소서 혹 내가 배불러서 하나님을 모른다 여호와가 누구냐 할까 하오며 혹 내가 가난하여 도둑질하고 내 하나님의 이름을 욕되게 할까 두려워함이니이다."

- 『성경』, 「잠언 30장 8절-9절」 중에서 -

앞에서도 말했듯이 나도 내가 운영하던 회사가 너무 잘 운영되어 규모가 커지고 돈을 많이 벌고 있었다면 지금 이렇게 글을 쓰며 나를 정리할 시간도 없었을 것 같다. 여전히 바쁘고 스트레스 가득한 월말을 보냈을 것 같다. 그만둘 수 있는 용기를 줄 만큼 작은 규모였기에 그저 감사할 뿐이다. 소유의 삶에서 존재의 삶으로 균형 잡힌 삶의 첫걸음을 내디뎠다.

아서 에번스 VS 전형필

결심할 힘을 얻기 위해, 소유보다 존재를 중시한 사람을 다시 한번 살펴보면 좋을 것 같다.

크노소스 궁전을 발굴한 '아서 에번스'는 제지업 사업으로 큰 부를 쌓은 부유한 아버지가 있었다. 아버지도 고고학자이자 동전을 수집하는 동전 학자_Numismatist_였고 그런 아버지의 학문적, 재정적 도움으로 인해서 아서 에번스는 크노소스 발굴이라는 소유와 별 상관없는 일을 시작하였다. 그는 이곳 크노소스 궁전을 열과 성을 다해 발굴하였다. 그는 발굴이 끝나고 『미노스의 궁전(The Palace of Minos)』이라는 저서를 출판하여 온 세상에, 크레타에 있던 유럽 최초 문명을 소개하고 크레타를 한껏 높여 주었다. 그리스 정부가 해야 할 일을 영국에서 온 한 학자가 자기 사비를 털어 대신해 준 것으로 해석이 된다. 그는 평생 독신으로 살았으며 런던 유스턴_Euston_에서 90세(1941년)로 죽었다. 자신의 시간과 재산의 대부분을 크레타의 고고학 연구와 학문 정립을 위해 사용하였다. 소유를 팔아 존재를 남긴 아서 에번스에게 깊은 경의를 표한다.

한국에도 비슷한 사람이 있었다. 간송 미술관을 설립한 전형필 선생을 잠시 이야기하고 싶다. 당시 우리나라에 엄청난 땅을 가진 지주이자 거부였던 그분은 소유한 땅을 팔아가며, 일제 강점기에 일본 사람에게 한국의 소중한 유물이 넘어가지 않도록, 조상들이 남긴 가치 있는 책, 그림, 서화 그리고 도자기를 수집하였다. 당시에 많은 사람들이 그를 향해 세상을 잘 모르는 젊고 부유한 청년이 조상에게 받은 엄청난 땅을 팔아가며, 오래된 그릇들을 모은다며 바보 같은 사람이라고 했다. 그는 이 수집 과정 중에 대한민국 국보이자 한글 창제의 원리를 설명한 훈민정음 해례본도 수집하였다. 이 책의 가치를 알아본 그는 원소유자에게 경성의 기와집 한 채 가격을 주고 구입했다. 그 가격은 판매자의 희망 매도 가격의 열 배의 값이라고 전해진다. 그는 자신의 시간과 재산 대부분을 조선의 가치 있는 유물을 수집하며 보존하고 알리는 데 사용하였다. 소유를 팔아 존재를 구하신 전형필 선생께도 깊은 경의를 표한다.

'소유냐? 존재냐?' 소유에 집착하면 인생에서 웃음은 사라지고 사랑은 저 멀리 가버린다.

PART 3

크레타에서
삶을 비추다

크레타의 풍경은 거울처럼 내 삶을 비춰주었다.
그곳에서 나는 과거의 선택과 욕망, 그리고 멈추지 못했던 나를 다시 바라보게 되었다.

1

바닷빛이 말을 걸어온 순간, 아요스 니콜라오스

아요스 니콜라오스, 크레타의 동쪽 미항

크레타 동쪽에 있는 아름다운 항구인 아요스 니콜라오스를 다녀왔다. 크레타 사람들이 이용하는 시외버스를 타고 1시간이 걸려 니콜라오스 버스 터미널에 내렸다. 큰 도시인 줄 알았는데 터미널은 아주 아담했다. 마치 한국에서 작은 읍내의 소규모 터미널에 온 것 같았다. 항구가 있는 곳까지 구글 맵을 이용하여 15분 정도를 걸어가니 절벽 아래 그림 같이 아름다운 풍경이 펼쳐져 있었다.

절벽 위에는 척박한 크레타의 바위틈에서 뒤틀리며 자란 소나무가 곳곳에 위치하고 그 아래 마리나에는 투명한 바닷물 위에 작은 배들이 삼삼오오 정박해 있었다. 깨끗한 항구 주변에는 작은 규모의 카페, 레스토랑, 기념품 가게, 호텔이 질서 정연하게 모여 있었다.

"여기는 뷰$_{view}$ 맛집이네!" 아내의 탄성이 이어졌다. 올 때까지만 해도 어디에 가는지도 모르고 시큰둥했던 아내의 표정에는 큰 변화가 있었다.

절벽 위에 작은 카페에서 그리스 커피와 브렉퍼스트 티를 한 잔씩 주문하니 물 한 병과 케이크 두 조각이 덤으로 나왔다. 그리스 신화에 나올법한 예쁜 여종업원이 상냥하게 웃으며 우릴 맞이하고, 떠날 때는 웃으며 환송한다. 크레타에 와서 새삼 느낀 것 한 가지는 우리가 익히 보아왔던 그리스 조각상의 생김새가 과거에도 존재했었고 지금도 있다는 확인이었다. 여전히 그런 외모를 가진 사람들이 그리스에 살고 있다는 게 놀랍다.

두어 시간을 한가하게 이곳저곳을 돌아다니며 해산물 요리도 먹고, 선물가게도, 옷 가게도 구경하다가 다시 절벽으로 올라와 버스터미널로 돌아왔다. 이곳에 올 때, 같은 버스를 타고 왔던 영국 스윈돈 Swindon에 산다는 노부부도 터미널로 돌아와 있었다. 이 부부와 오늘 하루만도 이곳저곳에서 네 번이나 마주쳤기에 눈웃음을 주고받는 사이가 되었다.

이곳으로 오는 버스 안에서 아내가 왜 니콜라오스로 가냐고 물었을 때 특별히 할 말이 없어서 "몰라! 예쁘대!"라고 말했었다. 돌아가는 버스에서는 아내가 추억을 잊지 않으려고 니콜라우스에 대해 열심히 무언가를 적고 또 기억 속 풍경을 그리고 있었다. 아내는 "너무 예쁘지 않았어? 우리 교회 분들 다 모시고 오면 너무 좋아하시겠다."라고 말한다. 아내가 만족해해서 나도 내 선택에 어깨가 으쓱 올라갔다. 돌아오는 버스에서 잠시 눈을 붙이고 있으니 1시간이 금방 갔다. 버스에서 내려 영국 부부와 가벼운 눈인사로 헤어졌다. 노부부는 해안 쪽의 숙소로 내려가고 우리는 언덕 위의 숙소로 올라갔다. 오고 가는 버스 탑승까지 치면 하루에 여섯 번을 만난 귀한 인연이었지만 관광객으로 온 이상 영국 부부와 별 접점이 없었다. 아마도 다시는 보지 못하겠지? 귀한 인연을 별 의미 없이 그냥 떠나보낸 듯하여 한편 아쉽다.

어른이 되어 가는 시간, 줄어드는 친구

인생을 살다 보면 친구가 계속 생길 것 같지만, 실제로는 나이가 들수록 친구를 사귈 기회가 크게 줄어든다. 새로 친구를 만들기에는 너무 내 생각이 뚜렷하다(고지식하다). 노력도 많이 해야 한다(자주 만나 찻값이나 밥값도 써야 한다). 솔직하기도 해야 한다(부메랑으로 돌아올 자기 고백도 이따금 하게 된다). 영국인 친구는 더더욱이나 만들기 어렵다는 것이 여러 번의 시도 후 얻은 자체 결론이다. 문화적으로 나고 자란 환경이 다른 그들과 공통점을 찾는 것도 쉽지 않고, 자주 만날 만큼 부지런하지도 않다. 게다가 영국 사람들은 한국 사람만큼 사교적이지도 않고, 사람 사귀기를 그리 좋아하지도 않아 보인다. 그래서 어렸을 때 어떻게 친구가 되었는지 기억조차 흐릿한 내 친구들이 더 소중하다. 한 명의 친구라도 영국에서 같이 살면 좋겠다고 항상 염원하길 여러 번이다. 같이 영국의 고풍스러운 펍에서 맥주 한잔을 할 친구가 그립다. 친구가 없으니 펍 러버*Pup-lover*들이 많이 사는 영국에서 펍에 갈 일도, 술을 입에 댈 일도 거의 없다. 좋은 일인지 나쁜 일인지 모르겠다.

소싯적 친구 중 항상 만나고 싶은 친구는 내가 힘들어 주저앉아 있을 때, 도움이 필요할 때 자기 일처럼 같이 고민해 준 친구고, 결국 절교하게 된 친구는 힘들었을 때 자기 가진 것을 자랑하며 거드름을 피웠던 친구다. 도움이 필요한 순간에만 참 친구를 알 수 있다. 보통 때는 누가 친구인지 누가 아닌지 잘 모른다. 재수를 하고 전기 대학에 떨어졌을 때 우리 집에 와서 본인의 합격을 자랑하며 나의 문제점을 조목조목 말했던 합리적이었던 친구는 결국은 절교하게 되었다. 반면에 전기 대학 낙망을 안타까워하고, 후기 대학 시험을 볼 때까지 자기 일처럼 고민해 주던 친구는 지금도 한국에 갈 때마다 만난다. 잘될 때도 있고 안 될 때도 있는 인생! 힘들고 도움이 필요할 때, 잘난 척하고 가진 척하는 사람은 정말 피해야 할 사람이다. 친구가 잘나갈 때 속으로 시기하고 질투해 배알이 꼴리는 관계라면 친구를 유지하기 어렵다. 상호 교감하며 서로 이해하고 도와주려는 친구는 정말 소중하다.

친구에 대해서 설명하는 영국에서 자주 쓰이는 표현이 있다.

"A friend is someone who stands by you through thick and thin."
(친구란 어려움이 있을 때나 좋은 일이 있을 때, 어떠한 상황에도 변함없이 곁을 지켜주는 사람이다.)

나이를 먹고 영국에서 친구가 되었다고 생각한 사람이 있었다. 그가 어려운 상황에 처한 것을 알고 내가 할 수 있는 한 최선을 다해 도와주었다. 그렇지만 가까이 다가가지는 않고 때때로 안부를 묻는 사이였다. 어느 날 이번엔 내가 작은 일로 부탁을 할 일이 생겼다. 돈과 관련된 문제가 아니었다. 그런데 그 사람은 날 도와주기는 힘들었던 것 같다. 나의 도움 요청을 듣더니 1시간여 취조성 질문을 하는 것이 아닌가! 그의 디테일한 취조가 끝난 후에야 겨우 도움을 허락해 주었다. 자존심이 많이 상했지만 나이 들어 사귄 친구를 잃지 않아 다행이라 생각했다. 나이 들수록 나도 상대방에게 말할 때 더 조심해야겠다고 다짐했다. 결론적으로 친구라 생각한 그 사람은 며칠 후 본인은 도울 수 없다는 통보를 했다. 자기가 도와주는 대신에 다른 방법이 있다고 친절하게(!) 알려 주면서 말이다. 내 마음이 더 상했던 것은 카톡으로의 일방적인 문자 통지였다. 그의 경솔한 태도에 마음에 큰 상처가 생겼다. 친구의 진위는 도움을 주고받을 때가 되어야 알 수 있다는 것을 다시금 떠올렸다.

영국에서 외국인 노동자로 살며…

영국에서 외국인 노동자로 살고 있는 사람은 정말 많다. 공식적인 것은 아니지만 약 8백만 명 정도라는 말이 있다. 수백만의 동구 유럽과 아프리카와 아시아 지역 노동자들이 영국 본토 사람들이 안 하는 힘든 일을 수행하며 영국이라는 국가를 잘 지탱하고 있다. 그들은 때로 현지인에게 무시를 당하면서도 생존을 위해서, 또는 더 나은 삶을 위해 영국으로 찾아와 거칠고, 위험하고, 귀찮고, 더러운 일을 수행한다. 한국 사회도 요사이 비슷한 모습이 보인다. 한국에는 3백만이 넘는 외국인이 살고 있다고 한다. 많은 외국인들이 한국인보다 더 자연스럽게 시내버스나 지하철 같은 대중교통을 잘 이용한다. 그들이 잠시 방문한 관광객이 아니라는 방증이다. 요사이는 이렇게 한국에서 일을 하며, 또는 공부를 하며 열심히 살고 있는 외국인이 정말 많이 보인다. 그중 많은 사람이 저임금의 고된 일을 한국 사람 대신 담당하고 있다.

영국에서 친구 없이 영국인 노동자로 오래 살아온 나는 그들의 삶과 외로움이 느껴져서 남 같지 않다. 한국 사람들이 그들의 친구가 되지는 못할지언정, 다른 나라에서 온 많은 노동자들의 외로움을 이해해 주기를 바란다. 그들이 자기 나라로 돌아간 이후에도 다시 가고 싶은 나라로 한국이 계속 기억되며, 그들 마음에 넉넉하고 따듯한 나라로 한국이 기억되기를 바란다.

야요스 니콜라오스 : "여기는 뷰view 맛집이네!"

2

인생의 비수기, 은퇴를 위한 조건들

한곳에만 머물며 여행하기

크레타는 이곳에 오기 전에 내가 생각했던 것보다 훨씬 크기가 컸다. 동에서 서로 쭉 뻗은 이 섬은 동쪽 끝에서 서쪽 끝까지 도로를 따라가면 길이가 거의 경부 고속도로의 서울 대구 간 거리보다도 더 길다(동서 간 약 310km). 섬을 구석구석 돌아보려면 숙소를 계속 옮기며 여행하는 것이 더 효율적일 것 같다.

나는 여행 중에 매일매일 호텔을 옮겨 다니는 여행을 선호하지 않는다. 여러 숙소를 부지런히 옮겨 돌아다니고 나면 여행이 끝난 후 몇 주만 지나도 기억이 헝클어져 나중에는 어디를 갔었는지 기억조차 나지 않는다. 차라리 한 곳에 있었으면 머무른 곳이라도 더 잘 기억할 수 있을 텐데 하는 아쉬움이 여행이 끝나면 남곤 했다. 게다가 매일매일의 숙소 이동으로 안정감이 없어져서 릴렉스를 위해 온 여행 중에 마음이 불안하기도 했다. 여행이라는 것이 원래 안정된 환경을 과감히 떠나 낯선 곳을 즐기는 것이기는 하지만, 여행이 끝난 후 기억이 혼란스러울 정도가 되면 곤란하다. 그래서 나는 어떤 곳을 가면 한 곳에 숙소를 잡고 그 반경 안에서 하루하루 근처 여행지를 둘러보는 형태로 전환했다. 그래야 안정감도 있고, 나중에 여행의 추억을 정리하기도 쉽다.

여행사를 운영하는 지인의 말에 따른다면, 한국 사람들은 전반적으로 한 곳에서 머물며 반경 안에서 이동하는 여행보다도 매일매일 숙소를 이동하는 여행을 선호한다고 한다. 한곳에 머무르는 한가하고 게으른 여행(!)을 힘들어한다고 한다.

나는 한국인이지만 여행에 있어서는 이제 한국인 스타일은 아닌 것 같다.

크레타를 오기로 결정할 때도 지금 묵고 있는 로포스 *Lofos* 라는 호텔에서 한 달살이를 하기로 결정했다. 호텔은 크레타 섬의 중심부에 있어서 크레타 전역을 하루씩 가서 둘러보는 데 문제가 없겠다 싶었다. 그런데 도착하고 일주일이 되기 전에 크레타 섬이 무척 크고, 볼 곳도 사방팔방으로 흩어져 있음을 알았다. 섬의 대중교통인 시외버스는 큰 도시 사이를 이어주는 정도이고 세세한 곳까지는 가지 않는다. 결국 나는 렌터카를 예약했고, 호텔에서 먼 곳을 갈 때는 어쩔 수 없이 그 근처에 있는 호텔을 1박씩 추가로 예약했다.

크레타의 관광 비수기의 시작 10월! 반나절 도보 여행

창밖으로 에게해가 한눈에 보이는 숙소. 방에 딸린 베란다로 나가면 크레타의 신선한 바닷바람을 느낄 수 있다. 숙소가 마음에 들어 사실 어디를 나가지 않아도 좋았다. 그렇지만 우리의 거의 한 달이나 되는 일정은 너무 길어서 창밖을 보며 때로 호텔 내 수영장에서만 보내기에는 시간이 아깝다. 일요일에 집사람은 그냥 숙소에서 한가하게 쉬는 건 어떠냐고 권했지만, 나의 호기심은 내 몸을 쉬게 하지 못했다. 오후가 되자 결국 혼자 숙소를 걸어 나왔다. 멀리는 안 가더라도 숙소 근처 여러 마을을 두루두루 걸어보고 싶었다.

첫 도보 여행지는 근처의 코우토우로우페리*Koutouloufari*라는 타운에 있는 작은 그리스 정교회였다. 세인트 바실리우스 교회*Church of Saint Vasilios*라는 이름이었다. 그리스 정교회는 형태가 있는 석상이나 동상을 우상으로 취급하기에, 이 교회 역시 조각 같은 형상은 없고 대신에 건물 벽에 성화들이 가득 차 있었다. 르네상스 시대의 이탈리아 화가 '바사리'가 발견한 3차원 원근법 회화에 익숙한 나로서는 이곳의 벽을 가득 메운 2차원 평면적인 그림들이 낯설고 어색하다. 한국에서 절에 가면 볼 수 있는 벽에 그려진 탱화 같은 그림이다. 중요한 사람은 크게 그려져 있고 덜 중요한 사람은 작게 그려져 있다. 예수의 행적, 그리고 이 교회의 성인인 바실리우스에 관련된 그림이 사방 벽면에 가득하다. 여름 더위가 식어가는 10월이다. 그래도 더운 날이었는데 온몸을 파란색 예복으로 감싼 목사님은 사람들과 대화하며 웃음을 머금고, 축복을 구하는 성도들은 목사님의 손에 입을 맞춘다. 똑같은 하나님을 믿고, 예수님을 구세주로 인정하면서도 너무나 다른 형식으로 하나님을 믿는 것이 신기하다.

10월에는 대부분의 학교가 학기 중이어서 크레타에 가족 여행객은 거의 없었다. 여름 시즌보다는 여행 비용이 저렴하고 관광객이 적은 한가한 시기여서 시간과 금전적으로 여유 있으신, 은퇴해서 연금을 받으시는 노인분들이 상대적으로 많았다. 영국이나 독일처럼 일조량이 적은 땅에서 사는 사람들은 젊은이건 노인이건 햇빛 가득한 남부 유럽을 정말 좋아한다.

세미 리타이어를 하기 위해 필요한 것들

만 53세가 될 무렵, 매일매일 반복되는 돈 버는 일에 더 이상 매달리지 않고 좀 자아를 찾아 살기로 결정했다. 막연히 오래전부터 생각해 왔었던 세미 리타이어를 하기 위한 내가 정한 네 가지 조건들이 하나하나 이루어졌다.

첫째, 두 아들이 적더라도 돈벌이를 시작해서 더 이상 아이들에게 학비와 용돈을 주지 않아도 되었다.

둘째, 영국 노팅엄에 구매한 작은 건물이 안정적 임대 소득을 줄 준비가 되었다. 벌써 구매한 지 5년이 지났고 그 사이 틈틈이 건물을 보수하여 이제는 임대 소득이 매달 들어오고 있었다.

셋째, 내가 운영하는 회사의 수입이 (떠나보내도 될 만큼) 줄어들어 13년 동안 운영하던 회사를 포기할 용기가 생겼다.

마지막 넷째는 아내가 세미 리타이어를 반대하지 않았다.

결국 아이들의 독립, 아내의 허락 그리고 돈에 너무 욕심을 부리지 않아도 되는 상황이 되어서 조금 망설였지만, 마침내 결정을 해 버렸다. 회사를 운영할 때는 회사의 이익이 작아지는 것이 고통이었지만, 막상 그만두기로 하니 사업이 작아진 것이 즐거움이 되었다.

    몇 년 전, 런던 외곽에 있는 집을 팔고 영국의 지방으로 이사 왔다. 그때 가지고 있던 많은 빚이 거의 사라졌다. 매달 나가는 부동산 담보 대출 이자가 사라지니 여윳돈이 생겼다. 매달 말 반복적으로 생기는 회사와 집의 재정 고민이 단순해지니, 정신없이 살던 내 하루하루에 숨 쉴 틈도 생겼다.
    회사를 접고 18년의 영국살이를 정리해 볼 겸 6개월 일정의 은퇴 여행을 준비했다. 6개월의 은퇴 여행이 끝나고 나서도 따로 돈벌이를 하지 않고 이런 생활이 무난히 유지될지 가늠해 보고도 싶었다.
    스코틀랜드에서 시작하여 말레이시아, 한국, 베트남, 미국에 이어 이번 그리스 크레타 여행은 여섯 번째 나라이자 한국을 제외하고는 가장 긴 여행지이다. 여행하는 틈틈이 영국의 살던 집에 돌아가 집과 건물의 문제 있는 부분을 관리 및 수리하며 임대 소득이 문제없이 들어오도록 나름의 일은 계속하고 있다. 단지 매일매일 출근하지 않고 매일 꼭 해야 하는 것으로부터 좀 자유롭게 된 것 같다.

    새로운 삶은 최초에 생각한 것보다 생활비가 좀 더 많이 나간다. 예를 들어 아무렇지도 않게 쓰던 자동차 기름값도 좀 부담으로 느껴진다. 한국에 가는 비행기표를 구매할 때도 저렴한 비행기표를 구매하게 된다. 당연히 이코노미 좌석이다. 때때로 즐기던 외식도 횟수가 줄었다. 하지만 결론적으론 그럭저럭 살만하다. 새로운 삶의 형태는 나에게 시간을 주고 내가 좋아하는 일을 할 시간을 허락해 주었다. 읽고 싶은 책을 더 많이 읽고, 보고 싶던 유튜브도 마음껏 보고, 쓰고 싶던 글을 많이 쓰면서 시간을 보낸다. 새로운 세상도 보고 싶어서 안 가본 곳에 여행도 계획하고, 그곳에서 살고 있는 사람들도 만나고 싶다. 내년에는 스페인에 갈까? 이집트에 갈까? 행복한 고민도 할 수 있게 되었다.

> "두 손에 가득하고 수고하며 바람을 잡는 것보다 한 손에만 가득하고 평온함이 더 나으니라."
>
> - 『성경』, 「전도서 4:6」 -

세미 리타이어를 가능하게 해 주신 하나님께 감사드린다.

3
럭서리를 향한 욕구 그리고 그 후유증

럭서리 호텔 경험담

내가 지금까지 가 본 호텔 중 최고의 호텔은 동남아의 작은 이슬람 왕국 '브루나이'에 있는 '엠파이어 브루나이' 호텔이다. 7성급 호텔이라고 하는데 공식적으로 호텔의 최고 등급은 5등급이 마지막이니 7성급이라고 말하는 건 '자칭 7성급'이라고 해석해야 한다. 이 호텔은 우리나라 올림픽 경기장 건축비보다 공사비가 더 많이 들었다고 한다.

호텔의 웅장하고 고급스러운 인테리어도 볼만했지만, 투숙객만 사용할 수 있는 전용 비치가 여러 개 있어서 호텔 이곳저곳을 걷는 것만으로도 즐거웠다.

내가 가 본 호텔 중 가장 높은 곳은 베트남 하노이의 롯데 호텔로 65층이었다. 나는 56층에 묵었었는데 구름이 아래 있고 하노이 시내가 다 내 발아래 있었다. 호텔 객실보다 더 위쪽에 있던 고객용 라운지는 얼마나 정갈하고 음식이 맛있던지, 하루를 묵으며 세 번이나 갔었는데 매번 손님보다 서빙하는 직원이 두 배는 많았던 기억이 떠오른다.

영국에서는 수도인 런던이 아닌 외곽에 있다고 해도 고급 호텔은 하루 자는 데 500파운드(약 90만 원)가 최저가다. 버킹엄 공작의 옛집이 호텔로 바뀐 클리브던 호텔 Cliveden House은 과거 버킹엄 공작의 영지 전체가 호텔의 정원이었다. 호텔 정원을 둘러보는 데 3시간도 부족하다.

이런 럭셔리한 곳을 경험하는 것은 즐겁다. 남에게 뽐내려고 올린 것은 아니고, 내 추억을 남기려고 인스타그램에 사진을 올렸다.

내가 올린 인스타그램 사진들은 결론적으로 주변인들에게 나에 대한 시기와 질투만 일으킨다. 나에게 럭셔리를 경험한 기억은 남아 있다. 그렇지만 인스타그램 같은 SNS에 게시된 사진은 남은 인생살이를 사는 데 도움 될 것은 없어 보인다.

4성급, 5성급 호텔이 되기 위한 조건들

5성급 호텔은 24시간 룸서비스가 가능해야 한다고 한다. 그 외 조건들은 4성급 호텔과 비슷한데, 4성급 호텔을 공식적으로 정의하자면 콘퍼런스 시설(회의장)을 가지고 있고, 수영장과 피트니스 센터 같은 헬스 관련 시설이 있어야 하며, 두 개 이상의 레스토랑, 마지막으로 하루에 최소한 12시간 이상 룸서비스를 이용할 수 있는 곳이어야 한다. 번화한 바닷가 관광 도시인 크레타 헤르소니소스에도 수많은 호텔이 있지만 몇몇 4성급 이상의 호텔은 규모도 남다르고 리셉션도 럭셔리하게 꾸며져서 그곳의 리셉션을 이용하는 손님들도 왠지 좀 멋져 보인다. 호텔 앞에 있는 바닷가에 전용 비치가 있고, 그 비치와 호텔 사이에는 수영장과 테니스코트, 농구 코트가 있다. 바다에서 수영하기 싫으면 호텔의 여러 개 풀장 중 한 곳에서 얌전히 수영과 선탠을 즐길 수 있다. 그리고 이 호텔의 어떤 숙박객은 올인클루시브*All Inclusive, 모든 비용 포함* 고객임을 표시하는 팔찌를 하고 호텔에서 제공하는 다양한 음식과 음료를 추가 비용 없이 즐긴다. 이런 호텔에 묵는 사람은 호텔 바깥에 안 나가려고 하는 사람도 많다. 밖에 나가면 호객하는 지역 상인을 만나야 하고, 혹시나 관광객을 노리는 사기꾼에게 당해서 손해를 입을 수도 있어 두렵기도 하다. 강도를 당해 다칠 수도 있다. 물론 크레타는 치안이 좋은 편이어서 관광객이 그런 일을 당하지는 않을 것 같다.

한 번이라도 이런 4성급 이상의 호텔에서 올인클루시브로 럭셔리하게 휴가를 다녀온 경험이 있다면 더 낮은 등급의 호텔이나 숙소로 가는 것을 꺼리는 마음이 생긴다. 럭셔리한 자동차를 몰다가 하위 등급 자동차를 운전하는 것이 힘든 것과 비슷하다.

영화 〈헝거게임〉(2012)에서 나라의 부가 다 모여있는 유흥과 물품이 풍족한 '캐피털'에 살고 있는 사람들이 가난하며 과도한 육체적 노동에 시달리는 '디스트릭트'로 나가기를 두려워하는 느낌이라고 하면 적당한 예가 될까?

인스타그램이나 유튜브에 젊은 사람이 경험을 한다며, 이런 고급 호텔에서 자고, 비행기를 탈 때 퍼스트 클래스나 비즈니스 클래스를 타는 모습을 볼 때마다 부정적인 생각이 든다. 인생을 살다 보니, 대부분의 가치 있는 경험은 힘든 고통을 헤쳐 나온 곳에서 나왔었다. 돈을 주고 사는 럭셔리에서 나오는 것은 경험이 아니다. 만약 젊은이가 목숨을 걸고 대서양을 건너 요트로 여행을 한다든지, 아주 적은 돈으로 대륙을 횡단하려고 시도해 본다면 그런 것은 경험이 될지도 모르겠다. 반면에 단지 돈이라는 매개를 통해 구매가 가능한 고급 호텔과 비즈니스 클래스 비행기를 탄 것은 경험이라고 할 수 없다. 이를 통해 잠깐의 즐거움은 느낄 수 있겠지만, 그렇게 높아진 삶의 기준을 남은 긴 인생 동안 유지할 수 있을까? 또한 이 세상 장사꾼들은 럭셔리를 추구하는 사람들에게 더 화려하고 비싼 럭셔리를 추구하도록 끊임없이 유혹한다. 그건 끝이 없다. 젊은 사람이 럭셔리 여행을 하는 모습을 보면, 저런 경험을 저렇게 일찍 시작한 젊은이는 남은 인생 동안 기쁨은 줄고, 돈은 더 써야 하는 운명을 살게 돼서 안됐다는 생각을 하게 된다.

명품을 좋아하며 충동적인 구매를 하던 몇몇 사람을 알고 있다. 오랜 시간 후 발견한 그런 사람들의 최종의 모습은 두 가지 중 하나다. 계속 감당할 수 없음을 알고 겸손해져 있든지, 아니면 가난하게 살고 있다.

대학 시절 유럽 배낭여행이 나에게 준 영향

나는 대학교에 가자마자 그 여름에 딱 170만 원으로 40일간 유럽에 배낭여행을 다녀왔다. 항공권이 70만 원이었고, 유럽 내 기차 패스인 유레일 패스가 30만 원이었으니 남은 70만 원으로 40일을 유럽에서 먹고 자며 살았다. 대부분 잠은 기차의 야간열차에서 자고, 일주일에 한 번 정도 저렴한 숙소에 가서 잠을 자며 밀린 빨래를 했다. 그러면서도 이탈리아에서 정통 오페라도 보고, 로마의 바티칸 미술관도, 런던의 대영박물관도, 파리의 루브르 박물관도 갔다. 돈을 지원해 주신 아버지께 여행이 끝나고 주셨던 200만 원 중 남은 30만 원을 돌려드렸는데 웃으며 나에게 용돈이라고 되돌려 주셨다. 확실치는 않아도 교사셨던 아버지 월급이 100만 원 정도 될 때였다. 지금도 그저 감사할 뿐이다. 그 길었던 40일의 긴 유럽 여행을 추진했던 내가 자랑스럽다. 하지만 내게, 이 여행이 경험을 가져왔는지는 아직도 의문이다. 어린 나이에 유럽 배낭여행을 다녀와서 하려고 하면 꿈같은 일도 현실이 될 수도 있다는 생각을 하게 되었다. 유럽의 선진국들을 보며 한국보다 많이 앞서있는 다른 세상을 볼 수 있었다. 하지만 그것으로 인해 한국에서의 삶이 더 답답하게 느껴졌다. 한국보다 세련되고 럭셔리한 유럽 여러 곳을 둘러보고 나니 한국에서의 웬만한 공연과 전시가 하찮아 보였다. 넓은 세상을 보았으니 더 크게 살았으면 좋으련만, 이후 삶은 현실을 무시하고 허황된 꿈을 좇으며 내 주변에 불만이 많은 투덜이가 된 면이 있다.

4

시시에서 떠올린 동업의 기억들

작은 포구, 시시 방문

크레타의 작은 항구도시 시시Sissi로 가는 길은 숙소에서 그리 멀지 않음에도 대중교통으로 가기가 쉽지 않았다. 곧바로 가는 직행버스가 없어서 시외버스를 타고 가다가 중간에 환승 버스를 타야 했다. 일요일에는 환승 버스가 하루에 오전 오후 딱 두 번뿐이다. 두 번째 환승 버스를 타고 가는 도중에, 조경이 아기자기하고 나지막한 건물이 주변 지형과 조화를 이루는, 게다가 모든 객실에서 바다를 시원하게 바라볼 수 있는 럭셔리해 보이는 호텔에 백구두를 신은 노신사가 내렸다. 이 호텔은 작은 타운이라고 불려야 합당한 시시의 외곽에 위치했음에도 5성급 호텔이었다. 인터넷으로 찾아보니 가장 저렴한 객실이 하루에 80만 원이나 된다. 내가 묵는 호텔의 열 배 가격이다. 나와 같이 허름한 시외버스를 탔었던 그 백구두를 신은 노신사가 하루 100만 원짜리 숙소에 묵고 있다고 생각하니 갑자기 내가 왜소해진 듯하다.

항구에 도착하니, 한가한 포구임에도 왜 이곳이 크레타의 숨겨진 보석으로 많은 여행 잡지에 소개되었는지 금방 알겠다. 시시를 소개하는 문구를 하나만 소개하겠다.

"Great Location, not too loud, not too quiet, very pretty"
(적당한 고요와 생동 사이, 아름다움이 머무는 곳)

작은 타운에 레스토랑, 카페, 선술집, 선물 가게, 옷 가게가 적당히 있고, 평범한 호텔에서 고급 호텔까지 다양하다. 크레타에서도 구석에 있는 이 작은 항구까지 여러 나라의 많은 관광객이 찾아온다. 거칠고 높은 파도가 해안가로 밀려오는데, 항구 한쪽의 긴 방파제가 파도를 막아 주어서 방파제 안쪽은 완전히 평화롭고 잔잔하다. 많은 관광객이 방파제의 안쪽 만에서 바다 수영을 즐긴다. 항구의 한 편은 나지막한 언덕이 있다. 그 위로 꽃과 덩굴로 덮인 긴 터널을 통과하여, 파란색 펜스가 길게 놓인 길을 따라 내려가면 'I LOVE SISSI'라고 적힌 관광객을 위한 포토 존이 있다. 그냥 하루 종일 항구에서 앉아 바다를 보며 있어도 좋을 것 같았다. 카페에서 프레도 에스프레소 한 잔을 시켜 커피를 마시며 잠시 바다를 음미하다가 해 질 무렵 아쉬운 마음을 가지고 숙소로 돌아왔다.

신중하지 않게 선택한 동업, 그 어려움의 기억과 반성

"아내를 고르듯 신중히 동업자를 선택하라."

- 『탈무드』 중에서 -

영국에서 처음 사업을 시작할 때, 그 전에 몇 달간 조언을 주셨던 사장님은 내가 다른 사람과 동업을 하겠다고 하니까 의외로 크게 반대하셨다. 하지만 실제 매장이 없이 전자상거래를 해야 하는 나로서는 인터넷상에서 그래픽을 통해 외부 세상에 사업을 홍보해 줄 수 있는 동업자가 필요했다. 사장님은 나에게 차라리 사람에게 월급을 주며 고용하라며 절대 동업은 하지 말라고 말씀하셨다. 고민이 되었다. 이미 같은 교회를 다녔던 동업자와 동업하자고 말도 해 놓았고, 여러 번 만남도 가졌었다. 돈이 넉넉하지 않았던 나는 고정비로 종업원에게 급여를 줄 여유가 없다고 생각했다. 그리고 자본금이라고는 하나도 없는 나를 믿으며 같이 해 보자고 하는 상대방이 고마웠고, 이를 마다하기도 어려웠다. 게다가 객관적으로 볼 때 영국에는 정말 많은 동업회사가 잘 성장한 예가 많았다. 예를 들어 영국에서 성업 중인 'Marks & Spencer' 같은 슈퍼마켓, 'Holland & Barrett' 같은 건강 보조 식품 회사, 'Fortnum & Mason' 같은 식품 백화점 모두 동업으로 성장한 회사였다. 나는 영국에서 충분히 동업이 가능하다고 생각했다. 하지만 사장님은 한국인의 특성상 동업이 잘 유지되기가 힘들다고 몇 번이나 말씀하셨다. 몇 년이 지나지 않아 동업으로 사업을 시작한 내 결정을 후회했다. 영국에서 살고 있을 뿐이지 나는 한국인의 특성을 가진 한국인이었다. 동업자와 나는 작은 일로, 때로는 큰 일로 여러 번 충돌이 계속되었다. 여러 상황에서 상대방을 이해하기 어려웠다. 그래도 같이 시작한 이상 성격상 어려움이 있다고 해서 차마 동업을 깨자는 말은 못 하며 몇 년을 버텼다. 머리에 원형 탈모가 생길 만큼 동업자에 대한 불만과 걱정이 컸지만, 동업이라는 약속을 깰 수는 없었다.

회사가 잘될 때는 그나마 괜찮았다. 하지만 어떤 외부적 요소로 회사 운영이 어려워지고 수입이 줄어들면 동업자와 나는 서로에게 불만이 생겼다. 때때로 동업자의 곱지 않은 태도를 느낄 때 심적으로 상처받고, 이로 인해 갈등이 심했다. 이런저런 일이 쌓여서 결국 동업자에 대한 불신이 시작되었다. 동업자는 나를 영악하게 이용하고 회사의 성장은 뒤로 제쳐두고 오직 돈만 빼갈 생각만 한다는 불신이었다.

같이 동업을 하고 4년이 지난 어느 날, 우리 회사가 있던 사무실 문에 갑자기 사무실 폐쇄 예정 통지서가 붙어 있는 것을 보았다. 내가 임대료를 내고 있던 회사가(우리는 그 회사의 한 공간을 빌려 서브 렛*sub-let*을 하고 있었다) 몇 달간 임대료를 내지 못하자, 건물주는 당일까지 밀린 임대료를 내지 않으면 바로 다음 날 문을 폐쇄하고, 아무도 들어가지 못하게 하겠다는 내용이었다. 황당하기도 하고 놀라기도 했다. 그날 바로 사무실에 있던 컴퓨터 같은 집기와 재고 상품을 사무실에서 빼지 않으면 내일부터 당장 사업을 할 수 없는 상황이었다. 우리는 부랴부랴 물건을 사무실 밖으로 빼고 미니밴을 빌려 동업자와 나의 각각의 임시 장소로 짐을 옮겼다. 런던 중앙에 사무실이 있었지만 서로 사는 곳은 멀리 있었던 나와 동업자는 긴박한 합의를 마치고 물건을 나누어서 각자의 곳으로 가져갔다. 나는 멀리 노팅엄의 막 구입한 비어 있던 집에 그날 바로 물건을 옮겼다. 그렇게 얼떨결에 우리의 동업이 실질적으로 끝나게 되었다. 결론적으로 우리는 사무실 폐쇄라는 생각지도 못한 외부 요인에 의해 자연스럽게 헤어지게 된 것이다. 급하게 미니밴에 회사 물건들을 채워 넣고 칠흑 같은 밤을 달려 노팅업으로 가는 어처구니없는 이 황당한 상황에서도 나는 동업자와 헤어지는 홀가분함에 기분이 좋았다. 하지만 이혼을 결정한 부부가 이혼 과정 중에도 다투듯이 우리는 회사를 완전히 나누는 과정에서 또 여러 번 부딪혔다. 그리고 한 달여 후에 법적으로도 완전히 갈라졌다. 동업을 하지 않았다면 다소 거리를 두고 서로 좋은 관계로 유지될 수도 있었을 텐데, 동업으로 가까운 관계가 되면서 서로의 장단점을 너무 잘 알게 되어 깊은 상처를 주고받았다.

왜 나는 동업에 실패했을까? 두고두고 여러 번 생각해 보았다.

나름대로 내린 첫 번째 답은 상대방을 잘 모르고 동업하기로 했다는 것이다. 동업하기 전에는 동업 예정자를 최소한 1년은 지켜보고, 확신이 들 때 동업을 시작해야 했는데 나는 동업자의 성격 같은 내부적 요인을 너무 몰랐다. 단지 그의 기술만 믿고, 그의 겉모습만 보고 동업을 시작했다.

둘째로 생각되는 것은 내가 동업하기에는 리더로서의 그릇이 작았다는 것이다. 누군가를 관리하는 위치에 있으면 그 통제하에 있는 사람의 작은 행동도 그 의도가 뻔히 보인다. 좋을 수도 나쁠 수도 있는데, 나쁜 것을 충분히 품어 주기에는 내 마음은 너무 작았다. 불만이 점점 커지며, 의심이 생기고 불신으로 이어졌다. 알게 모르게 상대방에게 나쁘게 응대하게 되었다. 변명을 한다면 이것이 한국인의 특성인가 하는 생각도 든다.

셋째는 동업자에 대한 사랑이 성장하지 못했다. 애정이 있었다면 덮어줄 수 있는 여러 가지 일이 눈엣가시처럼 느껴졌다. 애초부터 고정비를 피하려고 동업하였기에 순수성도 당연히 부족했다. 나는 동료애가 있다고 생각했고 같이 일하면 더욱 큰 동료애가 생기리라 생각했지만 잘 성장하지 못

했다. 수입을 똑같이 나누는 처지에서, 상대방의 노력과 성과가 예상보다 못하니 실망스러웠다. 상대방에 대한 사랑이 없다면 어느 순간부터 상대방을 지배하고 더 심해지면 파괴하려고 한다. 이러한 지배욕은 상대방에게도 상처를 줄 뿐 아니라 나에게도 큰 상처를 준다.

결론적으로 동업은 결혼과 아주 비슷하다. 결혼할 때처럼 상대방을 오랫동안 관찰하고 고르는 신중함이 있어야 한다. 동업이라는 것이 결혼처럼 서로 다른 배경에서 살다가 상호 신뢰를 바탕으로 동등한 관계 안에서 시작하는 관계이기에, 군대나 직장에서 아랫사람을 다루듯 하는 것이 아니고, 애정을 가지고 동업자를 있는 그대로 받아들여야 했다. 거기에 더해 본인이 능히 동업이라는 관계를 담당할 그릇이 되는지 과대평가 없이 잘 판단하고 시작해야 했다. 그런 확신을 가지고 합당한 동료를 잘 골라 사업이 출발했다면 서로 부족한 부분을 채우려고 노력하며, 그 과정에서 동료애를 키우고, 어려울 때 서로에게 위로가 되는 관계를 만들 수 있었을 것이다. 나는 세 가지 다 낙제점이다. 준비되지 않은 상태로 동업을 시작했다. 결국 시작부터 실패가 결정되어 있었다.

동업은 홀로 시작하기 어려운 사람들에게 분명히 좋은 상호 의존 관계이다. 하지만 아주 신중하게 선택하고 소중히 가꾸어야 겨우 성공할 수 있다.

5

트레이스 에킬리시에스, 사랑과 삶의 변주

신혼여행과 직장 휴가

그리스의 섬으로 한 달 가까이 휴가를 간다는 것은 내가 은행에 다닐 때는 들어본 적도 없고, 상상도 못 했던 일이다. 특히나 짧은 휴가에 익숙했던 나의 직장 선배들에게는, 일주일 이상의 휴가를 간다는 것은 꿈꾸지 못하던 일이었다. 내가 결혼할 때의 이야기다. 결혼식 후 4박 5일의 신혼여행을 마치고 돌아온 날은 목요일 저녁이었다. 도착한 바로 그날 저녁, 근무하던 은행 지점의 서무 대리님으로부터 전화가 왔다. 내일 금요일은 은행이 바쁘니 바로 출근해 달라고 말씀하셨다. 나는 무슨 큰일이 있나 보다 생각하며 어쩔 수 없이 다음 날 출근했다. 하지만 출근한 그 금요일은 실제로 바쁘지도 않았다. 그냥 휴가를 7일이나 내고, 일주일을 통으로 쉬려 했던 내 휴가 기간이 마음에 안 드셨던 것 같다.

요즘은 기업 문화가 많이 바뀌었다고는 하지만 그래도 직장 생활을 하면서 지금의 나처럼 한 곳으로 4주 동안 휴가를 가기는 불가능할 것이다.

내가 세미 리타이어를 하고 이렇게 긴 휴가를 할 수 있었던 중요한 첫 번째 요인은 20대에 결혼하고, 30대 초에 아이를 낳고, 40대에 아이들이 성장했고, 50대에 아이들이 독립해 준 덕이다. 지나간 세월의 흔적이 휴가를 만들어 주었다.

결혼과 육아, 달라진 이야기들

내가 결혼한 나이는 만 스물일곱 살이었다. 같은 학번인 아내는 스물여섯 살이었다. 7년간의 긴 시간 동안 사귀다가 동기들보다는 조금 이른 결혼을 했다. 내 친구 중에는 나보다도 먼저 결혼한 친구도 있었다. 거의 모든 친구들이 서른 살이 되기 전에 결혼을 하였다. 결혼해서 3년이 지나니 두 사내아이가 연년생으로 태어났다. 지금은 둘 다 대학을 졸업해 직장을 잡았다.

나는 ROTC 장교로 군대에 가서, 군 복무 시절부터 100만 원 정도의 월급을 받았으니 24살 때부터 경제적으로 독립을 하였다고 할 수 있다. 제대하고 은행에 바로 취직하고 1년이 지나서 여자 친구에게 청혼을 하였다. 지금보다는 훨씬 가난한 대한민국이었지만 대학을 졸업하면 취직은 지금보다 쉬웠고, 직장이 있으면 결혼을 생각하였다. 나는 청혼하고 한 달 만에 결혼하였다. 졸업 후 바로 직장을 못 잡은 친구들도 이후 직장을 잡고 월급을 받기 시작하면 얼마 안 되어 다 청첩장이 왔다. 그리고 조금 있으면 돌잔치를 한다는 소식이 왔다. 이것이 우리 세대에서는 일반적인 모습이라고 생각된다.

결혼이 너무 늦어지는 지금 젊은 세대를 보면 안타깝다. 여러 이유가 있겠지만 남자들은 취직이 늦어졌고, 여자들은 고학력과 평등 의식이 확대되었다. 직장을 통한 경제적 여유도 생겨, 예전보다 결혼의 필요성이 줄어든 것이 한몫하는 것 같다. 게다가 요즘 젊은이들은 취업했음에도 남자도 여자도 경제적으로 결혼 준비가 덜 되었다고 생각한다. 결혼에 대해 고민하고 준비해야 할 기준이 예전보다 더 높아졌기 때문인 것 같다. 이것저것 생각을 많이 하니 결혼 준비를 하면서 갈등 요인도 많아진 듯이 보인다. 우리 세대만 해도 결혼은 선택 코스가 아니고 꼭 해야 하는 필수 코스였다. 결혼을 안 하면 여전히 아이로 취급받았고, 결혼하고 나서야 비로소 어른이 되는 것이라는 인식이 있었다. 실제적으로도 경제적으론 돈을 벌어 월세방을 구해 둘이 같이 살 수 있고, 감정적으론 데이트가 끝나고 저녁에 서로 헤어지기 싫으면 결혼하는 것이었다.

요즘 젊은이들은 좋은 직장을 구하기 위해 낮 시간은 힘들여 스펙을 쌓고, 여유 시간에는 유튜브, 인스타그램, 틱톡 등을 통해 남들의 화려한 연애와 럭셔리한 결혼식 그리고 멋진 결혼 생활을 보며 자신과 비교하며 우울해 하고 또 한편 부러워한다. 젊은이들이 SNS 속에서 실제 만난 적도 없는 사람들과 본인의 상황을 너무 많이 비교를 하는 것 같다. 30이 넘고 40이 다 될 시기까지 남과의 비교의 문화에서 결혼과 출산 같은 중요한 결정을 못 하고 방황하는 젊은이가 많아 보인다. 예전엔 출산 적령기 때문에라도 여자들이 20대를 넘어 30대에 결혼하면 이상한 것이었다. 요즘은 결혼은 선택으로 여기고 남자든 여자든 좋은 직장이라는 골든 티켓을 잡으려고 치열하게 노력한다. 하지만 안타깝게도 그중 많은 수가 좋은 직장을 잡는데 실패하고 승자라고 할 수 있는 사람은 소수다. 여자들은 우리 세대에 흔했던 결혼을 통해 하던 취직(취집)은 부정적으로 생각하고, 남녀 모두 당당하고 능력 있게 살기 위해 좋은 직장을 잡은 이후 그 사회적 능력으로 좋은 배우자를 찾을 것을 기대하는 것 같다.

    과거에 남자들이 가졌던 당연한 태도, 즉 결혼 후에는 아내를 먹여 살린다는 책임감은 없어진 것 같고, 도리어 아내도 같이 바깥일을 하는 맞벌이를 당연하게 생각한다. 서로 바빠서 2세 계획은 자연스럽게 뒤로 미루어진다. 우리 세대보다 남녀 간에 차별이 없고 사회적으론 더 부유해진 지금 세대가, 다음 세대를 낳고 성장시키는 전통적인 가정의 기능에 있어서는 우리 세대와 비교해 상당히 뒷전에 두고 생각하는 것 같다.

    결혼이 늦어지고 자녀가 늦게 태어나면 경제적인 은퇴는 더 늦어진다. 그래서인지 요사이 많은 커플이 결혼 이후에 아예 아이 낳기를 포기하기도 한다. 아이를 낳지 않으면 당장은 편해 보이고 경제적 부담도 없어 보이지만 안타깝게도 내 나이쯤 되면 삶의 한 부분이 크게 빈 채로 살아갈 수밖에 없다. 우리의 부모님들이 자주 하시는 말씀, '늙고 나니 젊어서 아이들 키운 것 말고는 평생 한 일이 없다.'라는 말씀이 요사이는 개인적으로도 많이 이해된다.

스릴 넘치는 트레이스 에킬리시에스 가는 길

    오늘은 드디어 택시와 시외버스 여행에서 벗어나 렌터카 여행을 하는 첫날이다. 지난주 예약한 렌터카 회사의 직원이 이른 아침에 내가 묵고 있는 호텔로 찾아왔다. 나는 직원과 함께 그의 차를 타고 렌터카 사무실로 가서 렌터카 계약서를 쓰고 잔금을 치른 후 계약한 차를 타고 숙소로 돌아왔다.

여러 렌터카 업체의 심한 경쟁이 있어서인지 모든 것을 고객 위주로 해주어서 참 편리하다. 영국에서는 흔한 자동차 보증금도 없다. 렌터카 계약이 끝나는 마지막 날에는 호텔 리셉션에 자동차 열쇠를 가져다 두면 렌터카 회사 직원이 차를 회수해 간다고 한다.

유튜브에서 크레타*Crete*를 조회하면 여러 유튜버가 크레타의 아름다운 곳을 영어로 소개하는 영상이 많다. 한국인이 만든 한국어 유튜브는 도시 중심으로 매우 제한된 지역만 소개해서 좀 아쉽다. 우리는 크레타 사람조차도 잘 모르는 곳에 가보고 싶었다. 그래서 처음 가보기로 선택한 곳을 렌터카 직원에게 가 보았냐고 물어보았더니 그도 잘 모르는 곳이라고 한다. 우리의 결정이 나름 성공인 셈이다.

그렇게 아내와 내가 처음으로 렌터카를 타고 찾아간 곳은 트레이스 에키리시에스*Treis Ekklisies*라는 남쪽 해안의 작은 마을이었다. 한국말로 해석한다면 '세 교회 마을'이라고 해석해야 할 것 같다. 크레타에서 스릴 넘치는 인상 깊은 도로 여행을 원한다면 꼭 가봐야 할 곳이다.

이곳으로 가는 도로는 서서히 높은 산으로 올라가다가 순식간에 산 아래로 내려간다.

우리나라를 예로 들면 서울서 출발해 강원도 영서까지 완만하게 올라가다가 영동 지방에서 갑자기 내리막길로 내려가는 것과 비슷하다. 강원도와 크레타를 비교하자면 강원도보다 크레타가 주관적인 느낌에 열 배는 더 극적이다. 가장 높은 도로에 이르면 손에 바로 잡힐 듯한 작은 구름이 발 아래 펼쳐져 있고, 이후 내려가는 도로는 마치 급강하는 롤러코스터를 타고 내려가는 듯한 스릴을 준다. 나와 같은 높이에서 동행하려는 듯, 절벽 아래로 천천히 날고 있는 코요테 한 마리가 있었다. 내려가는 길에서 파란 바다와 접한 절벽으로 이루어진 해안선을 보며, 자연에 대한 아름다움과 경외감을 동시에 느낀다. 이 험한 절벽을 따라 내려갈 수 있게 지그재그 도로를 만든 인간의 위대함도 동시에 느낄 수 있었다.

크레타는 높은 고원 지역이 섬 중앙에 넓게 분포한다. 섬 북쪽에서 출발하여 산 고원 지역으로 가는 길은 경사가 비교적 완만한 오르막이고, 이후 중앙에서 섬의 남쪽으로는 계속 평평한 고원 지역을 이루다가, 남쪽 끝에 거의 이르면 고원 지역이 끝나고 가파른 절벽이다. 남쪽의 바다를 보며 이 절벽을 따라 내려가면 남쪽 해안에 있는 마을에 도착할 수 있다.

마을로 가는 도로에서 가장 높은 곳에는 자그마한 그리스 정교회가 있었는데, 과연 이 높은 곳에 성도들이 찾아올 수 있을까 싶을 만큼 높은 곳에 있었다. 우리나라 산속 깊은 곳에 있는 작은 암자 같다. 교회를 잠시 둘러보고 절벽 아래 있는 작은 어촌 마을 트레이스 에키리시에스를 향해 내려간다. 차를 타고 내려갔지만 마치 행글라이더를 타고 지그재그로 내려가는 듯한 착각이 들었다.

절벽 도로를 내려가는 도중에 두 개의 교회를 더 보았다. 그래서 이 마을 이름이 '세 교회 마을*Treis Ekklisies*'인가 보다. 위험스럽고 아찔한 도로를 따라 마을에 내려갔을 때, 다 내려가면 깜짝 놀라게 해 줄 아름다운 마을을 기대했는데, 기대와 다르게 마을 자체는 너무 작고 허름하고 가난해 보였다. 바닷가에 식당이 여럿 있었지만 방문했을 때는 딱 한 곳만 열려 있어서 배고픈 우리에게 선택의 여지는 없었다.

해안가 마을이라 생선구이를 주문했다. 커다란 물고기가 잘 구워져서 더 커다란 접시에 감자와 함께 나왔다. 한국의 고등어 생선구이 집이 생각났다. 한국 생선구이 집은 정말 싸고 맛있는데, 이곳의 생선구이는 바로 살아있는 생물도 아닌 식당의 냉장고에서 나왔음에도 가격이 생각보다 비쌌다.

해변 앞의 자갈밭에 놓인 테이블에서 낭만적인 식사를 기대했지만, 생선 냄새를 맡은 파리 떼와 한 무리의 길고양이들한테 졸지에 포위되고 말았다. 파리를 쫓으랴, 고양이에게 생선 가시를 던져주랴 식사를 즐길 새 없이 부리나케 해치워 버렸다.

돌아가는 길! 당연히 그렇겠다 싶었지만, 이 마을에서 나가는 길은 들어올 때 왔던 그 길 하나뿐이었다. 우리는 배가 불러 포만감에 올 때보다는 행복했다. 그리고 또다시 스릴을 가득 느끼며 마치 롤러코스터가 가장 높은 곳을 향해 레일 위를 올라가듯이 다시 가파른 해안도로를 따라 서서히 올라갔다. 그 빼어난 경치를 즐기지 못하고 아내는 자동차가 코너를 돌 때마다 발가락을 움찔거리며 비명을 질렀고, 운전대를 잡은 내 손에도 땀이 났다. 다행히 도로 자체는 땜빵 하나 없이 잘 관리되어 부드러웠다. 가파르고 높은 길을 조심조심 올라가서 잠시 정상 주변에서 차를 세우고 다시 한 번 파란 하늘과 하늘보다 더 파란 지중해 바다를 바라보았다. 렌터카 여행 첫날, 스릴 가득했던 기억을 잘 남기고, 이제는 익숙해져 내 집처럼 생각되는 호텔로 오후 늦게 돌아왔다. 그렇게 아름다운 곳이었는데 공포와 스릴에 취했는지 사진을 찍지 못했다.

6

호텔 비치에서, 삶이 한가해질 때 생기는 것

바쁘다는 것은 바쁜 것에 비례해서 그만큼 자유로운 시간이 적다는 뜻이다. 나도 오랫동안 자유시간 없이 바쁘게 살았다. 열심히 바쁘게 살면, 사는 것에 집중하느라 다른 것을 생각할 틈이 없어진다.

하지만 바쁘게 살다가 어느 날 오랜 시간 동경하던 자유로운 시간이 주어지면, 그 한가함이 낯설고 무언가 해야 할 것 같아서 불안해진다. 결국은 삶에 구속을 줄 어떤 일을 자발적으로 찾는 경향이 있다. 크레타에 있는 지금의 나도 무언가 알 수 없는 불안함이 느껴진다.

"저녁때에 다윗이 그의 침상에서 일어나 왕국 옥상에서 거닐다가 그곳에서 보니 한 여인이 목욕을 하는데 심히 아름다워 보이는지라."

- 『성경』, 「사무엘하 11:2」 -

자유 시간을 놓고 본 헬레니즘과 헤브라이즘 문화 비교

크레타에서 시작된 헬레니즘 문명(그리스 문명)은 이성을 가진 우리 인간 자체를 존중하는 인본주의를 낳았고, 개개인의 의견을 중시하는 민주주의를 낳았다.

그리스 신화에 나오는 수많은 신들은 생각과 행동이 인간과 하등 다르지 않다. 서로 시기하고 좋은 걸 가지려고 싸운다. 예를 들어, 신 중의 신인 제우스는 헤라라는 와이프를 두었으면서도 엄청난 바람둥이다. 헤라에게 들통날까 봐 두려워하면서도 제우스는 수많은 간통을 저지른다. 한가함 가운데 무언가를 찾는 이런 모습은 아래 세상에서 살고 있는 인간에게도 적용되는 것은 아닐까?

고대 그리스인들은 집에 노예를 두어 허드렛일은 그들에게 시킨다. 그래서 생긴 자유로운 시간에 폴리스의 중앙 광장에 나가 다른 시민들과 여러 주제로 토론을 즐기고, 극장에서 연극을 관람했다. 그리스에서 시작된 민주주의와 인본주의가 성장하는 토대에는 개개인의 한가함이 이바지했다는 생각이 든다. 하지만 다행인지 불행인지 주변의 고만고만한 작은 여러 국가가 서로 경쟁하는 상황에서 각 국가의 시민들은 한시도 긴장을 늦출 수는 없었다. 때로 직접 전쟁터에 나가기도 해야 한다. 다행히 전쟁에서 이기면 전리품 수확이 컸지만, 반면에 지면 죽거나 노예가 되는 운명에 처했다.

헬레니즘과는 다르게 유일신을 따르는, 헤브라이즘의 기록인 성경을 잠시 살펴보자. 처음에 하나님은 에덴동산을 만드시고 인간에게 부족함 없는 풍성한 낙원을 주심으로, 인간의 삶에 여유와 자유를 주셨다. 인간에게 주어진 딱 한 가지 법은 동산 중앙에 있는 선악과를 먹지 말라는 것이었다. 하나님은 선과 악을 판단하는 자유까지는 인간에게 허락하지 않으신 것으로 보인다. 넉넉하신 하나님이 만드신 아름다운 창조 세계에서 살던 아담과 하와는, 선악과만은 먹지 말라는 하나님의 유일한 명령만은 따르는 것이 합당해 보였다. 하지만 불행한 일은 발생하고 말았다. 인류의 조상 아담과 하와는 한가한 환경이 권태로웠는지 여유로운 시간에 선악과 근처에서 자주 먹음직스러운 선악과를 쳐다보았던 것 같다. 어느 날 뱀이 와서 유혹의 몇 마디를 하자, 하와는 손을 뻗어 선악과를 땄다. 그리고 남편에게도 주었다. 결과적으로 아담과 하와는 에덴동산에서 쫓겨나서 아담은 평생 땀을 흘리며 일하고, 하와는 산고(産苦)를 겪어야 하는 운명에 처했다. 아담과 하와는 아마도 자유롭던 에덴에서의 나날을 평생 그리워하며 살았을 것 같다. 선과 악을 스스로 판단하고 싶어 선악과를 따먹었지만, 결국 성공하지도 못했고, 그 반역의 대가로 인생 내내 생존을 위한 노동을 해야 했다. 애초에 있었던 자유를 잃었다. 그리고 마침내 죽고 말았다.

현재의 우리 대부분은 매일매일의 일상의 일, 예를 들어, 밥하고 청소하고, 씨 뿌리고, 수확하는 일들을 해야 한다. 우리 대신 이런 일을 해줄 고대 그리스 시절에는 있었던 노예가 없다. 노예가 있고 자유가 있는 소수의 시민이라기보다는, 노동에 시달리며 자유가 없는 다수의 노예 된 삶을 살고 있다. 다른 관점에서 보면, 선악과를 따먹은 후 하나님을 두려워하며, 살려고 매일매일의 노동을 감당해야 하는 아담과 하와의 삶을 살고 있다. 그러한 삶에 익숙해진 채 살다가 어떤 기회로 삶 속에서 여유와 자유를 느낄 수 있는 시간이 찾아오면 당황스럽다. 오랜 부자유의 습관으로 무언가 계속 열심히 노동해야 할 것 같다. 또는 반복되는 일상을 벗어나 지금껏 못해 본 재미있고 짜릿한 것을 해야 할 것 같다. 이리저리 마음에 불안이 생긴다. 때로는 돌아가고 싶고, 때로는 일탈하고자 하는 욕구가 생긴다.

숨겨진 해수욕장, 호헬

크레타에는 한가함을 즐기기에 충분한 아름다운 비치가 곳곳에 있다. 지중해 중앙에 있는 크레타 인근의 바다는 정말 깨끗하다.

해수욕장 좌우 길이가 10km 이상 펼쳐진 비치부터 불과 몇십 미터짜리 좁은 비치까지, 공식적으로만 300개 이상의 비치가 섬의 곳곳에 있다고 한다.

아내와 바다에서 수영하기로 하고 수영복과 기타 수영 도구를 챙겨 크레타의 동쪽 호헬 *Hoble* 이라는 작은 해수욕장을 구글맵의 지시에 따라 차를 몰고 갔다. 바로 옆에 보울리스마 비치 *Voulisma Beach* 는 관광 안내 책자에 소개되는 유명한 해수욕장인데, 너무 사람이 많을 것 같아서 일부러 작고 덜 상업적인 곳을 택했다.

크레타에서는 구글맵을 따라가다 보면 이따금 간이 콩알만 해 질 때가 있다. 포장도로를 가다가 갑자기 비포장도로로 진입하게 한다. 이 비포장도로를 따라가다가 급한 경사로가 중간에 있어서 당황스러웠던 일이 여러 번 있었다. 오늘도 목적지에 다 와서 갑자기 포장도로가 끊기고 비포장 언덕길을 잠시 달려야 했다. 아내의 놀라는 소리! 나는 아무렇지도 않은 척하며, 비포장도로 경사길을 액셀과 브레이크를 살살 밟아가며 조심조심 통과했다. 익스트림 여행을 추구하는 여행객이 아니라면 크레타에서는 잘 안 알려진 곳보다는 잘 알려진 유명한 해수욕장에 가는 것을 추천한다. 크레타는 전반적으로 도로 사정이 그리 좋지 않다. 알려진 곳은 포장도로도 잘 되어 있어 일단 접근이 용이하다. 해수욕장이 유명하다고 입장료를 받는 곳은 없었다. 반면에 잘 안 알려진 한가한 해수욕장은 덜 붐벼서 좋지만 비포장도로를 운전해야 할 각오를 해야 한다. 아울러 탈의실도 없고, 바닷물을 씻을 샤워 시설도 없을 가능성이 크다.

호헬 비치 앞에 와서 적당한 곳에 차를 세우고 400m쯤 비포장된 길을 걸어 내려가니, 우리보다 먼저 온 적지 않은 연인들과 가족들이 이 숨겨진 해변에 와 그들만의 바다 수영을 즐기고 있었다. 음료수나 아이스크림 파는 사람도 없고, 탈의실도 없는 자연 그대로의 날 것 같은 해수욕장이다. 비치의 폭은 약 200m 정도도 안 될 것 같았다, 고운 모래의 아담한 비치였다. 가파른 절벽 아래 해변 양쪽도 절벽으로 가려져 있어서 이곳에 비치가 있는지, 사람이 있는지, 위에서도 옆에서도 잘 보이지 않는다.

10월임에도 바닷물은 따듯하고 잔잔했다. 해변에서 50m 이상 바다로 나가도 어깨에도 물이 오지 않을 만큼 수영하기에는 좋은 곳이었다. 잔잔한 파도와 선명하게 내리쬐는 햇빛, 투명한 바닷물 아래 수많은 물고기를 즐기며 한낮을 잠시 유유자적 보내게 되었다.

늦어도 50대에 다시 고민해 봐야 하는 인생의 의미와 방향

이렇게 지중해의 햇빛을 즐기며 한가롭게 지내면 안 될 것 같다는 생각이 불쑥불쑥 마음속에 올라온다. 무언가 일을 하고, 돈을 벌고, 그렇게 살아야 할 것 같은 강박 관념이 떠나질 않는다. 그러면서도 내가 언제 이렇게 나이를 많이 먹었나 깨닫고 놀란다. 내 청년 때 생각에는 50살이 넘으면 늙은이였다. 그래서 이미 늙은 50대이니 한 번쯤은 지금처럼 잠시 긴 휴가를 내고 내가 하고 싶은 일을, 내가 잘하는 일을, 내가 하면 즐거움이 배가 되는 일을 마음속 깊이 생각해야 할 때가 되었다고 생각한다.

우리의 마음을 바라보고, 우리를 탄생시키고, 이곳에 오게 한 소명을 다시 한번 깊이 생각해야 할 때이다. 젊었을 때 자신의 목적을 발견하고 그에 따라 사는 사람의 인생은 복되다. 그러고 싶어도 우리 대부분은 여러 이유로 자기 생각을 뒤로하고, 어떤 조직이나 사업장에서 그냥 바쁜 인생을 살아왔다. 나 역시 40대를 온전히 부지런히 일하고, 가족을 잘 부양하려고 노력하며 열심히 살았다. 그런 와중에 어느 날 보니 내가 태어난 목적은 하등 생각해 볼 겨를도 없이 50이 확 넘어 버렸다.

세상 미디어에서 100세 시대가 다가온다며 우리에게 앞으로의 살 시간이 많다고 말하며 현혹한다. 미디어가 주입하는 대부분은 광고주의 필요에 의해 무언가를 판매하려는 상업 광고와 같다. 100세를 살려면 필요한 것이 많고, 사야 하는 것도 많으니 잘 생각해 보라는 간접 광고다. 50대부터 몸은 점점 쇠락하기 시작하고, 평균적으로 환갑이 되면 몸의 장기 및 관절은 하나둘씩 망가져서 잘 다독거리며 살아가야 한다.

"우리의 연수가 칠십이요 강건하면 팔십이라도 그 연수의 자랑은 수고와 슬픔뿐이요 신속히 가니 우리가 날아가나이다."

- 『성경』, 「시편 90:10」 -

해수욕을 마치고 돌아오는 차 안에서 집사람과 이런저런 이야기를 나누었다.
다음과 같은 이야기를 서로 나누었는데 서로 간에 장단이 잘 맞았다.

'50이 넘고 이제 정력적으로 활동할 시간은 얼마 안 남았다.'
'젊음이 사라진 지금 상황에 솔직하고 겸손해져야 한다.'
'50세가 넘었으면 자식이 최대한 빨리 경제적으로 독립할 수 있도록 자립을 독려해야 한다.'
'아이들의 독립은 우리를 위해서도, 아이들의 자립 된 삶을 위해서도 꼭 필요한 것이다.'
'60세가 될 때까지 우리 옆에 있으려 하고, 독립하지 못하는 캥거루족만은 절대 만들지 말자.'
'계속 의존하는 성장한 자식을 둔다는 것은 건강한 삶의 의무를 위반하고 있는 것이다.'
'연로한 부모님과 대화하는 시간을 최대한 많이 가져야겠다. 이야기 나눌

시간조차 많이 안 남아있다.'

'부모님이 돌아가시면 오직 국세청만 행복하다. 우리는 부모님 가시는 그 순간, 국가에 상속세라는 빚을 갚아야 하는 빚쟁이가 되고 만다. 혹시 그 빚을 무난하게 다 갚았다고 해도 얼마 안 있어 다음은 우리 차례다.'

'시간이 별로 없다. 우리 차례가 오기 전에 부모님이 가지고 계신 귀한 경험을 배우고, 그리고 우리에게 주시는 사랑을 누리자.'

아내와 차를 타고 숙소로 오면서 이와 같은 이런저런 이야기를 하며, 왜 이 여행을 떠나야 했는지 생각해 보고 다시 한번 마음에 새겨 보았다. 생각해 보니 아직도 조심해야 할 일도 많고 시간에 맞게 꼭 해야 하는 일도 적지 않다. 우리에게 필요했던 안식년은 쉬기 위한 시간이 아니었고, 오십이 넘어서 현 상황을 객관적으로 파악하고, 잊고 있던 인생의 방향을 다시 찾아야 하는 때라는 생각이 들었다. 갑자기 지금 크레타에서의 시간에 대해 의미가 크게 다가왔다.

거창한 이야기를 하다 보니 어느 순간 배가 고프다. 호텔 숙소에 다 올 무렵, 아내가 갑자기 '저녁은 중국 음식 어때?' 하고 물었다. 며칠간 먹은 그리스 음식에 질려서 이젠 동양 음식을 먹고 싶다. 숙소 근처 코우토우로우페리 '베이징발리'라는 중국집에 가서 잘생긴 그리스 청년의 서빙을 받으며 맛있는 저녁을 먹었다. 자기 애인이 한국 문화를 너무 좋아한다고 한다. 격식의 흐트러짐이 없고, 이어지는 서빙이 존경스럽기까지 하다. 식사가 끝나고 감사함에 3유로의 팁을 주고 나왔다.

PART 4

타지에서 마주한 일상의 얼굴

인생살이에서 우리를 유혹하는 정욕, 탐욕, 허영 삼총사가 우리와 동행하는지 잘 살펴야 한다.
이것들은 바른 길을 찾아가는 우리를 어처구니 없이 넘어지게 한다.

1

발루스 비치에서 떠올린
영국에서 집을 산 이유

영국에서 체험한 월세살이와 자가 살이 비교

영국에서 살기 시작하면서, 항상 내 집이 있었으면 하고 바랐다. 이유는 단순했다. 전세 제도가 없는 이곳에서 매달 내야 하는 월세가 너무 비쌌기 때문이다. 2007년부터 약 6년을 런던 및 그 외곽에서 세를 살았는데, 매달 나가는 월세가 200만 원이 훨씬 넘었다. 우리 가족이 세를 들어 살던 집은 큰 집도 아니고, 아이들의 친구들이 놀러 오면 아주 작다는 의미로 타이니 Tiny 하우스라고 말할 정도로 작은 집이었는데도 말이다. 지금은 부동산 가격 상승의 여파로 같은 규모 집의 월세가 훨씬 더 비싸졌을 것이다.

나중에 마흔 살이 넘어, 영국살이 6년 차에 집을 샀다. 은행에 돈을 빌리고 원금과 이자를 합쳐 매달 모기지를 갚아야 했지만 크게 부담이 되지 않았다. 영국에서는 레지덴셜 하우스(남에게 세를 주지 않고 본인이 사는 집)를 살 때 모기지는 자기의 연봉의 다섯 배 정도의 금액까지 대출이 가능하다. 더 많이 받고 싶어도 어렵다. 이자만 내는 방식의 대출은 없고, 노동 가능 연령, 즉 남자의 경우 만 68세까지 원금과 이자를 월 단위로 똑같이 분할해서 상환하는 원리금 상환 방식이다. 젊은이가 모기지를 얻어 집을 살 때는 월세처럼 매달 납부함에도 워낙 긴 기간 동안 갚도록 설정되어 있어서 크게 부담이 되지 않는다. 은행에서는 직장의 좋고 나쁨에 따른 차이를 구분하지 않는다. 월급을 직장에서 받은 흔적이 6개월 정도만 있고 직장을 다니고만 있으면 누구든 집을 사기 위해 은행에 모기지 신청이 가능하다.

50이 넘고 나이가 많아지면 좋은 직장을 다녀도 집을 살 때 모기지를 감당하기가 힘들다. 68세까지 원리금 상환 기간이 짧기 때문에 월 납부 금액이 무척 많아지기 때문이다. 반면에 젊은이들은 상환 기간이 길어서 유리하다. 첫 집을 살 때는 은행에서 빌리는 돈 말고 자기가 부담해야 하는 돈인 디포짓 deposit도 10% 정도만 있으면 90% 모기지 대출이 가능하도록 제도적 정치가 있다. 영국에서는 한 살이라도 젊을 때 집을 사는 것이 월 납부액 부담뿐 아니라 디포짓 부담도 적어서 유리하다.

무리해서 구입한 부동산, 그 구입의 함정

우리 삶을 편하게 할 수 있는 것 중, 가장 확실해 보이는 것은 내 생각에는 '돈'이다. 돈이 여유 있으면 많은 일들을 편하게 진행할 수 있고, 따라서 삶 자체도 편하게 만들 수 있다. 그런 돈의 교환 가치를 잘 알기에 많은 사람이 돈을 모으고 돈을 삶의 중심에 놓고 산다. 이러한 돈의 교환 가치는 충분히 설득력 있다. 하지만 어느 순간부터는 돈이 많으면 무조건 더 좋다는 생각이 우리들에게 무비판적으로 받아들여지는 것 같다. 따라서 돈은 인생 목표에 있어 절대적인 최고의 자리에 놓이게 된다. 다시 말한다면 교환 가치로의 돈이 아니고, 그냥 돈이 많이 있으면 삶이 안전할 것 같고, 돈이 많아 보이면 더 성공한 삶인 것 같은 생각을 하게 된다.

내가 보기엔 다소 위험해 보이는 비트코인 같은 암호 화폐를 많은 사람들이 거래하고, 이제 막 사회에 진출한 젊은이들이 과도한 대출을 받으며 능력 이상의 집을 구입한다. 돈을 벌기 위해 돈을 투자하지만, 일을 통해 어렵게 모은 돈이 손으로 만져 보지도 못하고 사라지기도 한다. 어떤 사람은 부동산에 쌓아 놓다 보니 유동성이 악화돼, 막상 당장 쓸 교환 가치로의 돈은 부족하다.

본인의 경제적 수준을 넘어서는 집을 산 30대, 40대 구매자는 그 구입 순간부터 오랫동안 빚이 삶에 강력한 영향을 미친다. 여윳돈이 없어 쾌적하고 여유로운 소비 환경은 악화된다. 매달 대출에 따른 상당한 은행 이자를 내고, 부동산 관리를 위한 보유세와 관리비도 만만치 않다.

구입한 집을 팔기 전까지는 집은 소유자의 손에 여윳돈을 남겨 주지 않는다. 물론 소유한 부동산 가격 인상을 보며 심적으로 흐뭇할 수는 있다. 하지만 팔기 전에는 그냥 숫자에 불과하다. 힘들게 모아 담보 대출을 다 갚고 나면 은퇴할 나이가 되어간다. 그 후 여유롭게 집을 즐길 수 있는 시간은 그리 길지 않다. 게다가 그때쯤이면 성장한 자식들이 그 아파트를 노리고 있다. 많은 노인들이 넉넉하지 않은 소비를 여유롭게 하고 싶은 마음에 자가를 팔고 싶어도, 집을 노리는 자식 눈치에 팔기도 쉽지 않다.

영국에서도 물론 비슷한 모습을 볼 수 있다. 규모가 큰 집을 가진 사람들은 자신이 가지고 있는 집을 자랑한다. 물론 매우 비싼 집이고 매해 가격이 오르는 가치가 있는 집이다. 하지만 그들의 대출금의 규모를 보면 우려스럽다. 자세히 살펴보면 어떤 친구는 매일매일의 소비에 여유가 없다. 겉으로는 있어 보이지만 실제로는 오늘을 사는 것이 버거워 보인다.

발루스 비치로 가는 작은 모험

하니아_Chania_는 크레타에서 두 번째로 큰 도시이자 베네치아 공화국 시대에 아름답게 건축된 등대와 오밀조밀한 골목길이 관광객에게 재미를 안겨주는 곳이다.

하니아를 보아야 진짜 크레타를 본 것이라는 한 유명한 여행 가이드의 논평처럼 크레타에 왔다면 꼭 방문해야 할 예쁜 도시이다.

도시 자체는 큰 편이지만, 올드 타운_Old Town_은 비교적 작고, 또 그곳에 관광지가 거의 다 몰려 있어서 몇 시간만 투자하면 그 명소를 얼추 다 볼 수 있다. 이리저리 걸음을 걸으며, 나도 모르는 무언가가 꼭 있을 것 같은 숨은 보석 같은 도시여서, 좀 차분하게 며칠 더 머물면 좋을 텐데 하는 아쉬움이 남는다.

하니아의 레스토랑에서 점심으로 소고기와 치즈가 들어간 가지 요리인 그리스 전통음식 '무사카'를 맛있게 먹었다. 그러고 나서 크레타에서 꼭 가야 하는 'One Pick Beach'로 뽑는 발루스 비치_Balos Beach_를 향해 출발했다. 출발 전에 구글맵에서 조회할 때는 거리가 그리 멀지 않음에도 2시간의 운전 시간이 필요하다고 표시된다. 50km에 불과한데 이상하다고 생각했다. 이 궁금함은 운전 끄트머리에 알게 되었다. 근처 카스텔리_Kastelli_ 항구에서 배를 타면 손쉽게 닿을 수 있지만, 직접 차를 몰아 크레타의 서쪽 끝에 펼쳐진 이

해변에 가려면 난간조차 없는 절벽 위의 비포장도로 6km를 지나야 했다. 이 6km 구간을 통과하는 데 시간이 상당히 많이 걸린다. 옆은 낭떠러지니 무섭고, 도로 상태가 썩 좋지 않아서 거의 1시간여 걸리는 마지막 구간은 혹시나 펑크가 나면 어쩌나 내내 걱정이 되었다. 뿌연 흙먼지를 덮어쓰고 비포장 자갈길을 조심조심 거북이 속도로 운전하며 주차장에 도착했다. 무료 주차가 많은 크레타지만 이례적으로 관리원이 3유로의 주차료를 받는다. 놀랍게도 주차장에는 이 험한 도로를 통과한 수많은 자동차가 주차되어 있었다. 유럽인들은 익스트림 어드벤쳐급 여행을 정말 즐기는 것 같다.

주차장에 도착하면 비치가 바로 있으려니 생각했는데 완전 착각이었다. 주차장에서 거친 비포장 도보 길을 걸어 능선과 계곡을 50분 내려가야 비치에 이를 수 있다. 하이킹할 아무런 준비 없이 온 관광객에게는 내려가는 길은 다소 거칠고 척박한 돌길이다. 나무라고는 선인장과 고산식물, 올리브 나무 등 수종이 매우 한정적이다. 돌산을 따라 내려오는 물은 맑다. 그래서 해변도 투명하다고 느낄 만큼 맑은 바닷물을 자랑한다.

우리는 오후 늦게 내려갔지만, 많은 젊은이들은 이미 바닷가에서 물놀이를 마치고, 길고 거친 오르막길을 따라 수영복만 입고 다시 올라오고 있었다. 젊은 여성들은 비키니 차림이다. 산길에 그을린 피부에 아슬아슬한 수영복 차림을 하고 올라오는 사람들을 보니 자연과 인간 그대로의 모습을 보는 듯했다.

해수욕장은 육지인지 바다인지 모를 낮은 만을 따라 펼쳐져 있다. 깊이가 대부분 발목 정도이고, 깊어 봤자 무릎 정도까지 와서 바닷물을 걸어서 저 건너편 섬에도 갈 수 있다. 육지와 섬 사이에는 넓은 두 개의 해수욕장이 양방향으로 형성되어 있고 물은 온탕같이 따뜻하다. 도보 길 중간에 있는 전망대에서 바라보는 경치가 너무 좋다. 세계 어디에서도 볼 수 없는 특별한 해안선 상에 있는 섬, 산, 그리고 비치가 파노라마로 펼쳐져 있다.

다시 거친 비포장도로 6km를 빠져나와서 예약한 크레타 서쪽 끝 호텔로 찾아갔다. 서쪽 해안으로 해가 지고 있었다. 언덕길을 내려오는 길에 일몰을 준비하는 태양이 보인다. 작은 카페를 발견하자마자 곧바로 근처에 주차한 후 서둘러 카페에 들어가 자리를 잡았다. 크레타의 낭만인 냉커피 프레도 에스프레소를 주문해 마시며 찬찬히 내려가는 크레타의 서쪽 해안의 일몰을 감상했다.

'내일 저 태양이 다시 뜨려나?', ' 난 내일까진 살아 있으려나?'

매일매일 눈 뜨는 일상이지만 내일은 그대로 되지 않을 수도 있다는 생각이 들어 나름 센티해진 내가 아내에게 던진 말이다. 하지만 아내는 오늘 발로스 비치 _Balos Beach_ 로 이어진 비포장도로에서의 충격에서 아직까지도 벗어나지 못한 모양인지 퍽 언짢은 기색이다.

어제와 같지 않은 오늘을 살 수 있어서 여행을 사랑한다. 남이 다 가본 길은 흥미가 없다. 오늘같이 끝없어 보이는 절벽 위의 험한 비포장도로를 작은 차로 통과할 때 작은 희열을 느낀다. 도시 생활에 익숙하고 그 일상의 답답함에 여행을 떠난다. 크레타를 여행 중이지만 영국에 돌아갈 안정된 내 집이 있어서 감사했다. 늙어 가는 나에게 부담을 주지 않는 집이라 생각하니 더욱 좋았다.

2

생존을 고민하며 추진된 두 번째 집

탐욕의 삶에서 생존의 삶으로

탐욕Greed이란 내가 가져야 하는 것보다 더 가지고자 하는 마음이다. 그 어원은 그라시Graeca인데 2세기경 로마 사람들이 투기꾼을 부르던 말로 '그리스 사람'이라는 뜻이었다. 어원을 통해 보니 '탐욕'의 역사도 이곳 크레타를 포함한 그리스에서 일찍이 시작된 것 같다.

탐욕은 정욕 및 허영과 함께 인생을 나락으로 보내는 삼총사 중의 하나라고 생각한다. 한국에서 살 때 감히 말하건대 나의 삶은 탐욕에 의해 지배받았다. 많이 소유할 수 있으면 많이 가지는 것이 자본주의 사회에서 진정으로 승리하는 바른 방향이라고 생각했다. 그래서 나름 재빠른 재테크로 나를 증명하던 시간이었다. 만 서른 살이 되기도 전에 대출을 받고 서울에 40평대 아파트를 구매해 살았고, 주식 시장에서 실권주 투자 및 공모주 청약도 열심히 했고, 사는 집과 상관없는 아파트 분양권 전매도 했었다.

필요 이상을 가지려고 하는 모든 것이 탐욕이다. '이것은 꼭 필요한 것이야.'라고 스스로에게 끊임없이 더 큰 소유의 필요성을 세뇌했다. 내 마음속 소유의 최소 기준점은 점점 더 높아졌다.

자기가 가진 자질보다 자기 능력을 과대평가하는 것도 탐욕이다. 반대로, 능력이 있는데도 핑계를 대고 하지 않는 것도 탐욕의 한 부류이다. 다시 말하면, 게으름과 나태함도 탐욕의 일종이다. 마음도 행동도 적당히 욕심내야 한다. 무엇이 적당한 것인지 항상 고민하며 살아야 한다. 사실, 나는 영국에 올 때까지 그런 고민은 하지 않았다.

한국에서 열심히 돈을 벌며 부지런히 탐욕스러운 삶을 고수하다가, 영국이라는 나라에 갑자기 오게 되었다. 한국에서의 생활이 탐욕스러웠다는 것도 영국에 와서 생존을 고민하면서부터 깨닫게 되었다.

아무 기반도 없이 시작한 영국에서의 삶은 탐욕이 생길 여유가 없었다. 매일매일 생존을 고민하면서 살게 되면, 먼 미래를 위해 무언가를 더 갖고자 하는 탐욕은 자연스럽게 사라진다.

'생존해야 한다'라는 현실이 항상 눈앞에 있었다. 생존 이상의 무언가를 더 얻고자 하는 욕심은 내 처지에서는 사치스러운 것이었다.

힘들고 고통스러워도, 나를 믿고 이곳에 따라온 아내와 두 아들에게 주림으로 인한 고통과 심적인 위축을 주면 안 됐다.

작은 사업을 시작하고 잘 안착했는가 싶었는데 사업을 시작한 지 3년 차부터 고비가 찾아왔다. 사업이 잘되는 듯싶다가도 한국에서 갑자기 어떤 사고나 사건 같은 큰일이 터지면 매출이 반 토막이 나곤 했다. 2014년 세월호 참사, 2015년 메르스 전염병 사태 때도 그 여파를 피해 갈 수 없었다.

돈을 좀 버는 듯싶다가도 들쑥날쑥한 매출로 어떤 달은 직원 월급을 주고 나면 남는 것이 없었다. 사업이 잘될 때는 아무 문제가 없던 동료와의 동업 관계도 사업이 어려워지자 상호 간에 신경이 날카로워져서 말다툼이 자주 생겼다. 동업의 한계를 느끼며 곧 동업 관계도 깨지고, 더 나아가 회사도 무너질 것 같다는 두려움이 마음속에 밀려왔다. 무언가 사업의 다각화를 하지 않으면 안 될 것 같았지만 재정적으로도 부족했고, 내 사업 능력도 역부족이었다.

생존에 대한 고민이 깊어졌다. 그때 불현듯 한국에서 10여 년 적립되었던 국민연금이 생각났고, 해외 영주권 보유자는 국민연금을 해지할 수 있다는 것을 알았다. 목돈이 필요했는데 사막에 오아시스 같았다. 많다면 많고, 적다면 적은 5천만 원이 조금 안 되는 돈이었다. 급한 대로 연금을 해지하고 영국으로 돈을 가져왔다. 3만 파운드 넘는 돈이 통장에 들어왔다.

전염병 메르스 영향으로 회사 운영이 한참 어려울 때였다. 어떻게든 한국의 경제 상황과 상관없이 영국에서 안정적인 소득을 만들어야겠다고 고민했지만, 영국의 경제 흐름에 대해 잘 아는 것이 없던 나는 무엇을 해야 할지 막막했다.

갈 길을 인도하는 꿈

새벽에 이상한 꿈을 꾸고 잠에서 깨었다. 꿈속에서 어떤 고운 여자분이 나에게 다가와서 '알렉산드라'라고 말해주는 꿈이었다. 며칠 동안 영국에서의 생존을 고민하다가, 또 한편 내 곤궁한 처지로 인해 마음이 슬퍼서 하나님께 살려 달라고 기도를 애절하게 하였었다. 너무 꿈이 선명했고 무언가 뜻이 있겠지 싶어 '알렉산드라'를 마음에 새겼다.

임대를 할 수 있는 작은 집을 사면 어떨까 생각했다. 은행에서 대출받는 바이투렛Buy to Let 모기지를 얻어서 임대할 집을 사면, 이자를 내고도 월세를 좀 받을 수 있지 않을까 고민을 했다. '알렉산드라' 꿈을 꾸고 며칠 후 시장에서 부동산 매물을 보다가 런던 한 지역에 비교적 저렴한 인상적인 작은 아파트가 나온 것을 보았다. 그런데 위치가 '알렉산드라 가'에 있는 집이었다.

우연의 일치치고는 놀랍기도 하고, 계시 같다는 생각이 들어 다음 날 바로 뷰잉 예약을 해서 '알렉산드라' 길에 있는 집을 보러 갔다. 하지만 실망스럽게도 그 집은 내가 구매하기에는 가격과 기타 조건이 적합하지 않았다. 헛걸음질이었나 싶었는데, 그 아파트를 소개한 부동산 직원이 어차피 온 김에 자기 사무실에 있는 모기지 브로커를 한번 만나보라며 소개를 해 주었다. 내 또래로 보이는 모기지 브로커와 통성명하고 명함을 주고받았다. 그는 중국계 영국인 브로커로 '포 리'라는 사람이었다. 상담을 마치고 포 리 씨는 이번 건은 아니어도 나중에 모기지를 얻어 부동산을 구매하고 싶으면 자기에게 꼭 연락하라고 친근하게 이야기해 주었다.

'알렉산드라 꿈' 이후 작은 부동산을 생존용 수익 차원에서 구매해야겠다고 마음을 확실히 먹었다. 런던 같은 비싼 지역은 어렵겠지만 지방 도시의 저렴한 집을 사서 렌트를 주면, 모기지 이자를 내고도 달에 500파운드 정도는 수입이 생길 것 같다는 결론을 내렸다. 영국에서 바이투렛 모기지는 원금을 갚지 않고 매달 이자만 납부하도록 되어 있어서 원금 상환 부담이 없다. 이렇게 결론이 나고 나니 마음이 바빠졌다. 회사가 쉬는 토요일마다 틈틈이 차를 몰고 영국의 온 지방을 다녔다. 주로 안정적으로 세가 들어올 가능성이 큰 대학이 있는 도시를 중심으로 찾아다녔다. 많은 도시를 찾아갔고 많은 집을 보았다. 옥스퍼드, 케임브리지, 본머스, 브리스톨, 바스, 코번트리, 노팅엄 등 런던에서 200km 안쪽에 있는 대학 도시를 거의 다 둘러보았다. 당시 내가 가진 돈은 4만 파운드가 되지 않았다. 이 디포짓을 기준으로 은행에서 모기지를 최대한 받아도 최대 16만 파운드 정도가 부동산을 구입할 수 있는 최고 한도였다. 영국에서 바이투렛 모기지를 받기 위한 조건으로 본인의 직장 근무 여부는 크게 상관이 없다. 보통 디포짓의 네 배 정도의 돈을 빌릴 수 있다.

몇 달간 이곳저곳을 돌아다녔지만 적당한 집을 찾지 못하고 있었다. 그렇게 집이 많은데 나에게 딱 맞는 집은 없구나 하며 거의 포기 단계였다. 게다가 집을 사는 데 있어서 나쁜 소식이 또 들려왔다. 영국 내 주택공급 부족 타계의 하나로 거주 목적으로 사는 집을 제외하고, 추가로 집을 구매할 때는 집값의 3%를 추가 취득세로 내야 한다는 영국 재무부 장관의 시행령이었다. 새해 4월부터는 이 시행령이 실행되어 집값 외에도 3%의 세금을 추가로 더 내야 했다.

기적 같은 한 달, 모든 사람들이 도와주다!

영국에서는 100% 현찰을 주고 집을 사려고 해도, 두세 달 안에 부동산

거래가 마무리되는 것은 매우 어렵다. 오래된 집이 많은 영국에서 구매할 집에 대한 조사 과정은 상당한 시간을 필요로 한다. 집을 구매하기로 양 당사자가 합의를 해도, 이후 변호사에 의한 주택등기부 등본 검토, 서베이어(감정평가사)에 의한 집 상태 확인, 보험 회사에 의한 보험 가능 여부 확인 등 여러 과정이 뒤따른다. 가장 까다로운 것은 모기지(주택 담보 대출)를 적시에 얻는 것이다.

영국의 이곳저곳을 헤매며 돌아다니다 어느덧 시간이 흘러 새해가 되었다. 2월 중순이 지나고 막 봄기운이 시작할 무렵, 이제는 마지막이라고 생각하고 런던에서 120마일이나 떨어진 노팅엄을 방문해 뷰잉을 했는데 무척 마음에 드는 집이었다. 비록 집은 낡았지만 2층에 방이 세 개가 있는 세미 디테치드 하우스로 정원도 크고, 여자 주인 분이 정성을 다해 관리한 흔적이 가득한 아늑한 집이었다.

시장에 나온 가격은 내 예산보다 1만 파운드가 비쌌지만 탐이 났다. 집에 돌아오는 길에 '탐욕은 아닐까?' 다시 여러 번 생각해 보았다. 내 어려운 상황을 볼 때 이건 탐욕이 아니고 나와 가족의 생존에 달린 문제라고 결론을 냈다. 내야 할 용기를 못 내고 나태함으로 게으름을 피우는 것도 또 다른 탐욕이다.

생존을 위해 구매하려 해도 추가 취득세가 적용되는 4월까지는 불과 한 달여뿐이 안 남아있었다. 집값의 3% 추가 취득세를 내야 하는 상황이라면 현재 내가 가진 작은 돈으로 더더욱 구매는 어려워 보였다.

가장 중요한 포인트는 모기지 브로커를 잘 찾는 것이었다.

모기지 브로커가 적극적으로 도와주지 않으면 시행령이 시작되는 한 달여 안에 모기지를 받고 집을 산다는 것은 불가능했다. 누구에게 연락해야 하나 고민하던 그날 밤 1년 전에 명함을 주고받았던 '알렉산드라' 모기지 브로커인 포 리(한자로 이 보민) 씨의 이메일이 나에게 온 것을 발견했다. 혹시 집을 살 일이 있으면 자기가 도울 수 있다는 리마인드 메일이었다. 집을 보고 온 날 받은 메일로는 너무나 기막힌 우연이었다. 다음 날 아침. 바로 포 리 씨에게 연락해서 한 달여 안에 집을 살 수 있겠냐고 물어보니 사려고 하는 집 정보를 당장 보내보라고 한다. 집 정보를 보내고 하루 동안 조마조마 기다리는데, 포 리 씨는 한번 해보자고 최대한 빨리 자기 사무실로 방문하라고 했다. 그날 저녁 퇴근하자마자 바로 포 리 씨를 찾아갔다. 모두가 퇴근한 저녁 6시에 사무실 셔터를 내리고 포 리 씨와 함께 모기지 신청 서류를 어둑어둑해진 저녁 8시까지 작성하였다. 이런 일은 영국에서는 좀처럼 일어날 것 같지 않은 꿈같은 일이었다. 영국에서 통상 일주일이 걸리는 일이 하루에 끝났다. 이제는 신청한 은행에서 모기지를 승인하느냐가 다음 단계였다. 영국에서 내 신용 등급도 중요했고, 모기지 브로커의 능력도 중요했다. 이틀이 지나고 예상보다도 낮은 너무 좋은 이자로, 집 값의 75%의 모기지가 승인되었다고 포 리 씨에게 연락이 왔다. 난 이 소식을 듣고 전화를 끊자마자 소리를 질렀다. 전화를 받기 전까지 은행의 승인 결과를 알려면 일주일이 넘게 걸릴 것이고, 결과가 나와도 승인 가능성도 매우 낮아 보였다. 부동산이 담보라고는 하지만 신용이 확실치도 않은 나를 믿고 75%나 되는 돈을 빌려준다는 것이 쉽지 않아 보였다. 그런데 단 2일 만에 결정이 났다. 너무 신기했다.

그다음부터의 일들도 내 예상보다 빨리 총알같이 진행되었다. 정말 놀랍게도 모기지 브로커, 은행, 매도자, 변호사(영국에서는 집 거래를 변호사가 담당한다)가 한 팀이 되어 나에게 집을 사주려는 것처럼 빠르게 움직이는 것이 확실히 보였다. 결국 한 달여가 지나고 영국 재무부 장관이 3% 추가 취득세를 시행하기 하루 전날 3월 31일에 나는 그 집을 법적으로 구입하였다.

집 구매가 확정되고, 이 구매에 가장 큰 역할을 한 '알렉산드라'와 관련 있던 모기지 브로커 포 리 씨에게 감사의 이메일을 보냈다. 그가 없었다면 불가능한 일이었다. 직접 방문을 해서 감사의 마음을 전하겠다고 이메일을 보냈다(실제로 감사의 사례금을 준비했었다). 포 리 씨가 다음 날 답신을 보내왔다. 번역하면 다음과 같았다.

'정말 축하해요. 어려움이 있었지만, 잘 진행이 되어 저도 기쁩니다. 방문해 주시겠다는 것도 감사합니다. 하지만 방문하지 마세요. 오늘이 제가 이 회사를 근무하는 마지막 날이랍니다. 전 다른 곳으로 전직하기로 했어요. 밝은 미래를 기원합니다.'

그는 내가 집을 사는 것이 확정된 날(영국에서는 이 날을 'Exchange date'라고 한다), 축하한다는 메일 한 통을 남기고 사라져 버렸다. 모기지 브로커 포 리 씨와 여러 사람들은 어떻게든 영국에서 살아보려고 애쓰던 나를 위해 하나님이 보내준 사람이라는 확신과 감사가 내 마음속에 크게 밀려왔다. 아무리 긍정적으로 보아도 그 짧은 시간 내에 여러 고비마다 단계를 모두 통과해 집을 구매할 성공 확률은 거의 없는 상황이었는데 이렇게 구매하게 된 것이다.

집 열쇠를 받는 날! 고등학교에 다니던 두 아들과 같이 노팅엄으로 2시간여 운전하여 가서 부동산에서 열쇠를 받아 기적적으로 산 집을 열어보았다. 전 주인이 깨끗하게 청소한 상태로 새 주인을 기다리고 있었다. 생존에 급급하던 내가, 지금 살던 집 외에 두 번째 집을 영국에서 구매했다. 중산층이 된 것 같았다. 은행 담보 대출 금액이 각각 75%임을 고려하면 실제로 그 집들은 은행 지분이 더 큰 것임에도 그런 마음이었다. 아이들도 아빠의 성공을 같이 자랑스러워했다. 생존을 위해 큰 산을 넘어온 것 같아서 하나님께 감사의 기도를 그 집 정원에 서서 드렸다. 꿈에서나 바랐던 아름다운 내 집의 정원을 풍족하게 느끼고 본래 집으로 돌아왔다. 살려고 간절히 구하는 자에게 하나님은 기적을 준비하신다. '알렉산드라'를 꿈에서 말해준 꿈 속의 그 사람은 하나님이 보내주신 천사였음이 분명했다.

3

계획에서 벗어난 하루, 허영과 마주하다

계획대로 되지 않은 하루

크레타 섬 서쪽 끝에서 저녁 6시 47분에 지는 장엄한 일몰을 보고, 내일 방문 예정인 팔라사나 비치*Falassana Beach*로 향했다. 근처의 작은 호텔에 도착하여 짐을 푼 시간은 저녁 8시쯤이었다.

저녁에 시작된 예상치 못한 거센 바람 때문에 조용한 해안가 마을의 고요함이 깨졌다. 호텔 풀장에 있는 수영 물품과 의자가 강한 바람에 이리저리 굴러다니는 소리를 듣다가 잠이 들었다. 아침에 일어나 바깥에 나가보니 수영장 주변의 화분들과 집기들이 여기저기 널브러져 있었다. 어제의 강한 바람은 여전했다. 그 바람이 어제까지 있던 크레타의 '여름'을 멀리 보내 버리고, 크레타에 갑자기 '가을'을 데려온 것 같았다.

아침을 먹고 찾아간 크레타 서안의 아름다운 팔라사나 비치는 높은 파도로 우리를 놀라게 했다. 기대했던 바다 수영은 아예 포기했다. 잠시 산책을 했지만 강한 바람에 날리는 수많은 모래가 몸 곳곳을 때리는데, 작은 모래

알도 수없이 맞으면 이렇게 아플 수 있다는 것을 처음 경험했다.

모래로부터 대피하듯이, 급히 해안가 언덕으로 차를 타고 올라가 바닷가 산책 대신 바닷가의 전망을 한눈에 볼 수 있는 한 식당에 갔다. 해수욕 대신 지중해식 오징어튀김인 칼라마리와 양고기 스튜를 주문해 배를 즐겁게 해 주었다.

점심 식사가 끝날 무렵엔 바람이 한결 잔잔해졌다. 두 번째 목적지인 크레타 남쪽 해안 한가운데 있는 로우트로_Loutro_를 향해 출발했다. 이 크레타 남부의 작은 항구는 육지에 붙어 있지만, 높은 산에 삼면이 둘러싸여 있어서 난해한 공사 때문인지 포장도로를 마을까지 뚫지는 못한 듯하다. 오로지 근처 항구에서 출발하는 배편으로만 갈 수가 있는 곳이다. 근처의 마을인 호라 스파킴_Hora Sfakim_에 가서 차를 주차시키고 배를 타고 크레타의 보석이라 불리는 아름답다는 항구에 들어가기로 했다. 들뜬 마음으로 높은 산악도로를 운전해서 부푼 기대에 호라 스파킴으로 갔는데, 막상 도착하니 하늘은 파랗고 바람은 잔잔해졌음에도 아침의 거센 바람의 영향으로, 로우트로로 가는 모든 배의 출항이 취소되었다는 낙망스러운 이야기를 들었다. 아침에 해수욕도 못 하고, 이어서 멋진 항구에서 낭만 가득한 하룻밤을 보내겠다는 계획도 틀어졌다. 오늘은 아무것도 계획대로 되는 것이 없다.

호라 스파킴 항구에서 하루를 자고 내일 배를 타고 들어 갈까 잠깐 고민하다가, 이 지역과 무언가 인연이 없는 듯한 마음이 들어 조금 아쉬웠지만 계획을 포기하고 거주하고 있는 호텔로 돌아가기로 하였다. 다시 1시간여 산악 도로를 운전했고 이어서 가로등이 없는 저녁의 크레타 북쪽 해안 도로를 2시간여 운전했는데, 산악 도로만큼이나 해안 도로 운전도 위험스러웠다. 다행히 저녁 9시가 조금 넘어서 무사히 숙소로 돌아올 수 있었다. 머무는 호텔 객실이 깨끗하게 정리되어 있어서 집에 온 것 같은 평안함이 마음속에 가득했다. 결국은 이렇게 묵고 있는 호텔로 아무것도 못 하고 돌아올 것을, 이것저것 보려고 하다가 하나도 제대로 보지 못한 하루였다.

우리는 살고 있는 곳에서 편안함을 느끼고, 여행지에서는 고립, 침묵, 외로움, 또는 따돌림을 느낀다. 그럼에도 여행을 가는 이유는 내가 살고 있는 곳에서의 편안함보다 더 좋은 인생에 영향을 줄 무언가를 느낄 수 있을 거라는 은연중의 기대가 있기 때문인 것 같다.

허영심, "Vanity, definitely my favourite sin"

살아보니 인생은 사실 계획대로 잘 되는 일이 별로 없다. 오늘처럼 내가 열심히 계획하고 실천해도 안 되는 일도 있고, 잘 되다가 사소한 마음속 문제로 계획이 틀어지고 성과 없이 끝나는 일도 있다.

"앞으로 무슨 일이 있을지 아무도 모르고 언제 무슨 일이 있을지 알려 줄 사람도 없다."

- 『성경-공동번역』, 「전도서 8:7」 -

인생을 망치는 것들이 외부의 사건으로도 발생하겠지만, 우리들 각각의 마음에서 나오기도 한다. 성경에서는 인생살이에서 정욕, 탐욕, 허영

세 가지를 인간이 잘 넘어지는 약점으로 경고한다. 이 세 가지가 하나하나 강력한 영향을 우리 인생에 끼치지만, 특히나 허영은 가장 얕보면 안 되는 인간의 최대 약점인 것 같다. 나의 인생 영화라고 여기는 영화 〈Devil's Advocate〉에 나오는 알 파치노(사탄 역, 존 밀턴)의 마지막 대사가 기억난다.

"Vanity, definitely my favourite sin!"
(허영심, 단연코 나의 가장 좋아하는 죄지!)

사는 게 조금만 여유가 생기면 우리는 교만해지고, 알게 모르게 남을 무시한다. 반대로 사는 게 여유가 없어지고 비참한 상태가 되면, 자신을 보호하려는 마음에 자신을 과대평가하며 이 상황을 만든 것을 남 때문이라고 여기며 남을 비난한다. 다시 말해 잘될 때는 남을 무시하고, 잘못될 때는 남 탓으로 책임을 미룬다. 모두 다 허영 때문이다.

내 허영스럽던 기억은 참 많다. 고등학교 때는 갑자기 떨어진 성적을 내 점수로 받아들이지 못하고 고집만 피우다 대학 입시에 실패했다. 군대에서는 장교 생활을 하면서 나와 별반 차이 없는 부하들을 공연히 무시하고 필요 없는 권위를 앞세웠다. 직장에 들어가서는 은행 지점의 유리방 안에서 동전을 바꾸어 주는 지불계 일을 하고 있는 나를 받아들이기 힘들었다. 그 상황이 힘들다고 가까운 사람들에게 투정을 부렸다. 나중에 은행 본점에 들어가게 되어서 멋져 보이는 부서에서 일하게 되니, 이번에는 그 부서에 배치된 나를 대단한 사람인 듯 여기고 같이 입행하여 지점에 있는 동기들을 마음속으로 무시했다. 직장을 그만두고 영국에 오기 전까지 나를 한마디로 평가하자면 허영 덩어리였다. 허영이 마음속에 찾아와 여러 번 인생의 방향을 나쁜 쪽으로 바꾸었다. 잘 안 되면 그런 나를 받아들이기 어려워 남 탓으로 여기면서 동시에 무언가 있는 척하기에 바빴으며, 잘될 때는 누군가의 도움에 감사하며 그 일을 겸손히 해야 했음에도, 주변 사람을 무시하고 나를 높이는 데 전념하였다.

아무것도 기댈 것이 없었던 영국에서의 삶에서 허영스럽지 않게 살며 깨어있고자 노력하지만, 여전히 허영에 잘 대처하지 못하는 나 자신에게 불만스럽다. 아직도 남을 의식해 이것저것을 남에게 잘난 척을 한다. 내가 좀 있다고 생각하면 금방 거만해지고, 반면에 어려운 상황에 직면하면 남 탓으로 돌리려는 죄악된 성향이 뿌리 뽑히지 않는다. 내가 겸손할 때는 우연히 들려온 이웃의 작은 충고에도 정신이 확 들어 충고를 귀히 받아들이고 인생이 바른 방향으로 바뀌기도 한다. 반면에 교만할 때는 옆에서 스피커로 크게 말한다 해도 아무것도 들리지 않는다. 나락으로 떨어진다.

아침마다 겸손함과 감사함을 다시 일깨운다. 겸손과 감사로 살려고 노력에 노력을 더해도 허영심은 하루에도 몇 번씩 나를 찾아와 겸손과 감사를 물리치고 나와 동행하고 싶어 한다.

4
사업을 접고서 만난 바다 위 코끼리

나의 시간은 다르게 흘러간다

초행길을 갈 때면 항상 느끼는 시간의 차이. 갈 때는 멀리 느껴지고, 돌아올 때는 갈 때에 비해 금방 오는 것 같다. 갈 때나 올 때나 거리는 똑같은데, 마음에서 느끼는 시간은 다르다.

회사에 다니던 시절, 휴가가 시작되고 처음 며칠은 시간이 늦게 가는가 싶다가도 반쯤 지나면 그다음부터는 시간이 빨리 간다.

오늘로 여행 11일 차! 여행이 거의 반에 이르렀다. 인생도 여행도 반이 지나면 이후에는 빨리 간다. 어떤 조직에서 일할 때도 반복되는 일을 할 때는 시간이 정말 빨리 지나간다. 처음 군대에 가서 1년여는 지독히도 천천히 갔고 괴로운 시간이었는데, 이에 반해 남은 1년여는 비교적 빨리 흘러갔다. 군대를 제대하고 직장에 가서는 일이 익숙해지자, 매달 정해진 날의 월급을 기다리며 시간이 흘러가는 것을 그러니 했다. 월급 수령을 기준으로 한 달이 금방 간다는 것을 눈치챌 수 있었다.

영국에 이민을 오자마자 이 낯선 사회에서 완전히 모르는 여러 가지 일들이 매일, 매달, 매해 나에게 찾아왔다. 하나하나 모르는 그 문제들을 해결하며 십수 년이라는 시간이 아주 천천히 흘러갔다. 그러다가 예상치 못한 코로나 전염병 사태가 발생하고, 낯설지만 한편 한가하고 때로는 지겨운 시간이 찾아왔었다. 하지만, 이 사태가 끝나자 내 마음속에서 느끼는 시간의 속도에 변화가 생겼다. 갑자기 시간이 빨리 가는 것을 눈치챌 수 있었다. 십수 년을 영국에서 살며 영국 땅도 어느덧 나에게 익숙해진 것이다.

시간이 빨리 가면 두렵다. 인생에 귀한 것이 여러 것들이 있지만 그중에 최고는 시간이다. 큰 사고나 질병이 없다는 가정하에 우리에게 허용된 시간이 80년이라면, 이미 인생의 반이 훨씬 지났다.

많은 사람들이 돈은 귀히 여기고, 부자가 되기 위해 끝없이 노력한다. 돈은 삶을 편하게 하고 쾌적하게 할 수는 있다. 하지만 아무리 돈을 많이 주어도 나에게 주어진 시간을 연장할 수는 없다. 세상 사람들은 이것을 다 알면서도 일부러 무시하고 돈을 위해 우리의 귀한 시간 대부분을 생각 없이 낭비한다.

영국에서 운영하던 회사를 누구에게 인계할 것인가?

더 이상 귀한 시간을 작은 돈과 맞바꾸며 똑같은 일을 하면서 50대 남은 시간을 방치하기는 싫었다. 그래서 하던 일을 그만두기로 결심했고, 지난

몇 년 나와 가족의 밥벌이였던 회사를 누군가 꼭 필요한 사람이 인수했으면 하고 1년여를 기다렸다. 여러 명이 내 회사를 살펴보았다. 회사 운영을 위한 준비라고는 하나도 없어 보이는 분이 단지 돈을 벌 수 있어 보여서 인수하기를 원했다. 그분이 인수하면 회사도 망하고 본인도 실패할 것이 보였다. 그분이 시도해 볼 수도 있겠지만 결국 그분에게도 아까운 시간 낭비다. 나중에 실패 후 나를 원망할 것이 뻔히 보여 인도를 거절할 수밖에 없었다. 또 다른 관심을 보였던 분은 일은 많고, 수입은 작아 보이는 내 사업 구조를 지나치게 깊이 들여다보았다. 본인 나름의 시뮬레이션을 돌려 판단하고는 힘들겠다 싶었던지 최종 순간에 인수를 포기하였다.

내 경험상 어떤 일을 하든지, 그 일과 관련된 시장을 잘 관찰하고 본인의 상황 안에서 사업을 고민하면 돈벌이를 충분히 할 수 있다. 큰 자본금 투자 없이도 생존하며 살 수 있을 만큼의 돈은 따라오게 되어 있다. 물론 때때로 예외 상황이 발생할 수는 있다. 이런 상황은 언제 어떻게 찾아올지 모르고, 아무리 여러 정보를 안다고 해도 숨어 있다가 튀어나온다. 사업을 한다면 이런 돌발 상황을 너무 두려워하면 안 된다. 분명한 것은 겸손히 그리고 성실히 사는 사람은 이러한 어려움도 이겨낼 수 있고, 이후에는 더 좋은 기회가 온다는 것이다. 시간을 충분히 투자하지 않고, 본인의 상황을 객관적으로 고민함이 없이 쉽게 돈을 벌겠다고 기대하는 사람은 어떤 전망 좋은 사업을 해도 만족스러운 소득을 얻을 수 없다. 당연히 사업은 서서히 쇠락한다.

사업을 접기로 결심하고 1년여가 지날 무렵에, 전에 회사에서 일했던 여직원이 회사 인수에 관심을 보였다. 연락이 오기 전까지는 예상을 하지 못

했었다. 여러 상황을 놓고 고민을 해 보니 회사를 운영할 수 있는 경험도 있고 기술도 있는 가장 적합한 사람이라고 생각되었다. 얼마 안 되어 그 여직원이 저렴한 가격으로 회사를 인계하였다. 새로운 사장이 사업을 잘 운영해서 돈도 많이 벌고 사회적으로도 성공하기를 바란다. 가장 희망하는 것은 이 회사를 운영하면서, 자신의 능력을 부지런히 실현해 보며, 이를 통해 보람 가득한 성과를 만들었으면 하는 바람이다. 돈만을 구한다면 아마도 얼마 안 되어 힘들어할 것이다. 회사도 생물처럼 고민을 깊이 하며 시시때때로 가꾸어야 그 결과로 수확물을 돌려준다.

바다를 걷고 있는 코끼리, 렌타스 엘리펀트

렌타스 *Lentas*는 크레타의 남쪽 해안에 있는 작은 해변이다.

작은 해변에는 아기자기한 레스토랑과 카페가 여럿 있었는데 초입에 있는 작은 카페에 들어갔다. 못 보던 손님이 왔지만 이런 상황이 익숙한 듯 카페 주인은 우리를 반갑게 반겼고, 그 집에 있던 잡종 강아지도 우리에게 와서 머리를 만져달라며 자기만의 방식으로 우리를 반긴다. 오랜 운전에 피로함을 좀 달래고자 핫 초콜릿을 주문했더니 진짜 초콜릿을 녹여서 만든 걸쭉한 핫 초콜릿을 가져다준다. 얼마나 진한지 지금도 그 달콤하고 깊은 코코아 맛이 입안에 남아 있는 것 같다.

아름다운 작은 해변을 둘러보고 숙소를 향해 돌아가려다가 혹시 잘 둘러보지도 않고 바로 떠나면 후회할지도 모른다는 마음이 들었다. 별 기대 없이 해변의 동쪽 언덕길에 있는 오솔길을 따라 10분쯤 가볍게 올라갔다. 언덕의 정상 부분에 올라서자 깜짝 놀랄 만한 전경이 펼쳐졌다. 파란 바다 위에 검은 코끼리가 저 멀리 남쪽 바다로 걸어가고 있었다. 영국에도 비슷한 코끼리 암석이 있는데, 내 생각에는 이 바위가 더 코끼리 같았다. 나중에 알고 보니 역시나 그 암석의 이름이 렌타스 엘리펀트 *Lentas Elephant*였다. 해질녘, 에메랄드 빛 파란 리비안 바닷가에 검은색 코끼리가 바다를 향해 아프리카 리비아를 향해서 걸어가는 모습이다. 마지못해 따라온 아내는 크레타 최고의 광경이었다고 말해 주어서 날 기쁘게 해 주었다. 크레타 여행을 하며 기존에 본 최고 전경이 2등으로 내려가고, 더 최고인 1등 전경이 발견되곤 한다. 이 경관 역시 곧 2등이 되겠지만, 그래도 오늘의 코끼리는 깜짝 놀라게 할 만큼 예상 못 했던 곳에서 예상 못 할 광경이었다.

  코끼리가 걸어가는 바다 앞 연안에 레빈토스 *Levinthos*라는 호텔이 주변의 자연 경관을 조금도 해치지 않은 채 절벽 중간에 자리 잡고 있었다. 매우 폐쇄적으로 운영하는 나지막한 높이의 5성급 호텔로 직접 호텔에 예약을 신청해야 머무를 수 있는 곳이었다. 이 호텔에서는 '렌타스 코끼리'가 호텔의 모든 객실에서 보인다고 한다. 미래에 한 번 묵어보았으면 하는 호텔로 나의 버킷리스트에 넣어 두었다.

렌타스 앞 검은 코끼리는 넓고 푸른 바다를 덤덤히 걸어 가고 있었다.

5

레티몬에서 만난 일상의 무거운 계산서

오늘은 렌터카를 돌려주고, 다시 뚜벅이가 되어 크레타 제3의 도시 레티몬에 가는 날이다. 숙소(피스코피아노)에서 헤라클리온으로 버스를 타고 가서 다른 버스로 갈아타야만 레티몬에 갈 수 있다. 경유지에서 기다리는 중에 시간이 나서 잠시 맥도날드에 들러서 아침 브렉퍼스트를 주문했다.

어느 나라든 방문국의 물가를 알려면 맥도날드에 가서 익숙한 세트 메뉴를 하나 주문해 보라. 그 차이를 쉽게 비교해 볼 수 있다. 그런데 크레타는 좀 예외다. 6.5유로를 지급하고 브렉퍼스트 메뉴로 소시지 샌드위치, 냉커피 그리고 감자 칩 하나를 받았다. 10여 일의 크레타 여행의 경험상 크레타의 레스토랑 가격은 영국 가격에 비해 10% 정도 저렴하다고 생각했는데, 의외로 맥도날드 가격은 영국과 가격이 비슷하다. 그렇다면 다른 이유가 있는 것이다. 크레타에서는 맥도날드가 고급 브랜드로 인식이 되는 것일까? 크레타에서는 비교적 모던하고 깨끗한 인테리어의 맥도날드 매장은 시외버스 터미널 앞임에도 다른 식당과 달리 북적이지 않았다.

뉴요커에게 느낀 안쓰러움

크레타 오기 전 최근에 맥도날드 가격을 비교할 수 있었던 곳은 다름 아닌 맥도날드의 탄생지인 미국의 경제 수도 뉴욕이었다. 2주간의 방문 중에 뉴욕의 물가에 적지 않게 놀랐다. 모든 것이 내가 살고 있는 영국에 비해 비쌌다. 30여 년 전에 처음 뉴욕에 갔을 때는 런던에 비해 많이 저렴했었다. 특히 생필품을 사는 슈퍼마켓 가격과 레스토랑의 외식 가격이 무척 저렴했었다. 이번에 가서 보니 미국은 여행하기에도, 생활하기에도 부담스러운 나라가 되어 있었다. 영국에 비해서도 생활 물가가 20%는 비싼 듯했다. 어느새 미국이 주요 유럽 국가들을 뛰어넘는 물가를 달성했고, 아주 비싼 나라가 된 듯했다. 게다가 미국에서는 사소한 서비스까지 최소한 20%의 팁을 꼭 주어야 하는 분위기였다. 30년 전 방문할 때는 10% 정도였다. 이번에 미국에서 유일하게 영국과 판매 가격이 비슷한 곳이 맥도날드였고, 대표 메뉴인 빅맥을 그나마 부담 없이 사 먹었다. 게다가 맥도날드에서는 20%의 팁을 내지 않아도 되었다.

미국이 호황이라고 하는데 호황이 무슨 소용인가? 미국인이 월급을 많이 받으면 무엇하나? 더 번 만큼 더 많이 써야만 하는 소비 중심 사회에서 아웅다웅 살고 있는 것이다. 미국에서 살고 있는 사람들의 삶이 좀 안타까웠다.

돈의 가치는 지역마다, 그리고 시절마다 달라진다. 사실만 놓고 보면 미국 달러 가치가 높아지고, 월급이 올라가서 미국인들은 좋아야 한다. 하지만 오직 그들이 외국으로 여행할 때 말고는 별 혜택이 없어 보인다. 자국 내에서 살기 위한 일상적인 상거래를 할 때는 물가 상승으로 이로움이 없다.

요사이 많은 미국인이 달러 강세에 힘입어 영국 같은 유럽의 나라들로 휴가를 많이 간다는 이야기를 들었다. 또 싸고 익숙한 미국산 버번 위스키가 있음에도 비싼 영국산 스코티쉬 위스키의 수입이 많아지고 있다고 한다. 최근에 본 또 다른 뉴스에 따르면 많은 미국인이 영국의 지방에 있는 대저택을 산다고 한다. 미국인에게 본인들의 뿌리에 해당하는 영국 땅에 대저택을 사는 것을 감성적 이유로만 볼 수는 없다. 그 사이 브렉시트와 코비드 사태로 다른 나라보다 더 타격이 컸던 영국의 부동산 가격이 미국에 비해 상대적으로 저렴해졌다. 미국 달러도 영국의 파운드에 비해 강세이다. 부자가 된 미국인이 영국의 부동산에서 기회를 본 것 같다. 영국의 최근 부정적 상황으로 인해 부동산이 싸다고 여겨지는 지금 같은 때를 노리는 구매자가 많다고 한다. 하지만 영국 부동산에 관심을 가지고 저택 구입을 할 수 있는 사람은 미국인 중 아주 소수이다. 평범한 미국인은 미국 국내에서 많이 벌고 많이 쓰는 구조에서 결국은 나아질 게 없어 보였다.

30년 사이에 크게 달라진 한국의 부동산 투자 형태

공연히 미국 걱정을 하다가 갑자기 한국 걱정도 된다. 한국 젊은 세대들이 영끌을 하여 대출을 받고, 전세를 끼고 갭투자로 아파트를 산다고 한다. 이런 한국의 현실은 걱정스럽다. 여러 정황상 부동산에 올인*all in*할 때는 아닌 것 같다. 물론 나 역시 젊은 시절 90%를 중도금 대출을 받아 아파트를 분양받았었다. 게다가 그때는 한국의 성장기로 은행 이자도 높았다. 최소

6~7% 정도의 이자를 냈기에 좀 부담스러웠다. 그래도 아파트 분양을 받으면 2~3년 동안 돈을 나누어 낼 수 있었고, 입주 시까지도 갚지 못한 대출금은 바로 부동산 담보 대출로 문제없이 전환되었다.

직장 생활을 시작해 월급을 받으며 약간의 목돈을 모으고, 이후 청약을 해서 분양 받은 집은 그 수익이 금융권 이자 수익보다 더 많았다. 그때도 청약 경쟁률이 있었지만 서울이라고 해도 지금처럼 높지는 않았다. 몇 번의 시도 끝에 청약한 아파트가 당첨되면 이미 그 지역 다른 아파트 시세보다 저렴한 가격표로 아파트 구매가 가능했다. 분양 아파트 당첨은 자주 그리고 흔히 볼 수 있는 행운이었다. 직장 생활을 하면 집을 먼저 사냐, 늦게 사냐의 시간 문제였던 것 같다. 지금처럼 구입 자체가 큰 부담을 주지는 않았다. 대출을 받아도 인생을 흔들 만큼 무리라고는 생각하지 않았다. 부모님의 도움은 기대도 안 했다. 한마디로 내가 젊었을 때 부동산 구입은 독립적이고, 합리적이고, 납득할 만한 선택이었다.

하지만 지금 젊은이들의 부동산 투자는 분양 제도에 많이 의지하던 우리 시절 부동산 투자와는 많이 달라 보인다. 다른 사람에게 뒤처지기 싫은 마음은 알지만 요사이 부동산 투자는 투자라고 보기보다 투기에 가깝다. 무리한 액수의 대출로 야기되는 이자는 젊은이가 담당하기에는 너무 크고, 많은 대출이 이자율 변동에 연계되어 변동 위험성도 상당히 높아 보인다.

예전에 많던 공공 분양도 줄고, 할인된 아파트를 구입할 기회도 거의 주어지지 않는다. 더 나아가 젊은 청년들의 부모들에게도 큰 부담이 된다. 얼마나 많은 젊은이들과 이를 도와주어야 하는 부모들이 상처받을지 걱정이 된다.

왜 이렇게 감당 못 할 만큼 많은 돈을 투자해야 하는 부동산에 젊은이들이 매달릴까? 최근 몇 년 사이에 시중에 돈이 많이 풀리니 자산 가격은 오를 수밖에 없었다. 주변 부동산 가격이 오르는 것이 눈에 뻔히 보이니 이를 무시할 수가 없다. 게다가 오랜 시간 유지되고 있는 부동산 불패론의 영향도 크다. 앞으로도 아파트 가격은 꾸준히 오를 것이라고 여전히 젊은 세대를 설득하고 있다.

내가 젊은이라면 지금 시점에서 한국에서 아파트 같은 부동산에 무리해 사지는 않을 것 같다. 한국의 줄어드는 인구는 거짓말을 하지 않는다. 가족 구조 변경으로 주택 수요를 촉진하던 1인 가구의 증가도 이제는 정체 상태이다. 얼마 안 있어 집을 살 사람은 현저히 줄어들게 되어 있다. 당연하지만 수요가 줄어들면 가격은 떨어지게 되어 있다. 한국의 고도 성장기는 이제 끝났다. 조금 전문적으로 말하면 고성장, 저물가, 저금리 시대는 이제 다시 찾아오지 않을 것 같다.

디지털 기술이 발달하고 세계 곳곳은 열려 있다. 부동산에 전 재산을 걸면 열린 세상에서 부를 창출할 기회를 줄 이동의 자유는 축소될 것이다.

마지막으로 부동산 불패론 같이 모두가 익히 알고 있는 정보는 돈이 되는 정보가 아니다. 대다수가 맹목적으로 부동산에 열광한다면 사실 나중에 별로 얻을 게 없다.

레티몬 올드 타운, 베네치아 시절을 걷다

레티몬으로 가는 버스의 앞자리에 앉은 젊은 남녀는 계속 애정 행각 중이다.
젊은이가 사랑을 나누고, 이성과의 교제를 통해 인생을 느끼는 것이 돈을 모으고 직장을 다니는 모습보다 더 젊은이답다. 돈 버는 것에 너무 많이 몰두하기에는 젊음이 너무 아깝다. 요사이는 많은 젊은이가 돈을 버는 것이 젊음을 느끼는 것보다 더 큰 행복이라고 생각하는 것 같아 안타깝다.

지중해의 거의 중앙에 있는 크레타 섬은 북쪽 바다는 크레탄 해_Sea of Crete_라고 부르고 남쪽은 리비안 해_Libyan Sea_라고 부른다. 어느 쪽 바다든 여름 시즌은 맑고 파랗고 잔잔한 바다를 즐길 수 있다. 해안도로를 따라 1시간 30분쯤 해안을 보며 따뜻한 햇살에 노곤해져 잠시 잠이 들었다. 잠에서 깨어나니 거의 레티몬에 다 와 간다. 아직도 앞에 앉은 연인은 애무와 키스를 반복하고 뒷좌석에 앉은 나는 눈 둘 곳이 없다.
버스에서 내리니 수백 년 전 베네치아 공화국 시절에 건축한 커다란 해안 요새_Fortezza of Rethymnon_가 눈앞에 웅장하게 버티고 있다. 곧장 그곳으로 향했다. 바닷가에 접해 있는 낮은 언덕 위에 돌로 쌓은 이 성은 오스만 튀르크 제국의 공격에 대비하려고 쌓은 방어형 요새였다. 입장료 5유로를 내고 안으로 들어가 보니 생각보다 더 크고 높았다. 약 300년 전 전성기의 오스만 제국은 이 요새를 시작으로 크레타의 대부분 지역을 순차적으로 점령해 200년간 이슬람 지역이 되었다. 요새에서 내려다보니 이슬람의 모스크가 바로 아래에 있다. 모든 무슬림 주민은 20세기 초에 그리스와 터키 간의 합의로 이곳에서 쫓겨나다시피 나갔지만, 무슬림이 지배했던 200년의 역사 속 흔적을 알리기 위해, 몇 개의 모스크를 유지하고 있다고 한다.

요새에서 나와 내리막길을 조금 가면 바로 레티몬의 구시가지이다.

길의 폭이 3m가 안 되기에 자동차가 일방통행으로도 지나지 못하는 좁은 길이 사방팔방으로 뻗어 있다. 이 좁은 구시가지의 도보 양 사이드에 레스토랑, 카페, 선물 가게, 호텔 등이 위치해서 손님을 맞이한다. 이 구시가지는 전체 레티몬 시 전체의 1/10 정도의 작은 지역이다. 이리저리 골목을 걷다 보면 한번 왔던 길을 다시 지나간다.

아기자기하고 예스러운 중세의 건물을 그대로 유지한 가게가 곳곳에 있어 관광객의 걸음을 멈추게 한다. 특히나 귀금속 가게가 많다. 이곳저곳 구시가지 곳곳에 있는 작은 호텔들도 외관에서 인테리어까지 각기 다른 개성과 특색이 있다. 비록 크기는 작지만 안을 들여다보면 우리가 아는 큰 호텔의 리셉션과 다르게 부잣집의 현관에 들어온 것 같은 차분하되 고급스러운 분위기가 독특했다.

크레타의 가장 큰 3대 도시인 헤라클리온, 하니아, 그리고 레티몬을 직접 본 후 공통적이고 인상적이었던 것은 세 곳 모두 오랜 역사를 가진 올드타운을 잘 보존하고 있다는 것이다. 하지만 예쁘게 장식되고 잘 정비된 건물들이 있는 구시가지 안쪽과는 달리 쓰레기가 굴러다니는 구시가지의 바깥쪽 지역은 완전히 다른 곳이다. 구시가지는 세계에서 오는 많은 여행객을 위한 잘 다듬어진 여행객 전용 호텔 라운지 같은 느낌이다. 마음만 먹으면 구시가지 바깥 지역을 방문할 수도 있지만, 그곳은 특별할 것 없는 평범한 동네 술집 같다. 관광객들은 주로 구시가지에만 머무르므로 도시 전체가 예쁘다고 예상할지도 모르겠지만, 사실 대부분 관광객은 곱게 화장한 인위적인 일부 지역만을 보고 있을 뿐이다.

누구나 예쁘고 깔끔하고 안전한 곳을 원한다. 하지만 실제로 사람이 사는 곳은 예쁘고 깔끔하며 안전할 수 없고, 곳곳에 쓰레기가 있기 마련이다. 깨끗했으면 하는 벽에 낙서가 되어 있고, 그 거리를 후디를 입은 청소년 무리가 스쳐 지나갈 때면 심적으로 위험하다고 느낀다. 누군가에 의해 피해를 볼 때 우리를 지켜줄 현지 경찰은 쉽게 찾아보기가 어렵다.

PART 5

흔들리던 심신을 딛고
다시 선 나날

과거의 신중하지 못한 선택은 종종 이어지던 나의 삶을 마구 흔들었다. 바닥에 쓰러져서야 나의 실체를 보게 되었다.
인생이라는 무대에서 내 역할을 바로만 할 수 있다면 하찮아 보이는 조연이어도 상관없다.

1

에우로페의 바다, 내 결심이 태어난 자리

머무는 호텔의 매니저가 나와 아내를 보는 눈이 불편하게 느껴진다. 아마도 예약한 여행사를 통해서 호텔에 대한 심한 컴플레인을 들었을 테고 이 때문에 나와 아내에게 불쾌한 감정이 생긴 것 같다. 잘 알든 조금 알든, 아는 사람이 나를 미워하는 것이 느껴지면 어찌 되었든 내 마음도 당연히 불편하다.

영국에 오기 바로 전 상황

나는 외향적인 사람이다. 사람을 만나는 것을 좋아하고, 내가 경험해 보지 못한 새로운 것을 알려주는 사람에게는 큰 흥미를 느낀다. 대화하는 것을 좋아하고, 다른 사람과 이야기하다가 동질적인 어떤 것을 빨리 찾아내서 이야기를 이어가는 편이다. 다방면에 아는 것이 좀 있어서 누구와도 이야기를 끊임없이 할 수 있다.

그런 내가 스스로 고립되는 삶을 살 수밖에 없는 지구 반대편, 아무도 아는 사람이 없는 영국이라는 섬으로 이민을 왔다. 19년 전의 일이다. 당시에 직장에서 승진해 직급도 오르고 다니던 직장은 시중의 거대 두 은행이 합병하여 우리나라에서 가장 큰 은행이 되어 있었다. 나는 동기들이 부러워하는 은행 본점의 한 부서에서 근무하고 있었지만 9년이 넘는 조직 생활은 더 이상 새로운 것이 없었다. 돈을 다루는 곳이어서 매우 경직되고 차가웠다. 조심스러운 상하 관계에 마음이 위축되고, 승진이나 포상을 바라보는 경쟁적인 동료 및 선후배들과의 관계, 조직 내에선 작건 크건 상호 견제를 하며 심한 곤조가 있었다. 게다가 두 은행이 합병했으니 앞으로 두 은행 구성원 간의 다툼은 더 커질 것이 뻔히 보였다. 경건하고 단순하게 살고 싶다는 소원은 항상 마음속에 있었지만, 내 삶은 혼탁한 곳에서 이리저리 휩쓸려 다니며 점점 어지럽혀지고 더럽혀져서 지금 이때 삶을 돌이키지 않으면 완전히 한쪽 끝, 돌아올 수 없는 먼 어디로 가버릴 것 같은 심적인 위기감이 있었다.

서원 기도

그렇게 마음이 혼란한 상태로 직장 생활을 하던 차에 정말 갑자기 잊었던 기억이 떠올랐다. 10년 전에 군대를 제대할 무렵, 직장을 잡기 전에 간절히 기도하던 그때의 기억이었다. 군에서 같은 대대에 근무하던 여섯 명 ROTC 동기 중 나를 제외한 다섯 명의 동기들은 제대를 앞두고 다 직장을 잡았지만, 나는 지원했던 여러 회사에서 번번이 떨어졌다. 너무 절박하기도 하고 창피해서 간절히 서원 기도를 드렸다. 남들이 다 아는 좋은 직장한 곳만 갈 수 있게 해 주시면 만 35살이 되기 전, 정한 때가 되면 회사를 그만두겠다는 기도였다. 왜 만 35살 전에 그만두겠다고 서원을 했는지, 그게 무슨 의미였는지 그때는 잘 몰랐던 것 같다. 그냥 개인적인 위기감 속에 조건부로 서원 기도를 한 것이다. 그 후 기적적으로 은행에 들어가게 되었다. 그렇게 은행이라는 직장을 9년이 넘게 다니며 두 곳의 지점과 두 곳의 본점 근무를 하다가 서른다섯 살 생일이 얼마 남지 않은 때였다. 오랜 시간 잊고 있었던 그 서원 기도가 아침 출근을 하다가 갑자기 선명한 형태로 머리에 떠올랐다. 온 우주의 창조자인 하나님께 내가 했던 약속이 큰 돌에 새겨진 서약문 형태의 모습으로 갑자기 머리에 떠올랐다. 정말 놀랐다. 그리고 고민했다. 하지만 나의 결단을 위한 고민의 시간은 그리 길지 않았다. 사표를 제출하는 데 머뭇거림은 크게 없었다. 신께 약속을 했고 지키지 않으면 큰 나락으로 떨어질 것 같은 큰 두려움이 있었기에 도리어 담담하게 진행할 수 있었다.

그때는 그 의미를 잘 몰랐는데 세상의 기준으로는 정말 큰 걸 버렸다는 것을 지금은 깨닫는다. 나의 사회적인 지위와 생존을 위한 월급의 제공자인 직장은 내가 가진 것 중에서는 가장 큰 것이었다. 그때는 도리어 신으로부터 무언가 더 큰 상을 받으리라는 기대가 있었기에 대단치 않다고 생각했다.

은행을 그만두자, 외적으로 삶은 무척 힘들어졌고 쉴 틈이 없었다. 예상치 못한 사건과 사고가 이어졌고 털썩 주저앉을 것 같은 순간이 계속 찾아왔다. 그런데 그때마다 어디선가 긍정의 힘이 작동했고, 일어날 힘도 같이 주어졌다. 기대 못 했던 기적도 더 자주 경험하게 되었다.

도저히 안 될 것 같은 상황인데도 몇 번의 장애물 돌파가 이루어지며, 결국 처음 계획했던 그 모습은 아니었지만 나는 낯선 영국 땅에서 자리가 잡혔다.

'사회 부적응자'의 영국 생활

영국에서의 19년 삶에서 견디기 가장 힘든 감정은 외로움이었다.

아무도 아는 사람이 없는 곳에서 새로운 사람을 알고 교제를 이어가는 것은 쉽지 않았다. 특히 영국 사람들은 모두가 그런 것은 아니지만 무척 내성적이고 좀처럼 자기를 보여 주지 않는다. 언어도 짧고 한계가 있는데 영국인 친구를 만든다는 것은 거의 불가능에 가까웠다. 혹 어떤 영국 거류민과 친해져도 내가 한국에서 알던 그런 부류의 사람들이 아니었다. 서로의 관심사를 공유한다는 것은 거의 불가능에 가까웠다. 영국에 사는 한국 사람들을 만나도 쉽지 않았다. 예전에 영국을 방문하신 아버지는 외국에 사는 재외 교포들 대부분은 실상은 한국 사회에서 적응 못 한 '사회 부적응자' 무리라고 나에게 대놓고 말씀하셨다. 아버지 생각에 한국에서 자리를 잘 잡은 두 형들에 비교하면, 나라는 사람은 그 무렵까지도 사회에서 적응을 잘 못 한 실패자로 생각하셨는지도 모르겠다. 나는 아버지의 말씀에 동의하지 못했다. 하지만 최근에는 혼란스럽다. 상식을 벗어난 재영 한국 교포들을 경험할 때마다 아버지 말씀이 떠오른다. 아주 희한한 일로 한국에서 온 교포와 관계가 서먹해지면 나도 어느새 아버지와 같은 편에 서서 그들을 '사회 부적응자'라고 생각하고, 그들을 비판하고, 또 마지막에는 슬프게도 같은 처지의 나를 비판하게 된다. '너는 사회 부적응자야!'

비슷한 마음을 가진 친구 한 명만 영국의 내 곁에 와서 살면 정말 좋겠다고 오래전부터 생각하였다.

하지만 친구가 없고, 저녁 시간에 주말에 따로 만날 사람이 없는 이 상황은 내 가족과의 긴밀함과 상호 관계를 깊게 한다. 아내와 아이들은 이 무인도 같은 영국에서 내가 시원하게 말할 수 있는 유일한 상대였다. 이제 아이들이 대학을 졸업하고 자기 길을 찾아 우리 집을 떠났다. 아이들에 대한 무거운 의무를 덜어낸 것 같아 좋기도 하지만, 내 소중한 친구를 멀리 떠나보낸 것 같은 섭섭함도 있다. 결국 아내만 내 옆에 남아있다. 더 소중할 수밖에 없다.

마탈라 비치 방문

오늘은 다시 렌터카를 빌려서, 그리스 크레타에서 유일한 친구인 아내와 크레타 남부의 마탈라*Matala*라는 유명 관광지로 출발했다. 마탈라는 크레타의 유명한 관광지로 해수욕장도 좋지만, 해수욕장 서쪽 낮은 절벽에 인위적으로 만들어진 동굴로도 유명한 곳이다. 신석기시대에 만들어졌다고 하는데 무덤이라는 설도 있지만, 동굴의 크기가 커서 주거지로 사용되었을 가능성이 더 크다고 한다. 최소한 5층 높이까지 층층이 많은 동굴이 절벽에 파여 있는 정말 어디서도 보기 드문 신기한 곳이다. 입장료 3유로를 내면 3층 높이까지는 직접 동굴에 들어가 볼 수도 있었다. 신석기 시대의 아파트라는 생각이 들었다.

그리스 신화에 따르면, 최고의 신 제우스가 아름다운 소로 변신해 팔레스타인 땅에 살고 있던 에우로페 공주 주변을 기웃거렸다. 근사한 소의 모습에 반한 공주가 소의 등에 타자 소는 바로 바다로 뛰어들었다. 페니키아의 해안에서 크레타까지 멀고 먼 바다를 수영해서 공주를 납치해 왔다고 한다. 바로 오늘 방문한 이곳 마탈라 연안은 소로 변한 제우스가 에우로페 공주를 등에 태우고 상륙한 곳이라고 한다.

우리는 이곳에 도착해 주차를 하자마자, 바로 해변에 있는 수많은 식당 중 한 식당에서 식사를 했다. 그곳에는 독일어를 하는 사람들이 해수욕장에도, 식당에도 무척 많아서 놀랐다. 그래서인지 독일식 돈가스인 슈니첼을 식당마다 팔고 있어서 오랜만에 그리스에서 독일 음식을 주문해 맛있게 먹었다. 크레타에서는 식사 때에 포도주 한 잔씩을 많이 마시는데, 덕분에 나도 그런 분위기에 편승해 식사 때마다 화이트 와인이나 레드 와인을 꼭 한 잔씩 마시게 된다. 포도주 한 잔에 3유로 정도 한다. 자연과 문명이 한데 어울리는 조화로움, 좀 더 구체적으로 표현한다면 아름다운 해안 경치와 3천 년 전 신석기 주거 지역이 이루는 조화에 식사 내내 아내는 감탄을 남발한다. 10월 말임에도 많은 사람들이 태양과 바다와 모래를 즐기고 있었다.

진화론을 주장한 영국의 찰스 다윈은 동물은 잘 때를 제외하고는 오직 움직일 때 행복을 느낀다고 했다. 그는 오랜 관찰을 통해 동물의 기쁨은

'움직임'에서 나온다는 결론에 도달했다. 내 생각에도 찰스 다윈의 이 주장은 충분히 설득력이 있어 보인다. 심리학자들이 발견한 바에 따르면, 행복의 하나인 즐거움은 즐거움의 큰 '강도'에 있는 것이 아니라 '빈도'에 있다고 한다. 크레타에 와서 매일 낯선 곳으로 움직이며, 아름다운 경치를 보며 놀라고, 예상치 못했던 소소한 즐거움을 느낀다. 지금 나의 행복은 이동과 빈번한 새로움에서 나오는 것 같다. 새로운 곳에 가면 일상의 삶 속에서 느끼는 억압들로부터 벗어나는 경험을 한다. 그래서 많은 사람이 돈을 쓰고 고생스러워도 새로운 곳을 찾아가고, 경험해 보지 못한 것을 보고, 느끼고, 맛보며, 그것들을 통해 행복을 찾는 것 같다.

2

낭만과 현실, 헤르소니소스에서

아내의 가출

아내는 아이들이 대학을 가고 나서부터 조금씩 바뀌었다.

일단 '귀찮아!'라는 말이 많아졌고, 집안일에 공백이 생겨서 집안 곳곳에 먼지가 쌓이고, 빨래도 쌓이고, 설거짓거리도 쌓였다. 그러던 어느 날 아내는 스스로 한국행 비행기표를 끊고 마치 안 돌아올 것처럼 우리 삼부자를 영국 땅에 두고 한국으로 가버렸다. 더는 자기를 무시하는 우리들과 같이 있기 싫다고 했다. 추측컨대 쉰 살이 넘어 여성의 갱년기가 오면서 심적인 큰 격변이 있었던 것 같다.

이번에 크레타에 와서는 그때와 달리 아내는 늘 바쁘다. 한국의 한 사이버 대학에 한국어 교육과 3학년으로 편입하여서 한국어 교사 자격증을 획득해 보려고 늦은 나이에 공부를 열심히 한다. 그래서 나는 때때로 크레타를 혼자 여행해야만 했다. 오늘은 아내가 입학 후 처음으로 중간고사를 보는 날! 시험에 방해가 안 되려고 호텔을 조용히 나와 옆 동네 산 중턱에 위치한 헤르소니소스 *Hersonissos*로 걸어갔다. 헤르소니소스의 구시가지는 산 중턱에, 신시가지는 해변에 위치하고 있다. 예쁜 분수가 마을 중앙에 있지만 별로 특별할 것이 없는 마을이다. 낮 시간이어서인지 손님이 한 명도 없어 어색했지만, 마을 중앙의 근사한 선술집에 들어갔다. 좀 더 특별하고 근사한 시간을 만들고 싶은 마음에 평소에 마시지 않는 얼음이 든 싱글 위스키 한 잔을 주문하였다. 저 멀리 있는 파란 하늘과 더 파란 지중해의 바다를 바라보며, 햇빛이 쨍쨍한 대낮에 오크 향이 코를 톡 쏘는 쓴 위스키를 한 모금 마시니 내가 세상 누구보다 특별한 사람이 된 것 같다. 주인 아주머니가 간단한 견과류 술안주를 내 주셨는데 위스키 맛도 좋았지만 아삭아삭 씹히는 안주 맛도 최고였다.

아내가 영국의 우리 집을 '가출'해서 갑자기 한국으로 간 지 한 달이 넘고, 돌아올 생각을 하지 않자 내 마음에 위기감이 생겼다.
 과거의 바쁜 삶에서 아내가 담당했던 여러 가지 육아와 가사 일에 대해 너무나 당연하게 받아들인 것, 그래서 무의식적으로 무시를 했던 아내에 대한 미안함이 마음을 스치고 지나갔다. 마침, 결혼 25주년이 되었는데, 결혼기념일에 따로 떨어져서 한 명은 영국에서, 한 명은 한국에서 지내게 되었다. 이렇게 오래 떨어져 있으면 안 될 것 같아 어떻게 해결해야 할지 고민이 되었다. 아내를 어떻게든 꾀어서 집에 돌아오게 할 궁리를 하다가 한국과 영국 사이에 있는 로마에서 가족 여행을 함께 하자고 설득했다. 결국 나를 포함한 삼부자는 영국에서, 아내는 한국에서 로마로 출발하여 아내가

PART 5 흔들리던 심신을 딛고 다시 선 나날

영국을 떠나간 지 50일 만에 낯선 땅, 하지만 매력적인 관광지인 이탈리아 로마에서 우리 가족은 다시 모였다. 아무 일도 없었다는 듯이 만나서 며칠 동안 로마를 여행하고 아무렇지 않게 다 같이 같은 비행기를 타고 영국 집으로 돌아왔다. 부부 관계도, 모자 관계도 그때부터 다시 정립된 것 같다. 긍정적으로 표현한다면, 서로 간에 조금 덜 의지하고, 조금 더 독립적이며, 조금 더 존중하는 관계를 만들어 가고 있다.

그 후에 아내는 영국에서 18년을 살아온 이야기를 수기 형식으로 써서 『나만 알고 싶은 영국』이라는 에세이집을 출간하여 작가가 되었다. 그리고 한국의 한 사이버 대학에 지원해 편입생으로 다시 대학생이 되었다. 나와 아이들을 옆에서 보살피며 자기는 없이 살던 시간을 마치고 아내만의 세상을 만들고 있다.

아내는 한국어 교사 자격증을 따고 나면 외국인에게 한국어를 가르치며 인생을 좀 더 보람 있고 의미 있게 살고 싶다고 한다. 옆에서 보기에 바쁘게 살고 있어 좋아 보인다.

아내와 비교해 나는 남이 보기에는 그사이에 '한량'이 되었다.

운영하던 회사를 직원에게 인계하고 아이들과 아내의 서포트를 전담하는 '주부'가 되었다. 모든 것을 내 중심으로, 아내도 아이들도 직원들도 나를 따라오라고 하던 삶에서, 그들의 뒤에 서서 앞서가는 이들을 바라보는 삶으로 바뀌었다. 그들이 혹 잘못된 길로 빠지지 않도록 눈에 힘을 주고 쳐다보고 있으며, 때때로 필요한 것이 있으면 알아서 솔선수범하여 도와주고, 필요한 조언도 적시에 해 주어야 한다. 집안일도 많은 것들이 나에게 배정되었다. 아침 6시경에 일어나면 가장 먼저 아내에게 잉글리쉬 브렉퍼스트 티를 우려내어 가져다주면서 아내를 깨운다. 아침에 강아지 산책하러 나가며 아직도 침대에 있는 아이들에게 지금 바로 일어나지 않으면 내일부터는 강아지 산책은 너희 몫이라고 협박한다.

세탁기도 돌리고, 설거지도 하고, 장도 보러 가고, 필요한 곳에 데려다주고 원하는 곳에서 픽업도 해 준다. 얼마 전에는 아이들이 런던에 스튜디오를 얻어 독립의 첫발을 내디뎠다. 나는 노팅엄에서 런던을 몇 번을 오가며 아이들이 잘 살아갈 수 있도록 살림을 차려 주었다. 영락없이 주부가 된 것 같다.

호텔 때문에 나누어진 헤르소니소스 해안

오후 3시쯤 위스키 한 잔에 '특별한 나'로 심취해 있던 나에게 "시험을 마쳤으니 이제 숙소로 돌아와도 돼요."라고 아내에게서 메시지가 왔다. 조금 남은 위스키를 한 모금에 들이켜고는 숙소로 걸어간다. 아내는 시험을 잘 보았는지 기분이 좋다.

해 질 때까지 3시간여 남아 있어서 아내와 손을 잡고 헤르소니소스의 바다 쪽 신시가지로 천천히 내려갔다. 긴 비치의 왼쪽 끝 부분엔 커다란 5성급 호텔이 있는데 호텔 앞 바다는 호텔 이용객만 이용할 수 있게 되어 있었다. 그 때문에 비치의 한 부분이 그 호텔만의 전용 비치로 되어 자연스럽게 이어지던 바닷가가 끊기고 비치는 인위적으로 두 곳으로 분리되었다. 그래서 이 호텔을 기준으로 바다를 보고 왼쪽에 있는 작은 비치는 아는 사람만

이따금 찾아오는 한적한 곳이 되어 버렸다.

이 매우 한가한 비치에 파란 페인트 색상이 돋보이는 한 예쁜 레스토랑이 있었다. 손님이 몇 팀 앉아 있어서 맛집인가 하고 구글 리뷰를 찾아보니 괜찮은 성적이다. 우리는 스타터로 칼라마리를, 메인 식사로 파스타를 주문해서 점심도 아니고 저녁도 아닌 배부른 식사를 했다.

눈빛이 선한 남자 종업원은 막 구워서 김이 폴폴 나는 따듯한 빵을 가져다 주었다. 식사가 끝나니 영국에서는 보기 드문 알이 작은 얼룩덜룩한 청포도와 수박 두 조각을 서비스로 가져다준다. 포도는 그 서민적인 모양과 달리 달고 즙이 많아서 한 덩어리를 금세 다 먹어 버렸다. 식사 후 입가심으로 제격이었다. 물 한 잔도 공짜가 없는 영국에 비해 그리스 크레타는 인심이 좋다. 뜨내기손님이라고 함부로 하지 않고 최선을 다해 서빙을 해 준다. 크레타에 와서 하루 한 끼 이상 외식을 하였는데 딱 한 번을 제외하고는 음식의 맛도 양도 서비스도 만족스럽다.

먹고 남은 블로네즈 스파게티의 다진 고기 양념을 옆에서 우리만 쳐다보던 길고양이에게 조금 주니, 어느새 네 마리 고양이가 달려와 식탁 아래에서 두 발을 공손히 모으고 우리를 빤히 쳐다본다.

아내는 서포터의 삶에서 주도적인 삶으로, 나는 주도적인 삶에서 서포터의 삶으로! 얼마나 이 생활이 계속될진 모르지만, 우리 부부에겐 꼭 필요한 시간인 것 같다.

직장생활 25년, 바쁘게만 살던 나에게도 다른 시간이 주어졌다.

3
나무 위로 올라간 염소들, 아이들의 인생도 힘들다

크레타에서 도심을 떠나 지방으로 가면 올리브 나무가 가득하다. 건조하고 강수량이 적은 이곳에서 올리브 말고 다른 농사를 짓는 것이 쉽지는 않아 보인다. 햇빛은 강하고 강수량은 적어 풀이 나기 어려운 환경이어서 우습게도 염소들이 나무에 올라가 나무 잎사귀를 뜯어 먹는 모습을 여러 번 보았다. 원숭이도 아니고 염소가 나무에 올라간 모습은 처음이다. 그리스 크레타와는 대조적으로 풀이 1년 내내 풍성히 자라는 영국은 세계 어느 곳과 비교해도 뒤지지 않는 푸른 땅, 진짜 그린란드이다. 영국에서 너른 잔디밭에서 유유자적 풀을 뜯어 먹고 있는 양은 한편의 그림처럼 평화롭고 목가적이다. 이와 비교하니 이곳 크레타에서 살려고 아등바등 나무를 올라간 염소는 안쓰럽다.

부모를 따라 다시 한국으로 돌아간 아이들

영국에서 살다 보면 여러 부류의 한국 사람들을 볼 수 있다. 나처럼 정착해 살고 있는 사람도 있지만, 영국에서 몇 년을 지내다가 한국으로 돌아간 사람들도 많다. 공부를 열심히 해서 박사가 되고 한국에서 교수가 된 친구가 있다. 주재원으로 있다가 한국 회사의 귀사 명령으로 돌아간 사람도, 또는 회사에서 보내준 교육 연수를 몇 년 하다가 돌아간 사람도 있었다. 박사가 된 사람은 말할 것도 없고, 주재원으로 외국에서 근무나 연수를 한 사람도 모두 성실하고 훌륭한 사람들이다. 인간적으로 부족함이 없다.

그들 중 영국에서의 삶을 즐기며, 여러 이유로 영국을 좋아한 사람도 많았다. 그들도 어떻게든 영국에서 살려면 살 수도 있었겠지만, 대부분은 한국에 돌아가는 것이 여러모로 더 좋아 보여 돌아갔다. 그 대부분은 나처럼 베이비부머 시대에 태어났고 경쟁을 견디고 성공한 사람들이다. 영국에 오기 전부터 철저한 준비로 이곳 영국에서도 성과를 내고, 한국에 성공적으로 돌아갔다. 돌아갈 한국이 있는 그들이 부럽기도 했고, 이별로 인해 섭섭하기도 하였다.

대부분 어른들은 한국에 돌아가 사회적 성공을 유지하며 성과를 내고 잘 사는 것 같다. 그런데 그들의 아이들은 좀 다른 이야기가 들려온다. 영국에서 우수한 성적과, 좋은 성격으로 기대되는 아이들이 많았는데, 의외로 한국에 가서 치열한 입시 환경을 거치며 그 영재들이 평범한 아이가 되는 모습을 보곤 한다. 여기 있었으면 아이들에게는 더 좋지 않았을까 하는 생각이 때때로 든다. 경쟁에 익숙한 어른들이야 다시 한국에 돌아가도 적응이 비교적 쉽겠지만, 영국에서 자유롭게 자란 아이들은 한국의 치열한 경쟁과 사교육을 필요로 하는 교육 구조에 힘들어하는 것이 보인다.

크레타에서 나뭇잎을 먹으려고 나무로 올라가는 염소를 보니 한국에서 열심히 사는 사람들 같다. 영국에는 넓은 들판에서 쉬엄쉬엄 풀 뜯어 먹는 양이 있는 데 반해, 크레타에는 풀이 없는 거친 자연환경에서 열심히 살아보려는 염소들도 있다.

헤라클리온 크레타 역사박물관

헤라클리온에 있는 크레타 역사박물관에 갔다. 유럽 문명의 시작인 미노아 문명이 시작된 크레타이지만 그 혈통이 어디에서 와서 이 섬에 정착했는지는 아직도 논쟁거리이다. 크레타는 B.C 시대가 가고 A.D 시대가 온 이후에도 오랜 시간 비잔티움 제국(동로마 제국)의 지배하에 있었다. 그러다가 메카에서 시작한 이슬람이 급속도로 그 세력을 확장하여 마침내 지중해 한가운데 있는 이 섬까지 힘을 뻗쳐서 135여 년간 지배했다(820년~961년).

서기 961년 다시 비잔티움 제국이 크레타를 되찾았지만, 제4차 십자군 운동의 영향으로 이번에는 베네치아 공화국의 식민지가 되었다. 당시에 이슬람 세력을 공격해 예루살렘을 점령하려고 출동한 십자군이 같은 기독교 신앙의 동로마 제국, 콘스탄티노플을 공격하고 정복한 코미디 같은 일을 하고 말았다. 이 과정에서 십자군에게 상당한 뒷돈을 댄 베네치아 공화국이 그 대가로 동로마 제국으로부터 크레타를 뺏어서 베네치아의 해상 식민지로 편입할 수 있었다(1204년). 그때부터 16세기까지 크레타 거주민들은 베네치아의 지배하에, 활발한 지중해 무역 중심지의 유럽인으로 살았다. 그때는 크레타 역사상 가장 부유한 시기로 기록된다. 하지만 17세기(1669

년)에는 콘스탄티노플을 점령해 동로마 제국을 멸망시킨 강력한 신흥 무슬림 세력인 오스만 제국에 의해 다시 점령되어 이슬람화되었다. 20세기 초까지 오스만 제국의 지배를 받았고 많은 주민들이 무슬림으로 개종하였다. 1차 세계대전의 패전국인 오스만 제국은 서구 열강의 강요로 크레타를 독립국으로 풀어 주었다. 그 상태로 크레타는 잠시 독립 국가를 유지하다가, 그리스 왕국에 자진 편입되어 오늘날 그리스의 크레타가 되었다. 역사를 통틀어 보면 종교적으로는 동방정교, 가톨릭, 이슬람이 혼재하였고, 정치 시스템도, 종족도 다양한 땅이다.

1913년 터키 공화국과 그리스 왕국의 협의하에 크레타에 사는 모든 무슬림들은 터키 땅으로 강제 이주하였다. 마찬가지로 터키 땅에 살던, 특히 아나톨리아 지역에 많이 거주하던 그리스인들도 터키에서 강제 이주를 강요받고 오랫동안 거주하던 자신들의 고향(지금은 터키령)을 떠났다. 국가의 강요에 발생한 민족 대이동의 역사가 이곳에서도 있었다.

박물관에 가보니 도시 곳곳에 왜 이리도 금속 가공 장신구와 도자기가 많은지 알 것 같다. 박물관에는 여러 시대를 거치며, 여러 문화의 특색을 가진 조금씩 다른 금속 장신구와 도자기가 시대별로 분리되어 전시되어 있었다. 비잔티움 시대, 베네치안 시대, 이슬람 시대, 현대까지. 재료는 같지만, 결을 달리하는 금속과 도자기 유물들이 같은 크레타 땅에서 발견된다.

두 시간여 구경한 박물관을 나오니, 북쪽으로는 푸른 바다가 넘실대고,

남쪽으로는 높은 산들이 멀리 보이는 맑은 날씨다. 크레타의 가장 높은 산인 이다_Ida_산도 저 높은 봉우리 중에 하나일 것 같다. 사방이 바다인 섬 가운데 높은 산들이 우뚝 서 있다. 이다산은 그리스 신화의 제우스가 태어난 곳이라는 전설이 있다. 그러니 크레타는 그리스 신화의 배경 중 중요한 장소 중 한 곳이다.

집으로 돌아가는 길에 슈퍼에 들러 과일 코너에 가니 어제 파란 레스토랑에서 먹었던 알이 작은 포도가 있다. 가격도 저렴하다. 반가운 마음에 포도 한 근을 카트에 넣고, 아쉬운 마음에 크레타에서 생산된 화이트 와인도 한 병도 구매했다. 제우스의 아들 중 술의 신이라고 알려진 디오니소스_Dionysos_는 그리스 신화에서 포도주의 신으로 알려져 있다. 포도주의 신이 있을 만큼 이곳에서 포도주는 삶의 중심에 있는 것 같다.

크레타는 기독교 교회사 관점에서 볼 때는 바울의 제자 디도가 교회를 세우고 선교를 하다가 죽은 곳으로 알려져 있다. 사도인 바울은 제자인 디도에게 크레타에서 선교 활동 중 여러 실망스러운 상황에서도 낙심 않게 하려고 신약 성경에 있는 디도서를 써서 보냈다고 한다.

숙소에서 하루 종일 시험 공부만 하고 있던 아내가, 크레타 역사 박물관에서 열심히 크레타 역사를 공부하고 돌아온 나를 시샘의 눈빛으로 반긴다. 돌아오는 길에 슈퍼에 들러 사 온 포도를 받아든다. 너무 달다고 잘 사왔다고 칭찬해 준다.

4

크라시의 2,400살 플라타너스가 전한 환대

라시티 고원 탐방

제우스신이 태어나고 자랐다는 일명 제우스 동굴그리스어: *Psychro Cave*까지의 길은 숙소에서 차로 1시간 남짓으로, 다행히 크레타에서 길을 나설 때마다 불시에 나타나곤 하는 비포장도로는 아니었다. 잘 포장된 도로를 따라 경치를 감상하며 계속해서 올라가니 갑자기 나타나는 내리막길에서 눈앞에 평평한 분지 지역이 펼쳐졌다. 평야라고는 없어 보이는 크레타에서 이렇게 넓은 평지가 산 위에 숨겨져 있다는 것이 신기하고 놀라웠다. 이곳은 라시티*Lassithi* 고원이라고 불린다고 한다. 분지 지역의 한쪽, 가파르게 우뚝 솟은 언덕 위에 제우스 동굴이 있다. 동굴에 가려면 언덕 아래 주차하고, 주차장에서 약 500m 정도 되는 가파른 언덕을 걸어서 올라가야 한다.

언덕을 올라가는 초입에 여행 책자에서 소개한 당나귀들이 보였다. 10유로를 내면 당나귀를 타고 동굴 바로 앞까지 갈 수 있다고 한다. 그런데 내가 간 날, 당나귀는 손님을 태우지 않았다. 대신에 커다란 물통을 양쪽에 두 개씩 총 네 개를 등 위에 싣고 언덕 아래에서 정상에 있는 동굴까지 오르락내리락을 반복하며 물통을 운반하고 있었다. 물통 하나에 20kg가량이니 총 80kg 이상이나 되는 무거운 짐을 등에 지고 작은 당나귀가 산을 오른다. 여름 성수기에는 관광객을 싣고, 비수기에는 짐을 나르는 일을 하는 당나귀를 보니 당나귀의 삶도 사람만큼이나 쉽지 않아 보여 숙연해졌다. 당나귀는 언덕 고바위에서 '끄응'하고 소리를 내며 철퍼덕하고 똥을 갈긴다. 지그재그로 오르는 가파른 언덕에 당나귀 똥의 향기가 올라왔다.

　방문한 날은 동굴 안을 보수하는 기간이었기에 우리는 아쉽게도 동굴 안에 들어가 볼 수는 없었다. 하지만 언덕을 올라가서 동굴 입구에서 내려다보는 너른 평야는 500m 오르막을 오른 작은 고행의 대가치고는 큰 것이었다.

　신화에 따르면 제우스의 아버지, 크로노스는 자기 자식 중 하나가 자신의 자리를 침탈하여 최고의 신이 될 것이라는 예언을 듣고, 자식들이 태어나자마자 꿀꺽꿀꺽 삼켜 버리곤 했다. 이에 제우스의 어머니 레아는 제우스가 태어나자마자 아기 대신에 준비해 놓은 돌을 천으로 감싸서 크로노스에게 주었고, 이를 막 태어난 아기 제우스로 생각한 크로노스는 별다른 확인 없이 삼켜버렸다고 한다. 이후 레아는 제우스를 크레타 섬의 시크루 *Psychro* 동굴에 숨겨서 키웠는데 아말테이아라는 염소의 젖을 먹여 키웠다고 한다. 실제로 크레타에 염소가 많이 보인다. 크레타의 높은 산을 하이킹할 때 나보다 더 높은 곳에서 빤히 쳐다보는 검은 염소에 놀란 적도 있다.

　동굴을 내려와서 라시티 고원의 평평한 곳을 30분쯤 달려 비디아니 수도원*Vidiani Monastery*에 갔다. 이곳은 그리스 독립 전쟁 때 오스만 제국의 무슬림에게, 그리고 2차 세계대전 때 크레타를 점령한 독일 나치에게 저항한 곳으로 유명하다. 이곳의 수도사들이 지역의 레지스탕스를 도와주고, 피난처를 제공하였다. 수도승 일부는 이런 독립 저항 운동을 도왔다고 해서 독일군 나치에게 처형을 당하기도 했다. 희생된 한 수도사의 작은 석상이 입구에 있었다. 수도원의 작은 선물 가게에서 크레타를 잘 묘사한 나무판에 그린 그림 하나가 무척 인상적이었다. 사고 싶어 가격이 얼마인지를 수도승에게 물었지만, 영어를 아예 못 하셨다. 이곳에 관광 온 그리스 사람이 통역을 해줘서 나중에 50유로라는 것을 알았다. 카드 구매는 안 되고 현찰만 받는다고 해서 결국 구매는 하지 못했다. 명작이었는데 아쉬웠다. 이 수도원은 크레타 대학과 협업으로 작은 자연사 박물관도 운영하고 있다.

수도원을 떠나 다음에 이른 곳은 크레타에서 가장 오래된 마을로 추정되는 크라시*Village of Krasi*라는 작은 마을이었다. 이곳에는 마을 중앙에 거대한 플라타너스 나무가 있는데 약 2,400년 정도(최소 2,000년)의 수령이라고 추정된다. 이 나무 주변으로 레스토랑이 식탁을 마련해 나무의 정기를 바로 옆에서 느끼며 맛있는 크레타 음식을 먹을 수가 있었다.

나는 정통 크레타 오믈렛을 주문했지만 평소에 오믈렛을 아주 좋아함에도 불구하고 이 크레타 정통 오믈렛은 반도 못 먹었다. 계란 안에 감자와 염소 치즈가 듬뿍 들어 있었는데 염소 치즈 향은 나의 입맛과는 거리가 멀었다.

식사하던 야외 레스토랑 옆에 서 있던 이 나무는 2,000년이 넘게 이곳에 있던 많은 사람이 태어나고 죽는 것을 살펴보았을 것이다. 이 나무는 예수님이 태어나기 전부터 이곳에 있었고, 『그리스인 조르바』를 쓴 니코스 카잔차키스가 이곳을 방문해 크레타에 관한 글을 쓸 때도 옆에 있었다.

크라시 마을을 떠나서 마지막에 간 곳은 유명한 올리브 공장 중 하나로 라라키스 패밀리*Lyrakis Family* 올리브 농장이었다. 크레타를 가면 흔히 보는 것이 올리브 농장이고 실제로 이곳의 많은 농민들이 올리브를 재배하고 수확하며 생활한다. 크레타에만 약 3천만 그루 정도의 올리브 나무가 있는데, 연간 8만 톤에서 10만 톤을 생산한다고 한다. 이는 그리스 총 올리브 생산량의 1/3에 이른다고 하니 크레타는 가히 올리브 섬이라고 불릴 수 있겠다.

이곳에서 생산하는 대부분이 '엑스트라 버진 올리브유'로 이는 올리브유 중 가장 품질이 높고 순수한 형태의 올리브유라고 한다. 올리브유는 크레타 사람들의 식생활의 핵심이며 장수 지역인 크레타의 건강 식단의 핵심이다.

라라키스 농원에 가니 한 젊은 여성분(이 농장 소유주의 손녀였다)이 올리브유를 생산하는 과정을 실물 기계를 보여 주며 차근차근 설명해 주고, 농장에서 생산하는 다양한 올리브유를 직접 빵에 찍어 먹을 수 있게 해 준다. 이 농장은 오직 엑스트라 버진 올리브유만 생산한다고 하는데 이는 화학적 처리 없이 냉압 압축기*Cold Press*를 통해 추출하고 산도*Free Acidity*가 0.8% 이하여야 한다고 한다. 맛을 보니 올리브유에서 고소한 맛뿐 아니라 쓴맛도, 약간 톡 쏘는 맛도 느껴진다. 슈퍼에서 구매하는 엑스트라 버진 올리브와 비교할 때 포장도 예쁘고 가격도 좀 저렴해서 선물용으로 몇 통을 구매했다. 크레타의 여느 상인들처럼 이곳 직원들도 조금도 구매를 강요하는 느낌을 주지는 않았다.

　자동차를 이용하기는 했지만, 오늘 하루에 네 곳이나 돌았다. 시간은 겨우 6시간 정도였다. 오늘 둘러본 라시티 고원 지역은 넓은 분지에서 느껴지는 웅장함이 있으면서도, 크레타에서 가장 오래된 거주 지역이기에 여러 전설과 그에 따른 문화재가 숨겨져 있고, 어디를 가도 친절하고 정감이 넘치는 사람들이 있었다. 지금까지 경험해 보지 못한 새로운 자연과 문화 그리고 사람을 한꺼번에 느낀 곳이었다.

　낮에 크라시 마을에서 식사를 하는데 중년의 주인분으로 보이는 여성분이, 나와 아내에게 "오늘 날이 좀 추워졌다."며 무릎 담요 두 장을 가져다준다. 이날은 전날보다 체감적으로 추위가 느껴질 만큼 온도가 떨어졌었다. 어제만 생각하고 얇은 셔츠를 입은 나로서는 그 배려가 무척 고마웠다. 식사가 끝나자 급하지 않으면 자기들이 준비한 무료 디저트를 먹고 가라며 일어서려는 우리에게 다시 앉을 것을 권한다.

손님에게 주는 웃음과 친절의 의미

　숙소로 돌아가면서 얼마 전 다시 읽은 에리히 프롬의 『소유냐 존재냐』라는 책이 다시 떠 올랐다. 저자가 오늘 다녀온 식당 주인이 나에게 '소유냐, 존재냐'에 관해 물어보는 것 같았다. 크라시의 식당 주인이 자기 식당에서 식사한 손님을 대하며 가장 중요하게 생각하는 것은 무엇이었을까? 음식의 대가인 돈이 중요했을까? 아니면 찾아온 손님들의 만족과 행복(영국에서는 이 개념을 'Hospitality'라고 말한다)이 더 중요했을까? 장사를 하니 물론 돈을 버는 것이 중요하겠지만 돈만을 구했다면, 한 번 오고 다시 안 올 나 같은 일회성 손님에게 추위를 피하도록 담요를 일부러 가져다주었을까? 또 식사가 끝나고 일어나 가려는 우리에게 추가 요금 없이 맛있는 디저트를 먹고 가라고 권했을까? 식당을 나올 때, 담요를 가져다주고, 맛있는 디저트를 대접한 따뜻한 섬김이 느껴져 내내 행복했다.

얼마 전에 다녀온 미국 뉴욕에서 갔었던 몇몇 식당이 떠올랐다. 미국에서는 식당에서 주문한 요리가 맛있었다고 해도, 계산을 하고 식당을 나올 때면 기분이 안 좋았다. 식당에서 음식을 가져다주고, 접시를 치우는 서비스를 제공했다고 평균 20%의 팁을 음식값에 추가해서 주어야 한다. 종업원은 팁을 더 많이 받기 위해 웃음과 친절을 판다는 생각이 들었다. 사실, 한국이나 영국에는 없는 20%가량의 서비스 팁도 부담스러운 금액인데 어떤 곳은 이보다 더 많은 팁을 기대하는 듯이 느껴졌다. 팁을 위한 차가운 서비스에서 진정성을 못 느꼈다. 미국의 식당에서 느낀 찜찜한 기억과 오늘 크레타 식당에서의 경험이 비교가 되어 크레타 사람들이 더 좋게 느껴졌다.

크레타의 많은 식당 주인이 가진 '소유'만큼이나 '존재'도 중시하는 태도가 내 마음도 따뜻하게 한다. 식당 바로 옆에 있던 2,000년 넘게 살고 있는 저 플라타너스 나무도 나무를 사랑하는 이 지역 사람들 덕분에 그 오랜 시간 존재하는 것은 아닐까? 우리 마음 한구석에 이 '존재' 의식이 없었다면 아마도 모든 이의 가슴은 차가워지고, 서로 더 가지려고 치열하게 싸우다가 인류는 벌써 망했을 것 같다는 생각이 든다.

제우스 동굴로 오르는 당나귀.
무거운 짐을 지고 오르막 길을 오르는 당나귀를 보니 당나귀의 삶도 사람만큼이나 쉽지 않아 보여 숙연해졌다.

5

크레타 최고봉 이다산에서 받은 건강 진단서

이다산 등정기

여행 계획을 세울 때 감히 크레타 최고봉인 이다산 정상에 올라갈 계획은 없었다.

공식적으로 산의 높이가 2,456m이니 한라산보다도 높은 곳이고, 주관적으로는 경험해 본 적 없는 크레타 고지대의 산악 환경에 대한 두려움이 있었다. 게다가 현실적으로, 나에게는 등산 장비는 고사하고 등산화조차 없었다.

운동화를 신고 등정이 가능할까? 몇 번을 망설였다. 하지만 이번에 이다산을 가보지 못하면 평생 후회가 될 것 같았다. 50세가 넘으면서부터 현저히 떨어지고 있는 나의 체력으로 볼 때, 신체적인 것은 물론 정신적으로도 자신감이 점점 작아질 것이다. 이렇게 등정의 기회가 있을 때 용기 내어 해보자는 마음이 들어 결단을 했다. 이런 다소 무모한 태도는 늘 나의 삶에 함께한다.

아침 9시에 숙소를 출발해 꼬불꼬불한 산길을 따라 운전했다. 산 위에 있는 여러 마을을 지나서 2시간이 지나갈 무렵, 해발 1,594m 높이에 있는 대피소용 주차장에 도착했다. 이미 차로 상당히 올라와서 차에서 내리는 순간, 정상까지는 862m의 고도 차이만 남아 있었다. 주차장을 살펴보니 나보다 먼저 산에 올라간 등산객들의 차 다섯 대가 주차되어 있었다. 고개를 들어 산 쪽을 올려다보자 좀 전에 도착하여 나보다 앞서 출발한 한 커플이 산을 오르고 있었다.

1L짜리 물 한 통, 빵 한 조각, 초콜릿 쿠키 한 개를 작은 가방에 넣고, 앞서가고 있는 커플을 금방 따라잡겠다고 마음먹고 산길을 나섰다. 나무라고는 몇 그루 없는 돌산을 1시간여 올라갔다. 아래쪽으로 저 멀리 내가 주차한 차가 보였지만, 정상은 조금도 가까워진 것 같지 않았다. 고도가 높아서인지 조금만 걸어도 숨이 턱에 차서 심하게 헐떡이는 나를 발견했다. 나는 가파른 오르막길을 올라가며 15분을 넘기지 못하고 앉아서 쉬곤 했다. 따라잡겠다고 자신했던 앞의 커플과의 거리는 점점 더 멀어지고 나는 확실히 뒤처지는 것 같았다. 나 다음에 주차장에 도착해 나를 이어 출발한 후발 등산객들은 그 거리를 점점 좁혀 오고 있었다. 등산길의 중간쯤에 이르자 심적인 기로에 섰다. 계속 갈 것인가? 아니면 포기하고 하산할 것인가? 등정하기로 결심할 때보다 더 마음이 혼란스럽고, 포기하자는 유혹이 강하게 내 마음을 흔들고 있었다. 헐떡거리는 폐가 그만하라고 하고, 묵묵히 있던 간도 이제 뻐근하니 내려가라고 한다. 흐르는 땀은 지금처럼 가다가는 탈진하지 않을까 고민할 지경이고, 가지고 있던 물은 겨우 1/3 정도 남았다.

고민하며 발걸음이 느려지던 차에 갑자기 앞에서 등정을 마치고 하산을 하던 한 금발의 아주머니가 나타났다. 날 보더니 "Hello."라고 첫인사를 하고 지쳐 보이는 내가 안쓰러운지 "조금만 더 가면 능선길이야", "지금이 가장 힘든 구간이야."라며 등정을 응원해 준다. 나는 그 말에 겨우 평정심을 되찾고, 그제야 주변 환경을 둘러보게 되었다. 이다산은 바람이 심하다고 들었는데 오늘은 바람이 잔잔하고, 하늘은 더할 나위 없이 파랗고 쨍쨍하다. 출발할 때 머리 위에 있던 구름이 어느새 발아래 깔려있었다. 하산하는 등산객의 격려 한 마디에 거친 오르막길만 보이던 눈을 돌려서 내 눈앞의 경이로운 풍경을 볼 수 있었다. 5분을 더 앉아 경치를 바라보다가, 불만이 많던 내 허파에게도, 간에게도 '조금만 더 참아!'라고 설득하고 다시 상행길을 나섰다. 내 앞에 출발했던 팀들이 한 팀도 포기하지 않고 정상을 향해 가고 있는 상황에서, 내가 오늘 첫 실패자가 되는 것 역시 내 자존심에 상처를 줄 것 같았다.

과연, 금발의 아주머니가 말한 대로 30분쯤 더 올라가니 덜 가파른 능선길 초입이다. 저 멀리 정상인 듯한 곳에 있는 작은 집이 눈에 보였다. 나무는 없고 오로지 자갈만이 가득한 그 능선길을 따라 1시간을 쉼 없이 걸어서 드디어 이다산 정상에 이르렀다. 정상에 오른 자들만 칠 수 있는 작은 종이 보였다. 나는 마지막 힘을 내어 종으로 걸어가서 달린 줄을 잡아당겼다. 나의 정상 등극을 알리는 종소리가 '땡! 땡! 땡! 땡!' 크레타 온 사방에 울렸.

나보다 앞서 와서 쉬고 있던 독일인 커플이 축하의 미소를 보내 주었다. 멀리서 볼 때 부부나 연인일 거라고 생각했는데, 가까이서 보니 의외로 엄마와 장성한 아들이다. 숨을 헉헉거리며 미소로 답하고 정상에 털썩 주저앉았다. 남쪽 크레타 해안을 바라보니 유럽 대륙의 가장 남단 섬인 '가브도스

Gavdos'가 가깝게 보였다. 남쪽과 북쪽의 크레타 해안선이 선명하게 보인다.

최근에 종합 검진을 받은 적이 없어서 정확히는 모르지만, 이 등정을 완료하였으니 굳이 종합 검진이 필요 없을 것 같았다. 스스로에게 건강 진단서로 '5*'를 주었다.

그렇게 정상을 오른 자의 자긍심이 충만할 무렵, 후발 주자 다섯 명이 정상에 이르러 종을 울린다. 다섯 명 중 한 분은 백발이 성성한 연로하신 분이셨는데, 나는 처음 만난 사이임에도 꼭 안아 드렸다. 대단하시다고 칭찬도 해 드렸다. '브라이언'이라고 자신을 소개한 노인분은 캐나다에서 가족들과 같이 오셨다고 하신다. 나에게도 어디에서 왔냐고 물으셔서 한국에서 왔다고 하니 그 멀리 한국에서 어떻게 왔냐고 놀라신다. 그래서 실은 영국에서 살고 있다고 하니, 자기도 스코틀랜드에서 태어나 살다가 다섯 살 때 부모님과 함께 캐나다로 이민을 갔다고 하신다. 우리는 같이 환한 미소로 기념사진을 찍고, 가족과 캐나다에 대해서 잠시 대화를 이어가다 나는 먼저 하산길에 나섰다.

하산길도 생각보다는 쉽지 않았다. 무엇보다도 발바닥과 무릎이 무척 아팠다. 운동화를 신고 이곳에 오는 것은 좀 무리인 것 같았다. 마침내 하산을 끝마치니 출발할 때 주차돼 있던 다섯 대의 차 중에서 앞서 만난 독일인 엄마와 아들의 차 한 대만 떠날 준비 중이고, 나머지 네 대는 이미 떠나고 없었다. 내가 도착한 뒤로는 네 대의 자동차와 한 대의 오토바이가 같은 주차장에 주차되어 있었다. 계산해 보니 오늘 이 주차장에 도착해 등산을 한 사람은 오토바이를 포함해 총 열한 대로, 많이 잡아도 서른 명 내외일 것 같다. 이 높은 산까지 몇 명 안 되는 방문 등산객들을 위해 험한 곳에 도로를 뚫고 아스팔트를 깔아준 그리스 정부에 진정한 감사함이 느껴졌다. 아스팔트 도로에는 낙석이 즐비했고, 이를 잘 피해 조심히 운전해야 했지만, 비포장 자갈길이 아닌 포장도로가 있었기에 이곳에 올 수 있었다. 무사히 이다산을 잘 내려와 숙소로 돌아왔다.

다리는 뻐근하고 온몸이 좀 아팠지만, 포기하지 않고 해냈다는 것에 기뻤다. 심장 소리가 크게 울리고, 씩씩대는 폐를 달래며 등산을 겨우 마쳤지만 어쨌건 내가 건강하다는 느낌을 오랜만에 가졌다.

50대에 찾아온 건강 이상 신호

내가 건강에 심각한 경고를 받은 것은 만 52세 때였다. 많은 중년이 고통을 경험하는 허리가 문제였다.

낮에는 회사 일로 무거운 걸 좀 많이 들었다 놓았다 하고, 저녁에는 걱정거리가 있어 잠이 늦게 들었고, 자면서도 숙면을 하지 못한 다음 날이었다. 아침에 일어나 화장실을 가려고 했는데 일어날 수가 없었다. 조금만 몸을 틀어도 허리가 빠지는 것 같았고 찌릿한 전기가 오는 듯한 통증이 심하게 왔다. 몸도 아팠지만, 정신적인 충격도 상당히 컸다. 가끔 허리가 아프긴 했어도 이 정도는 아니었다. 아내의 도움으로 겨우겨우 일어나 화장실에 가서 소변을 보았지만 짧은 시간 진땀이 나고, 고통은 살을 아리는 것처럼 심했다.

누워서 한국의 119 같은 영국의 NHS 응급 센터에 전화를 걸어 응급 치료를 요청했다. 이렇게 몸 상태가 심각하니 조금 있으면 구급차가 와서 날 데려가려니 생각했는데, 응급차 대신 한 의사가 몇 분 후 다시 전화를 하더니 이것저것을 나에게 물어보았다. 난 꼼짝도 못 하겠다고 울듯이 말했지만 놀랍게도 전화기 속 의사의 최종 처방은 진통제를 먹으며 며칠 휴가를 내고 집에 누워 있으라는 것이었다. 4일이 지나도 쾌유가 되지 않으면 다시 연락하라는 나로서는 황당한 처방이었다.

다시 정상적으로 일어나는 데 5일이 걸렸다. 영 못 일어날 것 같은 공포감이 있었는데 내 몸은 스스로 자정 작용을 하며 나를 일으켰다.

이 사건을 기회로 내 몸이 서서히 늙고 있다는 것을 인정하게 되었고, 순식간에 쓰러지고 무너질 수 있다는 것도 처음 실감했다. 세상은 100세 시대라고 말하며 늙어 죽을 때까지 모두가 건강하게 살 것처럼 말한다. 과학과 의학의 발달에 대한 기대는 날로 커진다. 그렇지만 의학의 발달과는 상관없이 생각보다 빨리 건강한 몸을 잃을 수도 있다는 것을 깨달았다. 운이 좋아 오래 살지는 몰라도 아프면 그 순간부터 누워 있는 것 말고는 아무것도 할 수 없다는 것도 알았다. 그리고 의학적인 도움이 필요할 때 그 도움은 생각보다 멀리 있을 수도 있다는 것도 알게 되었다.

그 이후 좀 더 몸을 아끼기 시작했고, 조금이라도 허리에 무리가 갈 것 같은 일은 하지 않으려고 노력했다. 더 늙기 전에 의미 없이 반복되는 삶이 아닌, 하고 싶던 일을 하며 살아야겠다는 생각도 했다. 나는 생각하면 실천이 빠른 편이다. 회사 일을 접고, 안식년을 시작한 것은 그 후로 1년 반이 지났을 때였다.

PART 6

인생길 위에서 되찾은
가족의 의미

가족은 가깝고 소중해도 때로는 무거운 존재다.
하지만 인생의 고비 때마다 나를 일으켜 준 건 가족이었다.
우리는 서로에게 갈 길을 안내해 주는 사람들이다.

1

크레타에 오신 두 분의 VIP

크레타에 같이 갈 동행 구함

귀한 손님들이 우리를 만나러 그리스 크레타에 온 것은 우리 여행이 스무날이 넘어갈 무렵이었다. 처음에 크레타 여행을 계획했던 것은 1년 전이다. 영국 사람들은 보통 긴 시간을 남겨 두고 여행 계획을 세운다. 먼저 예약을 할수록 선택의 폭이 넓고, 조기 할인을 받을 가능성도 커서 이익이기 때문이다. 그래서 나도 통상 1년 전에, 늦어도 6개월 전에는 여행 계획을 세우고 항공편과 숙박을 예약하곤 한다.

우리 부부는 이번 크레타 여행에 다른 누군가와 같이 여행했으면 하는 마음이 간절해서 4인 숙박이 가능한 호텔로 예약을 했다. 같이 갔으면 하는 여러 사람에게 이 무료 숙박이 가능한 여행을 넌지시 홍보했건만 출발한 달을 앞둔 9월이 될 때까지 우리 부부와 같이 10월에 지중해 여행을 실행할 커플은 없었다. 마지막에는 주변 분들에게 비행기만 타고 오시면 숙식을 내가 책임지겠다고까지 말씀을 드렸건만, 결국 여행 출발 2주일 전까지 용기 있게 신청하는 사람들이 없어서 안타까웠다.

오롯이 우리 부부만의 시간을 가져보자 마음먹은 순간에, 갑자기 두 지원자가 나타났다. 스스로 비행기표를 구매해 3박 4일을 함께 하겠다고 신청한 두 지원자는 바로 나의 두 아들들이었다. 솔직히 다른 예비 신청자보다도 아들들이 온다고 하니 더 좋았다.

두 아들이 올 날이 다가오자, 아내와 나는 두 아들을 VIP 손님으로 생각하고, 3박 4일 동안 참 휴가를 보냈다고 느낄 수 있게 해 주어야겠다고 다짐했다. 나이를 먹어 성인이 되었으니 비록 내 아들들이라도 더 이상 아이들이 아니다. 멀리서 방문한 귀한 어른 손님으로서, 이국에서 느끼는 감동이 가득한 여행이 되도록 해 주고 싶었다. VIP 대접을 위한 첫 번째 노력으로, 같은 숙소를 쓰겠다는 계획을 수정하여, 근처에 있던 노란 외벽이 인상적이었던 아담한 숙소를 예약해 주었다. 같은 숙소의 좁은 공간에서 엄마의 잔소리, 아빠의 잔소리에 노출시키고 싶지 않았다. 다행히 여행 시즌이 끝나가는 10월 말이어서 호텔 가격이 저렴해졌고 큰 부담이 되지 않았다. 크레타는 11월 되면 많은 호텔들은 문을 닫고 다음 해까지 호텔 정비를 한다.

20여 일간 크레타 곳곳을 여행한 우리 부부는, 마치 현지 가이드처럼 니코스 카잔차키스 국제공항(공식명은 헤라클리온 국제공항이다) 입국장에서 두 아들을 맞이했다.

영국의 공공 주차장 이용 요금 인상

영국을 찾는 관광객에게 세계 최고의 문화재를 보유한 대영 박물관도,

명화의 보고인 내셔널 갤러리도 무료 입장을 허용하는 관대한 영국을 존중하지만, 또 단점을 하나 이야기해야겠다. 영국의 공항은 주차는 말할 것도 없고, 손님 픽업을 하러 공항의 픽업 장소에서 잠시 정차를 할 때도 공항 이용료를 받는다. 공항에서 주차하지 않고 바로 사람만 픽업하여 공항에서 데리고 나와도 약 9천 원의 공항이용료가 있다. 입국장 또는 출국장에서 배웅을 위해 1시간 정도 런던 히스로 공항에 주차를 한다면 주차 이용 요금이 3만 원이 넘는다.

공항뿐이 아니다. 공공 주차비 수입이 의외로 큰돈이 된다는 것을 많은 지자체들이 인지했는지 최근에 영국은 어디에도 주차할 때 공짜란 없다. 거의 모든 곳에서 비싼 주차비를 내야 한다. 반면 크레타는 공항 픽업 정도야 당연히 무료로 가능하고, 공항 주변에 주차할 공간도 많았다. 크레타의 큰 도시든 작은 도시든 무료로 주차할 공간이 넉넉하다. 혹 돈을 낸다고 해도 온종일 요금이 4천 원 정도다. "와주셔서 감사합니다. 주차는 무료입니다." 하고 말하는 것 같다.

런던의 외곽 공항에서 출발한 아이들은 예정 시간보다 1시간 늦은 저녁 11시에야 도착했다. 상봉의 기쁨을 함께하고, 숙소에 돌아와서 따뜻한 밥을 지어 먹이고 본인들이 묵을 숙소로 데려다주었다.

둘째 아들의 미국 변호사 시험 합격!

아이들이 도착하기 전날 좋은 소식이 있었다.

둘째 아들이 올여름에 미국에 가서 치른 미국 뉴욕주 변호사 시험에 합격했다는 소식을 전화로 알려왔다. 아들은 올해 초부터 선생님도 없이 독학으로 미국 변호사 시험을 공부하고 있었다. 시험 준비를 위한 인텐시브한 코스의 특별한 강의도 듣지 않고, 미국의 변호사 육성 과정인 JD*Juris Doctor, 법무 박사* 과정도 밟지 않았는데 본인의 성실함만으로 넉넉하게 합격을 하였다. 뉴욕에서 시험을 치르고 나서 자체 평가를 통해 보니 합격점보다도 20점 정도 부족할 것 같다고 너무 기대하지 말라고 하여 가족 모두를 불안하게 했었는데, 합격 점수보다도 50점이나 더 받고 합격을 했다. 나와 우리 가족 모두의 기쁨은 말할 것도 없었다. 둘째 아들이 너무나 대견스러웠다.

나도 한국에서 학부로 법학과를 다녔다. 대학 2학년 때 미국의 뉴욕주 변호사 시험에 대해 처음 정보를 접했다. 미국이 아닌 외국에서 법학을 공부한 사람이면 LL.M(미국 대학 법학 석사)이라는 1년짜리 과정을 졸업하면 미국 변호사 자격 시험을 치를 수 있다는 것을 알았다. 더 큰 세상을 꿈꾸었고, 남과는 조금이라도 다른 성공적인 삶을 꿈꾸었던 나는 이 시험에 응시만 할 수 있어도 얼마나 좋을까 하며 시험을 볼 수 있기를 바랐었다.

몇 달을 고민하다가 대학원 지원 요건인 LSAT(법학 적성 시험) 또는 GRE*Graduate Record Examination*를 지금 봐서는 좋은 점수를 받는 것이 힘들겠다고 여겨졌고, 마침 다니던 대학에서 학군단*ROTC*에 지원했던 것이 합격하여 그것을 핑계로 해외 진출의 꿈을 포기하였다. 하지만 이후에도 내 마음속엔 항상 그때 더 큰 길을 찾아 떠나야 했는데, 하고 아쉬움이 가득했다.

군 생활의 막바지 무렵 한국에서 취직하는 것과 미국 변호사 시험(미국 LL.M 수료 후 뉴욕 변호사 시험)을 보는 것을 놓고 또 한 번 고민했다. 군 생활

중 영어 공부를 틈틈이 해서 시험을 보는 것도 가능할 것 같았고, 장교로 군 생활을 했기에 모아둔 돈도 조금 있었다. 그런데 이번에는 5년간 사귀던 여자 친구가 마음에 걸렸다. 만일 미국에 공부를 하러 간다면, 분명히 헤어질 것 같았다. 그래서 일단 취직을 하기로 결심했다. 그런데 막상 취직이 잘되지 않았다. 나와 같은 기수의 ROTC 동기들은 거의 모두 취직이 되었는데 나는 지원하는 회사마다 불합격 통보의 연속이었다. 그러던 차에 누구나 다 아는 시중의 큰 은행에 기적적으로 합격을 하였다. 너무 기뻐서 미국에 가려던 꿈은 바로 잊혔다.

내가 입행할 때만 해도 두 달간의 신입 행원 연수 기간이 있어 은행에서 일하기 전에 전반적인 은행원 생활을 먼저 느낄 수가 있었다. 비슷한 나이의 입행 동기들과 음성 꽃마을에서 봉사도 하고 은행 업무도 배우며 동기들과 이야기도 많이 할 수 있는 즐거운 연수 기간이었다. 게다가 연수 기간에도 월급이 나왔다. 나는 그 시간 동안 은행 조직에 대한 만족감이 커졌다. 결국 은행원이 되기로 결심하였고, 내 인생에서 '미국 변호사'라는 꿈을 완전히 접게 되었다.

둘째 아들이 학부로 런던의 한 대학에서 법대를 다니던 때에 집에 잠시 온 아들에게 졸업하고 혹시 원하면 미국 변호사 시험을 볼 수도 있다고 넌지시 말해 주었다. 영국에서 자라서 영어도 잘하고, 영국 대학에서 법학과를 졸업할 예정이니 어렵기는 하겠지만 시험에 합격할 수도 있겠다고 꼬드겼다. 해 보겠다면 내가 미국 대학원 과정인 LL.M 과정을 할 수 있게 재정적으로 도와주겠다고 말해 주었다. 그때 아이의 눈이 반짝여서 나는 속으로 '됐다!'라고 생각했다.

둘째 아들이 대학을 졸업할 무렵이었다. 기숙사 생활하던 둘째가 집에 잠시 와 있던 중 같이 산책하다가, 자기가 좀 알아보았는데 영국에서 법학 학사학위를 받으면, 미국 뉴욕주 변호사 시험을 보기 위해 미국 대학에서 법학 석사 과정인 LL.M 과정을 할 필요가 없다는 새로운 정보를 나에게 알려주었다. 그 저녁 산책길에 이번엔 내가 눈이 반짝했다.

TAX 변호사 vs 은행원

둘째 아들은 대학을 졸업하자마자 TAX 전문 로펌에 수습 변호사로 들어갈 수 있게 되었다. 2년의 수습 변호사와 1년의 로스쿨 과정을 마치고 SQE 라는 변호사 시험에 합격하면 영국 변호사가 될 귀한 기회를 얻게 되는 것이었다. 좋은 소식에 기뻤지만 한편 어쩌면 아들이 답답해할 수 있는 TAX 변호사가 되는구나, 하고 내 마음이 좀 혼란스러웠다.

다시 나의 예전 은행 생활이 떠올랐다. 신입 행원 연수 기간이 끝나고 시작한 은행 지점에서의 은행원 생활은 무척이나 답답했다. 넓은 무대를 꿈꾸던 나의 첫 임무는 은행 지점에서 '지불계'라는 일을 맡아 좁은 유리방에서 동전을 바꾸어 주며 은행이 오후에 문을 닫으면 지점 현찰을 관리하는 일이었다. 지점의 직원들은 다 은행의 선배들이었고 기본적인 일도 어설프게 하는 나를 못마땅하게 쳐다보는 게 느껴졌다.

둘째 아들의 TAX 로펌에서의 시작도 답답해 보였다.

세금 관련 사무를 보는 업무도 답답했겠지만 못마땅하게 쳐다보는 선배 동료들과의 관계를 무척 어려워했다. 무척 사교적인 둘째는 인사도 잘 안 받아주고, 조언도 잘 안 해주고, 식사 시간에 따로따로 밥을 먹는 조직의 경직성에 무척 놀란 듯했다. 힘들어하는 것이 보였지만 나는 직장 생활이라는 것이 다 그런 거라며 저녁마다 다독이기에 바빴다.

TAX 로펌에서 3개월을 다닐 무렵, 직장에 불만이 생긴 둘째는 놀랍게도 안주하지 않고 다른 길을 모색했다. 그리고 6개월이 될 무렵 과감히 TAX 전문 로펌을 그만두었다. 그 사이 3개월 동안 다섯 번의 시험을 통과하고 1:100의 경쟁을 뚫고 영국 내 가장 큰 조직이라고 할 수 있는 영국 행정부의 수습 변호사로 취직이 됐다. 좋은 소식이었다. 나는 큰 스케일의 영국 정부에서 일하게 된 것도 좋았지만 무엇보다도 내 아들이 적성에 맞지 않는 좁은 세상인 세무 변호사의 인생을 살지 않게 된 것이 기뻤다. 내가 9년 반의 은행원 생활이 즐겁지 않았듯이 둘째 아들도 나와 비슷한 성격을 가지고 있기에 세무 관련한 답답한 일을 할 것이 안타까웠다. TAX라는 스페셜한 일이 전문가처럼 보이지만 본인의 적성과 안 맞으면 그 직장은 감옥처럼 변할 수도 있다.

둘째 아들은 20대에 은행에 안주한 나와는 달리 자기가 가진 것에 안주하지 않고 다른 것을 찾았다.

뉴욕주 변호사 시험

둘째 아들은 첫 직장을 그만두자 두 번째 직장 시작을 할 때까지 9개월의 시간이 생겼다.

TAX 로펌을 6개월 다니다가 그만두고 자발적 실업자가 된 것이다. 둘째 아들은 실업자가 된 후 며칠 안 되어 아침 산책길에 나에게 "아빠가 예전에 말해주었던 미국 변호사 시험을 볼까 해요."라고 말했다. "7개월 후에, 미국 뉴욕주에서 시험이 있으니, 지금부터 열심히 하고 운이 좋으면 합격할 수도 있어요." 나로서는 예상치 못했던 본인의 계획을 말했다. 나는 감격스러웠다. 직장을 다니며 안주하지 않고 영국 정부가 주최한 시험을 통과하여 새로운 직장을 찾은 것도 놀라웠는데, 그뿐 아니라 내가 그렇게도 해 보고 싶던 그 미국 변호사의 길을 내 아들이 스스로 찾아서 가기로 해 준 것이다. 마치 아들이 아닌 내가 그 길을 지원한 것 같은 떨림이 온몸을 관통했다.

아들은 두꺼운 책 한 권을 미국 아마존에서 구매해 7개월간 열심히 공부했고, 7월 중순에 경비를 아끼려고 비행기를 네 번 타고 뉴욕주 버펄로시로 갔다. 인생에 처음 가본 낯선 곳에서 뉴욕주 변호사 시험(3주의 시간 동안 3번의 다른 시험)을 보고, 또다시 비행기를 두 번을 환승하여 영국에 돌아와 결과를 기다렸다. 2개월여가 지나고 그리스 크레타에 오기 하루 전날 바로 그 시험 결과가 전해졌다. 합격이었다. 그 합격은 내가 젊은 날 꾼 꿈이었다. 나 대신 내 아들이 그것을 해 주었다.

내가 합격해도 이렇게 기뻤을까 싶을 만큼 기뻤다. 그 날은 내가 아들이 된 것 같았다.

2

파도 속 아들이라는 나침반

보울리스마 비치의 높은 파도

금요일 아침, 두 아들이 오고 실질적으로 첫날, 지난 20일의 크레타 여행 경험을 통해 두 아들에게 아름다운 그리스의 섬 크레타를 잘 안내해 주고 싶었다. 2016년에 영국이 유럽 연합(EU)을 탈퇴한 브렉시트_Brexit_ 사태가 있었다. 영국 정부와 유럽 연합의 3년여의 협의 끝에 2020년 1월 31일 공식적인 탈퇴로 마무리되었다. 영국이 유럽 연합을 탈퇴한 지금도 예전처럼 EU 국가에서 UK(영국) 운전면허증으로 렌터카를 빌릴 수 있을까 걱정했지만, 아무 문제가 없었다. 그나마 영국이 유럽 내에서 큰 나라여서 망정이지, 작고 힘이 약한 나라였으면 유럽 연합 탈퇴 후 불편이 많았을 것 같다.

소형 자동차이기는 했지만, 하루 렌터카 요금이 50유로가 되지 않았다. 게다가 타이어 펑크 및 유리 손상까지 모든 위험을 커버하는 스페셜 보험이 포함되어 있었다. 가격은 좋았지만, 자동차의 상태는 별로였다. 크레타에서 두 차례 렌터카를 빌렸는데 모두 여기저기 긁힌 흠집도 많고 마일리지가 꽤 되는 차들이었다. 아이러니하게도 그래서 오히려 자동차 손상에 대한 걱정 없이 운전하기에 좋았다. 크레타의 자동차들은 잦은 비포장도로의 출몰로 인해서 대부분 흙먼지를 뒤집어쓰고 있다. 갑자기 작은 돌멩이가 날아와서 앞 유리에 부딪히거나 타이어에 박힌다고 해도 이상할 것이 없다. 처음에는 영국과 반대 방향인 운전석 위치(그리스의 도로 운전 방향은 한국과 같은 방향이다) 때문에 긴장도 되고 높은 산길도 많아서 운전이 부담스러웠지만 며칠하고 나니 익숙해졌다.

다시 학부 대학생이 되어 금요일에 두 과목 중간고사를 치르는 아내는 호텔에서 공부와 시험에 집중하기로 하고, 우리 삼부자만 크레타 동쪽 아요스 니콜라우스 방향으로 차를 몰고 떠났다. 집사람과 이미 한차례 여행한 적이 있는 아요스 니콜라우스에 도착해 이 도시를 다 아는 듯이 여유롭게 아이들을 안내했다. 지난번 방문 때와 다르게 커다란 유람선이 항구에 정박해 있었다. 크루즈 여행객들이 도시를 어슬렁거리며 돌아다녀서인지, 여행 비수기인 10월 말인데도 항구는 사람들로 북적였다. 나도 나중에 60세가 넘으면 유럽에서 크루즈 여행으로 저 멀리 북유럽 노르웨이를 가 보았으면 하고 상상해 본다.

항구의 한쪽 끝에 크레타를 역사 속에 처음 등장시킨 에우로페 공주가 황소로 변한 제우스 신의 등 위에 앉아 있는 동상이 있었다. 공주는 크레타 섬의 동쪽 먼 곳에 위치한 페니키아(지금은 레바논 근처)에서 이곳으로 왔다. 크레타는 남북으로는 유럽과 아프리카의 가운데에 있다. 크레타는 유럽이라고는 하지만 리비아 해안까지 300km 정도만 떨어져 있어서 아프리카 대륙과 그리 멀지 않다. 그리스 본토와는 160km 정도 떨어져 있다.

낮은 절벽이 병풍처럼 항구를 감싸고, 어떻게 저곳에 자리를 잡았나 싶은 소나무들이 너무나 불편한 자세로 절벽 곳곳에 서 있었다. 소나무들은 오랜 세월 동안 어떤 어려운 때에도 이 자리를 묵묵히 지키고 있었다며 자신들의 성실을 드러내는 듯이 보였다. 10월 말임에도 많은 사람들이 항구 주변의 해수욕장에서 스노클링을 즐기고 있었다.

첫째 아들은 올해 들어 처음으로 휴가를 즐기고 있다. 여름 방학 내내 박사 과정 업그레이드 심사를 위해 논문을 쓰고 준비하느라 어디 한 곳 놀러 가지 못했다. 11월에 있는 심사 교수들과의 업그레이드 인터뷰를 위해 논문을 제출하고 바로 그다음 날 크레타에 온 것이었다.

우리는 아요스 니콜라우스의 바다가 시원하게 펼쳐진 작은 식당에서 화이트 와인을 곁들여 맛있는 점심을 먹었다. 식당 주인은 많은 크루즈 고객이 식당 앞을 지나가면서도 식당에 손님이 안 들어와 다소 걱정스러운 표정이었는데, 우리가 들어가니 반색하며 맞이해 주었다. 유럽에서 흔히 접할 수 없었던 문어 요리와 생선 요리에는 질 좋은 올리브유와 여러 향신료가 더해져 입맛을 돋우었다.

항구 이곳저곳 구경을 마치고, 다시 차를 타고 30분 정도를 달려 보울리스마*Voulisma* 해수욕장에 도착해 지중해 해수욕을 즐겼다. 이 해수욕장은 고운 모래와 높은 파도가 특징이다. 신기한 것은 키보다 높은 파도가 나를 덮칠 듯이 머리 위로 지나가고 나면 그 순간 바닷물의 높이가 갑자기 허리 아래로 낮아진다. 높은 파도는 거친 듯 보이지만 안전하고, 그야말로 스릴 만

점이다. 바닷물은 따듯하여 물안경을 쓰고 물아래 돌아다니는 형형색색의 물고기를 원 없이 구경하였다. 1시간여 해수욕에 나도 아이들도 어린애처럼 즐겁다. 해변에 비치된 파라솔과 라운지를 두 개나 차지하고 바다를 맘껏 즐기고 나서 햇빛 가득한 모래사장에서 한가함을 즐겼다. 당연히 파라솔과 라운지 요금을 내리라 생각했는데(통상 하루 10~15유로) 관리원은 해수욕장에 늦게 왔다고(오후 3시경 도착) 돈을 받지 않았다. 기분이 더 좋았다.

성장 사회를 지나 호명 사회로 진입

나와 같은 베이비붐 세대에 태어난 이들이 어른이 될 무렵, 우리나라도 덩달아 급속하게 성장하고 있었다. 88올림픽을 성공적으로 치르고 1990년대에 많은 회사들은 자신감 속에 성장을 거듭하며, 많은 청년에게 취업의 길도 열어 주었다. 그런데 1997년, 2000년 밀레니엄이 되기 3년 전, 갑자기 나라를 통째로 흔든 IMF 사태가 터졌다. 성장을 거듭하던 한국의 기업들이 경쟁에서 추려지고 일부 회사는 과도한 빚을 남기고 없어졌다. 살아남은 기업도 성장보다는 안정성에 더 큰 의미를 부여하였다. 결국 80년대 이후 태어난 세대는 IMF 사태로 우리나라의 기업 문화가 크게 바뀌고 나서 사회로 진출했다. 60~70년대생들이 경험한 성장 중심의 기업 문화와는 사뭇 다른 문화 속에서 직장 생활을 시작하게 되었다.

대학 캠퍼스에서 민주화 운동과 대학생의 낭만은 사라지고, 많은 학생들이 좋은 학점을 받고 다양한 스펙을 쌓아서 대기업이나 공기업에 들어가는 것을 대학 생활 중에 궁극적인 목표로 삼는 듯이 보였다. 대학교 학점의 목표치는 더 높아졌고, 대학 간의 차별은 더 심해졌으며, 나는 구경도 못한 800점 이상의 높은 토익 점수가 취업을 위한 기본이 되었다. 좋은 직장을 잡기 위해 사회에 진입하는 젊은이들의 경쟁이 과도하게 격화되었다. 이때 '헬조선'이라는 말이 사회 전반에 퍼진 것 같다. 80년대 이후 세대에게는 IMF 사태 이후 사회가 급격히 바뀌었는데도, 70년대 이전 베이비붐 세대에게 있었던 시대에 뒤떨어진 기준과 필요 없는 요구사항이 더 강화되어 지속되었다. 직장 업무와는 크게 상관도 없는 좋은 대학, 자격증, 높은 영어 성적이 안정적이고 급여가 높은 직장을 얻을 수 있는 필수 요건이 되었다.

다행히 요사이는 그 과도한 경쟁과 필요 이상의 스펙을 쌓는 문화가 조금씩 변하는 것이 보인다. 베스트셀러인 '송길영' 작가의 책 제목처럼 이른바 '호명사회'의 탄생이 보인다. 큰 조직의 명함을 가지는 것보다, 내가 잘하는 것, 내가 좋아하는 것을 찾아가는 사회, 남과 획일적 경쟁에서 승리하는 것에서 눈을 돌려 나만이 개척할 수 있는 가능한 새로운 시장을 찾아내려는 시대 흐름이 보인다.

이러한 시대 흐름에는 두 가지 중요한 요소가 받쳐 주고 있는데, 첫째로, 부유하고 경험이 풍부한 부모의 자식에 대한 지원. 다시 말해 부모의 정신적인 혹은 물질적인 지원이 예전보다 더 커지고 중요해졌다. 둘째로, 놀라울 만큼 플랫폼과 인공지능이 발달했다. 예전에는 큰 조직이나 큰 회사에서나 받을 수 있었던 다양한 인프라 자원을 큰 조직의 도움이 없이도 플랫폼과 인공지능을 통해 개인들도 접근할 수 있게 되었다. 그리하여 회사에서 자신의 능력을 바치고 월급을 받는 대신, 자신의 이름으로 회사를 만들고 자신만이 만들 수 있는 콘텐츠를 만들어 판다.

이러한 환경에서 젊은이들의 선배에 대한 태도도 달라졌는데, 요즘 젊은이들은 윗사람의 말을 아니, 누구의 말도 그대로 믿지 않는다. 의문이 생기면 바로 검색 엔진을 통해 스스로 찾아보고 확인하고서야 믿는다. 선배의 말을 그대로 믿고 따르던 80년대 이전 세대와는 다르다.

꿈 같던 첫째 아들의 케임브리지 대학 입학

첫째 아들이 고대사 Ancient history를 계속 공부하겠다고 결정하고 케임브리지 Cambridge 대학의 석사 과정을 진학하겠다고 했을 때, 정말 내 아들이 세계 최고 명성을 가진 케임브리지 대학에 갈 수 있으려나 기대 반, 우려 반이었다. 그런데 첫째 아들의 고민은 합격이 가능할까 하는 나의 단순한 걱정과는 좀 달랐다. 돈을 버는 것과는 좀 거리가 있어 보이는 역사와 클래식을 공부해서 나중에 혹시라도 졸업 후에 돈도 못 벌고, 취직도 힘들지 않을까 하는 현실적인 고민이 있었다.

이런 고민에 대한 내 생각은 첫째 아들과는 달랐다. 나는 '좋아하는 것을 하는 사람을 누가 이길 수 있을까?' 하는 확신이 있다. 첫째는 학부에서 고대사를 신나게 공부했다. 학부 시절 대학교의 교수님은 첫째 아들이 제출한 리포트의 수준이 만족스러워 다음에 제출할 리포트가 기다려진다고까지 말하셨다고 들었다. 첫째 아들의 대학 성적은 아들이 얼마나 고대사 공부를 좋아했는지를 증명해 주었다. 최우수 등급 Distinction을 받고, 여러 교수님의 훌륭한 추천서를 받아서 원하는 케임브리지 대학의 대학원에 지원했다. 그리고 얼마 후, 감사하게도 합격 통지서를 받았다.

대학원 진학 이후 이어서 박사 과정도 진학해 고대사를 연구하는 학자가 되겠다는 첫째 아들에게 나는 망설임 없이 큰 응원의 마음을 전해 주었다.

나는 어렸을 때 중고등학교 역사 선생님이 되었으면 했을 만큼 역사에 관심이 많았고, 그중 고대사는 내가 가장 흥미롭게 생각하는 과목이었다. 첫째 아들이 고대사로 영국에서 박사가 되고자 한다니 나로서는 더할 나위 없이 좋았다.

첫째 아들은 케임브리지에서 대학원을 졸업하고, 지금은 런던의 킹스 칼리지 King's College London 에서 고대의 기독교 역사와 3세기 무렵의 기독교 교리 형성 과정에 대해 연구 중에 있다. 기독교가 로마 제국으로부터 공인을 받기 전인 3세기는 기독교 내에서는 암흑기이고 수난기였지만, 한편으로 그 가운데 기독교 교리가 정립된 중요한 시기이기도 하다. 남아 있는 기록이 많이 없고 라틴어와 고대 그리스어를 많이 참고해야 하는 큰 도전이 있는 쉽지 않은 공부다. 하지만 첫째 아들은 지금까지 그랬듯이 차근차근 그 길을 가고 있다. 느리고 꼼꼼하게 진행하는 스타일이 옆에서 보기에는 때로 답답하다. 하지만 길을 잃지 않고 성실히 가면 그 누구보다 더 깊고 흥미로운 학업의 성취물이 있을 테고, 그 공부를 바탕으로 인생길이 어떻게든 열리리라 믿는다.

아들은 내 인생의 나침반

첫째 아들이 태어날 무렵, 내 인생은 혼돈과 고통의 시기였다.

그 고통의 시간을 견디고, 어른으로, 가장으로, 자기 역할을 하며 오늘까지 내가 살아올 수 있었던 것은 첫째 아들이 태어난 이후 나에게 주었던 그 존재감 때문이었다. 첫째 아들은 나에게 아버지라는 것이 무엇인지 알게 해 주었을 뿐만 아니라, 날 성장시켜 주시고 지켜보아 주신 내 아버지께도 진정한 감사를 알고 깨닫게 해 주었다.

커다랗고 높은 파도를 온몸으로 즐기며, 해수욕을 즐겼던 첫째 아들이 숙소로 돌아올 무렵 이런 휴가를 즐기게 해 주어서 고맙다고 내게 말했다. 난 속으로 말했다. '이 먼 곳으로 동생과 함께 와 주어서 고맙다.', '인생길을 시작할 때 내 아들로 와주어 나를 지켜주어서 정말 고맙다.', '내가 그렇게도 하고 싶었지만, 미래의 삶이 걱정되어 감히 하지 못한 고대사를 공부해 주어서 또한 눈물 나게 고맙다.'

첫째 아들은 아내의 뱃속에 있을 때부터 내가 가야 할 길을 알려 주고 바로잡아 주었다.

아이를 키우는 것이 커다란 짐으로 느껴서 아이를 낳지 않으려는 젊은 세대에게 단호하게 그건 아니라고 말해주고 싶다. 성장하는 내 아이는 내 삶의 방향을 알려주는 나침반이고, 흔들리는 인생의 바다에서 여러 번 바른 방향을 알려 주었다고 말해주고 싶다. 꼭 아이를 낳고 나침반이 있는 인생을 살아가기를 당부하고 싶다.

3

보트는 파도를 가르고,
나는 아버지를 마주했다

뎀니오니와 프레벨리 해수욕장

아이들과 함께한 여행 3일 차 아침, 크레타 남쪽에 있는 야자수 비치인 프레벨리 해수욕장*Preveli Palm Beach*으로 향했다. 비치 바로 근처까지 차로 갈 수도 있었지만 그러면 비치 근처의 절벽 위에 차를 주차하고 한참을 걸어 내려가야 하는 육체적 수고가 필요한 코스였다. 평발인 아내는 이런 하이킹을 싫어한다. 이 일정을 말하면 벌써 뾰로통한 표정을 할 것이 눈에 보이는 듯하다. 혹시 다른 루트는 없나 하고 구글에서 꼼꼼히 지역을 검색해 보니 근처의 뎀니오니 해수욕장*Damnoni Beach*에서 배를 타고 팜 비치로 갈 수 있다는 귀한 리뷰를 보았다. 그것이 가능하다면 한참을 걸어 내려갔다가 다시 힘들여 올라와야 하는 과정은 필요 없다. 문제는 이곳에 가는 배가 많지 않아서 늦어도 낮 12시 30분에 출발하는 배를 꼭 타야만 했다. 배를 놓치지 않기 위해 마음이 조급해졌다. 아침을 먹자마자 숙소를 출발해 거의 2시간 30분 동안 한 번도 가보지 않은 산길을 쉬지 않고 달려 간신히 도착 예정 시간 10분 전에 도착할 수 있었다.

팜비치로 가는 경유지인 뎀니오니 비치는 고운 모래 백사장과, 잔잔한 파도를 가진 아름다우면서도 한가함이 느껴지는 비치였다. 해변을 따라 나즈막하지만, 고급스러운 호텔들과 식당들이 오붓하게 있었다. 한적함의 즐거움을 아는 소수의 사람만 와서 조용한 휴가를 즐기는 곳처럼 보였다. 중간에 잠시 거쳐 가는 곳으로 그냥 지나치기에는 아쉬운 곳이었다. 그래도 최종 목적지를 가는 경유지로라도 이런 아름다운 곳을 잠시나마 와 보아서 행운이라고 생각했다. 그런데 비치의 곳곳을 아무리 둘러보아도 배가 정박할 만한 시설이 없고 모래 비치뿐이다. 당황스러워서 주변 식당의 주인에게 물어보니 비치에서 기다리고 있으면 배가 올 거라고 말해 준다. '배를 댈 만한 부두도 없는데 어디서 배가 온다는 것인지?' 의아해하면서 마냥 바다를 보고 있는데 도착 시간이 넘어도 배가 올 기미가 없다. '내가 혹시 배가 오는 곳을 잘못 알았나? 그냥 차를 몰고 가야 하나?' 고민하고 있던 차에 저 멀리서 노란색 배가 해안으로 서서히 다가온다. 스무 명에서 서른 명 정도가 탈 수 있을 만한 작은 배였다. 배가 해변으로 다가오는데 대체 어디에 정박해서 우리를 태운다는 것인지 궁금했다. 배가 점점 다가오더니 당황스럽게도 배는 비치의 모랫바닥에 배 앞부리를 걸치고 스르르 멈춘다. 그러더니 배 안에 있던 사람들이 신을 벗어들고 맨발로 바닷물로 내려 육지로 걸어 올라온다. 맥아더 장군이 인천 상륙 작전 때 배에서 내려 해안을 걸어서 육지로 올라오는 풍경이 오버랩되었다.

우리 네 식구도 생각지 못한 우스운 상황에 헛웃음을 터뜨리면서도, 부랴부랴 신과 양말을 벗고 맨발로 바닷물을 건너서 배에 올랐다. 바닷물은 생각보다 따듯했고 발바닥에 닿는 모래는 발가락 사이로 빠져나올 만큼 부드럽고 고왔다. 크레타에 와서 처음 타는 배여서 특별했지만, 마치 영화에서 보던 후크 선장의 배가 무인도 해변에 있는 듯한 모습이 연상되어 더욱 특별하고 재밌게 느껴졌다. 프레벨리 비치까지 가는 30여 분, 두 아들과 나는 배의 후미에 걸터앉아 멀어져 가는 뎀니오니 비치를 바라보며 크레타에서의 첫 항해를 기분 좋게 즐겼다. 파도는 잔잔하고 투명한 코발트 색 바다이다. 배는 그 위로 하얀 바닷길 물 자국을 남기며 나아간다. 중간에 지나가는 기암괴석들이 떠 있는 풍경은 예상하지 못한 이 여행의 보너스였다. 기대 이상의 경이로운 광경에 심취해서 감탄하고 있는데 승무원이 오렌지 주스와 포도주를 준비해 승객 한 명 한 명에게 접대를 해 준다. 크레타는 어딜 가든 정겨운 환대, 예상치 못한 작은 대접을 받고 감동하게 된다. 배 위에서 아름다운 지중해를 바라보며 시원한 포도주 한잔에 즐겁다.

30여 분의 짧은 항해를 마치고 드디어 팜 비치에 도착했다. 하선할 때도 우리는 맨발로 바닷물을 딛고 육지를 향해 몇 걸음을 걸어야 했다. 팜비치의 한편에 있는 절벽 위에서 비치 쪽으로 사람들이 내려오는 것이 보였다. 절벽 위 주차장에서 비치까지의 거리가 상당하다. 아내의 평발을 고민한 이런 나의 섬세함을 당사자는 알기는 할까? 신을 벗고 비치의 고운 모래를 신이 나서 걷고 있는 아내를 보았다.

해수욕장 가운데로 꿈에서나 본 듯한 몽환적인 느낌의 계곡을 따라 강물이 흘러 내려온다. 1년 내내 비가 거의 오지 않는 지역임에도 계곡을 따라 상당한 수량의 강물이 내려오는데, 강가에는 **빽빽한** 야자수가 양쪽으로 펼쳐져 있고 저 멀리 솟은 기암괴석이 절경이다. 산과 물과 야자수와 비치가 조화를 이룬, 상상으로나 그릴 듯한 풍경화가 펼쳐져 있었다. 비치에는 많은 사람들이 마지막 수영 시즌을 즐기고 있었고, 일부 관광객은 야자수 사이 강가를 따라 계곡을 탐험하러 올라간다. 바닷물은 따듯한 데 비해서 계곡에서 내려오는 강물은 차다. 깊지 않은 강물을 따라 올라가며 수영을 즐길 수 있겠다 싶었지만 이미 계절은 11월이 다가오고 있을 때여서인지 찬 강물에 몸을 담그고 용기 있게 수영을 하는 사람은 없었다. 우리 가족도 비치에 있는 단 하나의 작은 카페에서 약식으로 요기를 마치고 야자수 숲 산책을 하였다. 이 강가를 따라 계속 올라가면 이곳으로 오던 중에 우리 모두를 깜짝 놀라게 했던 웅장한 계곡인 코우탈리오티코 협곡*Kourtaliotiko Gorge*으로 갈 수 있으리라! 크레타는 산이 높고, 계곡이 깊어 여러 협곡(그리스에서는 고지*Gorge*라고 한다)이 곳곳에 숨겨져 있는데 자동차 운전 중에도 가끔 깊은 계곡을 발견하고 어마어마한 크기의 절경을 지나치며 놀라곤 한다.

　크레타에서 가장 유명한 협곡은 크레타 서남쪽 지역에 넓게 펼쳐져 있는 '사마리아 고지'인데 계곡 상류에서 하류의 해안까지 하이킹 코스가 잘 되어 있어, 체력만 된다면 초보자도 완주할 수 있다고 한다. 이다산을 갔을 때 만났던 캐나다 관광객들은 이 웅장한 사마리아 고지를 꼭 가보라고 권했었다. 편도로 15km 정도의 하이킹으로 웅장한 크레타의 산세를 느낄 수 있는 코스라며, 마지막에 해안에 도착하면 셔틀버스를 타고 상류로 쉽게 올 수 있다고 설명해 주었다. 아쉽지만 아내와 가기에는 무리인 듯해서 이번 일정에는 포함하지 못했다.

야자수 숲을 누비고, 차가운 강에 발을 담그고, 강을 따라 돌아다니는 수십 마리의 물고기를 보며 가족 모두 하이킹을 즐겼다. 1시간여 짧은 하이킹을 마치고 해안으로 돌아왔다. 돌아가는 배편이 올 때까지 30분이 남아, 두 아들은 허겁지겁 수영복으로 갈아입고 따뜻한 해수를 가진 바닷가에서 짧게나마 마지막 해수욕을 즐겼다.

프레벨리 지역은 고유한 크레타 야자(크레타 섬에 자생한 야자수) 숲의 생태계 보전을 위해 국가적으로 관리되는 지역이다. 그런 관리 지역이어서 관광객을 위한 카페 한 곳을 제외하고는 식당도 호텔도 허가를 안 해 준다고 한다. 강과 바다가 만나는 지점에 넓은 야자수 숲이 펼쳐져 이국적인 풍경이 펼쳐진다. 때로 크레타는 상상으로만 하던 아프리카 느낌의 풍경이 펼쳐지는데 아프리카 어딘가 오아시스가 있는 야자수 마을이 이런 풍경일 것 같다.

돌아오는 배편에서, 미래에도 우리 가족 모두가 이런 여행을 다시 또 할 수 있을까 하고 생각했다. 아이들은 자신들의 일로 점점 바빠질 테고, 결혼하고 가정을 꾸리면 상황상 지금 같은 가족 여행은 힘들 수도 있겠다는 생각이 든다. 나와 아내도 앞으로 어떻게 될지 모른다. 그냥 이 시간을 즐기자! 미래는 내 몫이 아니다.

부모님과 영국에서의 만남

10년 전에 아버지 어머니가 함께 영국에 오셨다. 작은 사업을 시작했지만, 영국에서 아직도 자릴 잡지 못하던 시기였다. 매일매일 일용할 양식을 구하며 살았다. 사업을 시작하고 2년여가 지나자 어찌 됐든 아이들을 잘 키우고 살 수도 있겠다는 희망이 보였다. 그때 바로 부모님을 영국에 모시고 싶었다. 영국이라는 나라로 떠나온 불효에 대해 어떻게든 걱정을 덜어 드리고 싶었다. 아직 비행기표를 사는 것도, 여행을 시켜드리는 것도 경제적으로 좀 무리라고는 생각되었지만, 나는 막무가내로 여러 번 오시길 청하다가 비행기표를 사서 보내 버렸다. 마침내 부모님이 런던 히스로 공항 *Heathrow Airport*에 도착하셨다.

첫 며칠간 맛있는 음식을 대접하고 성장한 손주들을 보시며 행복한 만남의 시간이라 생각했다. 하지만 영국에 오시고 3일째, 어렵게 사는 우리 형편을 보시고 아버지 마음이 편치 않으셨던 것 같다. 아침에 조용히 날 부르시더니 보름을 있기에는 너무 길다고 빨리 돌아가시겠다고 서울로 돌아가는 비행기를 알아보라고 하셨다. 나는 너무 당황스러웠다. 일정 변경이 안 되는 비행기표라고 우기면서 부모님과 예정된 보름의 기간을 다 채워 모셨다. 부모님은 한국으로 돌아가실 무렵, 우리 네 가족이 영국에서 몇 달을 살 수 있는 생활비를 말씀 한마디 없이 주셨다. 공항에 모셔다드리고 돌아오는 길에, 잘 사는 모습을 못 보여드려서 마음이 너무 안 좋았다. 잘 대접해 드리고 잘 살고 있다고 보여 드리고 싶어서, 나름대로 괜찮은 호텔을 예약하고 영국의 명소를 이곳저곳 구경시켜 드렸지만, 내가 영국에서 힘겹게 사는 것이 아버지 눈에 선명히 보이셨던 것 같다. 손주들을 보시고는 웃으셨지만, 보름 내내 날 보고 웃는 모습을 보지 못했다. 호강시켜 드리려다 걱정만 더 안겨드리고 마음 불편하게 보내드린 것 같아 공항에서 집에 오는 길에 눈물이 핑 돌았다. 이런 것이 불효구나 하며 내가 왜 영국에 왔는지 후회스럽기도 했다.

 형편이 조금 나아지고 나서 한 번 더 오셨고, 시간이 지나 이제 좀 안정화 되었다 여겨질 때 부모님께 이제 정말 살 만하다고, 여러 번 오실 것을 청했지만, 아버지는 몸이 안 좋다고 계속 일정을 미루셨다. 그러던 어느 날 아버지가 집에서 쓰러지셨다. 허리가 아프다고 하셨는데 검사 결과, 한쪽 폐에서 폐암이 발견되었다. 뼈로 전이가 된 폐암 4기였다.
 아버지가 때로 너무 그립다. 범사에 모범이 되시는 아버지에게 태어났고, 그런 아버지를 보아가며 성장했고 나도 아버지 역할이 무언지 배웠다. 이제는 뵐 수 없는 저 멀리로 가셨다. 무엇 하나 여쭐 수도 없고 맛있는 것을 대접할 수도 없다. 평생 교직을 지키시며 선생님으로, 아버지로, 바른 어른으로 사시다가 제자에게도, 자식에게도 변변히 제대로 된 대접도 못 받으시고 그렇게 하늘나라로 가셨다.

 배에서 내려 해가 지는 도로를 따라 북쪽으로 넓게 펼쳐진 해안을 바라보며 숙소로 돌아왔다. 아이들은 뒷좌석에서, 아내는 옆좌석에서 곤히 잠을 잔다. 오늘을 감사했다. 내일 다시 이런 시간이 없더라도 야자수 가득한 해안에서 아빠와 아들들이 즐거운 하루의 추억을 만들었기에 만족스럽다. 내가 아버지를 이렇게 사랑하고 그리워하는 것처럼 우리 아이들에게 나도 그런 아빠가 되고 싶다.

프레벨리로 가는 보트. 맨발로 바닷물을 건너서 배에 올랐다.

4

아이들의 런던행을 바라보며

절약이 기쁨이 되는 사람!

첫째 아들도, 둘째 아들도 적지만 돈을 벌기 시작하자 나는 용돈 주는 것을 멈추었다. 이어서 이제 독립해서 집에서 나갈 것을 독촉했다. 둘 다 런던에서 활동하기에 승용차로, 전속력으로 달려도 2시간 반이 넘게 걸리는, 노팅엄과 런던 사이를 출퇴근하는 것도 합당치 않아 보였다. 특히나 남자는 미래 한 집의 가장으로 스스로 설 수 있도록 빨리 자립을 위해 준비를 해야 한다고 생각했다. 부모의 도움이 계속되면 나이를 먹어도 부모에 대한 의존성을 유지하려는 습관이 계속될 것 같았다. 실제로 많은 영국인 부모들도 나와 비슷한 자세를 가지고 아이들의 독립을 유도하는 훈육을 한다고 한다.

몇 달이 지나 두 아들은 런던 외곽에 작은 스튜디오를 얻어 마침내 독립하였다.

3박 4일간의 두 아들들과 귀한 가족 여행이 마감되고, 아이들은 다시 런던으로 돌아갔다. 크레타에 머무는 3박 4일간 내가 책임지고 아이들 숙박 및 여행 경비를 지출했지만, 영국에서 크레타로 오는 왕복 비행기표만큼은 아이들이 각자 자기 돈으로 구매했었다. 아이들에게서 내가 비행기표를 구매해 주기를 바라는 눈빛도 느껴졌지만, 부자지간이라고 해도 이제 독립한 사람에게 차마 비행기표까지 사줄 수는 없었다. 젊은이가 경제적인 궁핍 가운데서도 필요한 것을 스스로 찾는 습관은 인생을 사는 데 중요한 덕목이라고 생각한다.

첫째 아들은 뭔가를 살 때 별로 가격을 생각하지 않고 필요하면 그냥 산다. 그래서 조금만 생각하면 할인해서 구입할 것도 정가를 주고 구매하는 편이다. 본인도 그걸 아는지 때때로 머쓱해하지만 잘 고쳐지지 않는다. 그래도 다행인 것은 첫째는 꼭 필요한 것 말고는 사지 않는 편이다. 충동구매나 사치라는 것을 아직까진 잘 모른다.

둘째 아들은 가족 중 누구보다도 돈을 아끼려는 마음이 투철하다. 무얼 하나 사도 싸게 사려고 노력하고, 또 싸게 사면 그 자체로 너무 기뻐한다. 영국의 슈퍼마켓에는 저녁 시간이 되면 유통기한이 임박한 제품을 저렴하게 구매할 수 있는 판매대가 매장 한구석에 있다. 우리 가족 중 그 판매대를 즐겨 찾으며 싼 가격에 사는 것에 희열을 느끼는 것은 항상 둘째 아들이다. 자기 돈을 은행에서 저축할 때도 마찬가지다. 돈이 얼마 안 되어도 0.1%라도 더 주는 은행을 열심히 찾아서 그 은행에 저축한다.

이런 첫째 아들과 둘째 아들의 성향은 이번 여행을 위해 크레타행 왕복 비행기표를 살 때도 잘 드러났다. 첫째는 둘째보다 조금 비싼 비행기표를 구매했다. 반면에 둘째는 오기로 결정하자마자 가장 저렴한 항공권을 찾아서 구매했다. 첫째와 둘째의 비행기표 가격은 한화로 20만 원 정도 차이가 났다.

둘째는 얼마 전 미국에 변호사 자격 시험을 보러 갈 때도 싼 비행기표를 구매했다고 좋아해서 일정을 물어보았더니, 갈 때 세 번을 경유하는, 다시 말해 다른 비행기를 네 번 타고 목적지에 가는 표를 구입했다. 이 일정을 보고 사실 나는 너무 놀랐다. 미국에 가는 길에 아일랜드의 더블린, 아이슬란드의 레이캬비크, 미국의 보스턴까지 합해 무려 3곳에서 환승하여 마침내 시험을 보는 뉴욕주 버팔로시에 도착했다. 돌아올 때도 비슷했다. 워싱턴에서 출발해 아이슬란드의 레이캬비크, 스코틀랜드의 글래스고를 거쳐 잉글랜드 버밍햄에 도착했다. 바로 가는 직항이나 한 번 경유하는 비행기보다 반값이라고 흐뭇해했었다.

지금 런던에서 살면서도 그 바쁜 와중에 주말에 피아노 개인 지도를 두 팀에게 해주고 레슨비를 받는다. 살고 있는 집의 렌트비가 비싸서, 저축해 놓은 돈을 쓰지 않으려면 어쩔 수 없다고 말한다.

아들의 영국행 비행기의 해프닝

둘째는 크레타에서 영국 런던으로 가는 비행기표를 구매할 때 아테네를 환승해 가는 저가 항공권을 구매했다. 아테네에서의 환승 시간이 1시간에 불과했고, 갈아타는 두 번째 비행기는 첫 번째 비행기와는 다른 항공사가 운영하는 비행기였다. 안타깝게도 크레타와 아테네 사이의 첫 번째 비행편에서 항공사가 오버부킹을 받는 바람에 둘째는 예약한 저녁 비행기를 타지 못했다. 조금 더 비싼 표를 구입한 첫째는 문제없이 예정대로 먼저 런던으로 떠났다. 반면에, 둘째는 항공사의 배려로, 같은 날 아테네로 가는 다음 비행기를 태워는 주었지만, 이어지는 환승 비행기는 놓칠 수밖에 없었다. 둘째는 아테네에서 런던으로 가는 비행기표를 새로 구매해야만 했고, 아테네 공항 벤치에서 하룻밤을 보내고 다음 날 아침 런던으로 돌아가야 했다. 둘째로서는 비행기표 추가 구매로 인해 예정에 없던 지출이 늘어났고, 공항의 벤치에서 노숙도 하는 힘든 일정을 경험했다.

둘째는 이런 황당한 일에 대해 벌써 경험이 있었기에 의외로 담담했다. 아테네 공항에서 밤을 새며 다음 비행기를 기다리는 사이에 문제의 항공사에 컴플레인 이메일을 보냈다고 한다. 비행기표 추가 구입 비용까지 모두 보상을 받겠다고 의지가 충만하다. 그도 그럴 것이 둘째는 1년 전 여행 중에 비슷한 경험이 있었다. 말레이시아에서 런던에 오는 비행기는 암스테르담을 경유하는 비행기였다. 쿠알라룸푸르에서 운항이 지연되는 바람에 암스테르담에서 런던으로 오는 두 번째 비행기를 놓치는 일이 있었다. 둘째가 집에 돌아오고 며칠이 지난 후, KLM 항공사에 컴플레인 및 보상을 요청하는 편지를 나에게 보여 주었는데 그때 나는 좀 놀랐다. '좀 늦게 출발해서 문제가 생겼지만 그래도 다음 비행기를 태워 주었잖아? 두 번째 비행기를 놓쳤지만, 환승하는 공항의 호텔에서 무료로 하루 재워주었잖아?' 속으로는 안 하는 게 좋지 않을까 하고 생각했지만, 항공사가 계약을 어긴 것이 분명하니 보상을 요청할 수 있다고 주장하는 둘째에게 하지 말라는 이야기는 차마 못했다. 그러고 나서 나는 까마득히 잊고 지냈는데, 한 달쯤 지나서 항공료를 100% 돌려받았다고 둘째가 알려 주었다. 이 소식을 듣고 나는 두 번째로 깜짝 놀랐다. KLM 항공사의 넉넉한 보상 정책에도 놀랐고, 우리 둘째에게도 놀랐다. '법학을 전공해 법리에 민감해서 그런가? 효과적으로 글 쓰는 능력 때문인가? 어쨌건 이렇게까지 100% 환불을 받는 것은 좀 지나친 것이 아닌가?' 여러 가지 생각이 들었고, 영국에서 자라며 교육받은 내 아들이 나와는 다른 사람이구나 하는 생각이 들었다. '어른이 되었구나!' 하는 생각도 들었지만, 저런 성향이 삶을 너무 힘들게 할까 봐 걱정도 되었다. 이런 성격이 나에게서 아들에게 전해진 것은 아닌가 우려스럽기도 했다.

이번에 크레타에서 아들이 이용한 A항공사는 KLM 같은 일급 대형 항공사가 아니라 그리스 지역만을 주로 운항하는 소규모 저가 항공사이다. 둘째 아들의 컴플레인이 과연 KLM때처럼 보상으로 돌아올지 궁금하다. 비행기를 놓치는 해프닝을 겪고, 뒤늦게 구글에 A항공사를 검색해 리뷰를 보니 여러 불만으로 악명이 높다. 이번에 상대할 항공사는 더 만만치 않아 보이고, 환불 조건도 더 까다로워 보인다.

인생을 살면서 어쩔 수 없이 닥치는 곤란한 상황, 어려운 상황을 만나 그것을 피하지 않고 그것을 해결하려 노력하는 것이 삶에 경험이 된다는 것을 잘 안다. 그 경험이 때로는 삶에 큰 힘과 도움을 주기도 한다. 그런 것을 알면서도 요즈음에 나는 나의 젊었을 때와 다르게, 문제가 생기면 그냥 손해 보고 만다고 하며 포기하곤 한다. 억울한 상황에서, 귀찮음을 이유로 도전하지 않으려는 내 마음가짐에 때로 실망스럽기도 하다.

 둘째가 혹시 돈을 보상받지는 못하더라도 이번 해프닝을 통해서 또 무언가를 배울 것 같다. 최소한 저가 항공을 이용하는 것이 이번처럼 결론적으로는 돈이 더 들 수도 있다는 것은 배운 것 같다. 귀찮음을 극복하고 도전하고 있는 둘째를 조심히 응원해 본다.

PART 7

다시,
내일로 가다

외로운 길 위, 나는 바람과 햇살 속
에서 잠시 멈추었다.
나를 알려야 하는 명함이란 필요치
않았다.
새로운 길에 마음이 끌리면 흔들림
조차, 머뭇거림조차 나의 일부로 껴
안고 가기로 했다.

1

오히 데이, 학생 퍼레이드의
감동을 안고 동부 해안까지

막상 아이들이 떠나고 나니 갑자기 아내와 나는 크레타에서의 시간과 공간이 텅 빈 것 같았다. 아이들이 노팅엄에서 떠나 런던에서 독립할 때도 이런 허전함은 없었는데, 불과 3박 4일 같이 있었다고 가버리고 없으니 무척 허전하다.

크레타 학생들의 행진, 교련 사열의 추억

아이들이 가고 나니 비로소 여행이 마무리 단계라는 체감이 왔다. 우리는 차분히 숙소에서 아침을 먹고, 지금까지 안 가본 크레타의 동쪽 끝으로 가보기로 하였다. 우리가 첫 번째로 목표로 정한 곳은 동쪽 끝에 있는 토플로우 수도원*Toplou Monastery*이었다. 이곳은 크레타의 독립 정신의 상징과 같은 곳이라는 이야기를 들었다.

오늘(10월28일)은 마침 그리스의 국경일로 제2차 세계대전 참전 기념일이었다. 1940년 그리스의 이오안니스 메탁사스*Joannis Metaxas* 수상이 이탈리아

무솔리니의 강압적인 그리스 점령 요구에 '오히(Ohi, 그리스 말로 '아니!'라는 뜻)'라고 반발하고 전쟁 참여를 선언한 날이다. 현지에서는 '오히 데이'라고 한다. 독립 정신이 투철한 크레타 사람들은 이탈리아 파시스트와 독일 나치의 침공에도 단호히 저항했다. 크레타의 레지스탕스가 크레타를 침공한 독일군에게 끈질기게 저항한 것은 역사적으로 유명하다.

토플로우 수도원으로 가는 길에 잠시 작은 타운에 쉬어 가기로 하였다. 공용 주차장에 주차하고 시내 중심가로 나가니 공휴일이라 그런지 대다수의 상점 문이 닫혀 있었다. 그런데도 불구하고 많은 사람들이 길가에 서서 무언가를 기다리고 있었다. 주변의 현지인에게 물어보니 학생들이 퍼레이드를 하는데 그것을 보려고 기다리고 있다는 것이다.

우리도 좋은 구경이다 싶어 잠시 무리에 끼어서 기다리고 있으니 이내 도로 한쪽 끝에서 수많은 학생들이 긴 도로를 따라 행진해 왔다. 그리스 국기를 앞에 세우고 진지하게 정면을 바라본 채 팔과 다리를 쭉쭉 뻗으며 줄을 맞추어 행진을 한다. 여학생들은 하얀 블라우스에 남색 스커트, 남학생들은 하얀 와이셔츠에 남색 면바지로 모두 복장을 통일하고 각 학교 선생님들의 구호와 호루라기 소리에 보폭을 맞추어 걷는다. 마치 군기가 바짝 든 자원병이 전쟁터로 향해 가는 모습처럼 보였다. 이 행진을 통해 크레타인들의 국가에 대한 사랑과 독립의 열의가 고취되는 게 느껴졌다.

불현듯 내가 고등학교 때 교련복을 입고 사열을 받던 때가 기억났다. 위압적인 교련 사열이 그때는 썩 유쾌하지는 않았다. 그런데 요즘은 고등학교에서 교련이라는 과목이 완전히 없어졌다고 한다. 유쾌하지 않은 기억이지만 그렇다고 아직 휴전 상태에 있는 나라에서 그런 교련 과정을 완전히 없애면 안 되는 것은 아닌가? 하는 생각이 들었다.

나는 행진곡에 맞추어 진지하게 행진하는 학생들을 가진 크레타 공동체를 어떻게 평가해야 할까? 우리나라는 자주 독립 같은 중요한 공동체 정신을 점점 경시하고 있는 것은 아닐까? 가진 것에 대해 감사함이 없어지고, 부유해진 나라를 뺏으려는 외부 세력에 대한 조심성이 없어진 사회, 그러면서도 서구를 흉내 내어 개인주의가 급속도로 발달한 사회가 한국의 현주소는 아닐지 잠시 고민해 보았다.

길가에 서서 손뼉을 쳐주는 주민들과 함께 우리 부부도 거의 유일한 동양인 대표가 되어 박수와 환호를 해 주었다. 마지막으로 남녀 인명 구조 대원 10여 명이 구조 도구를 어깨에 메고 행진하였고 이를 끝으로 40여 분의 행진이 마무리되었다. 짧은 시간이었지만 어린 학생들의 노고에 가슴이 뭉클하였다.

리츠티스 협곡을 지나 크레타 동쪽 끝으로

여느 때와 같이, 동쪽 끝으로 가는 길은 굽이굽이 넘어가야 하는 산길이다. 크레타 섬은 어딜 가나 평야가 없는 것 같다. 특히 해안선을 따라 높은 절벽이 이 큰 섬을 요새처럼 싸고 있는 듯하다. 90번 도로를 따라가다 보면 나오는 리츠티스 협곡*Richtis Gorge* 주변에는 도로 곳곳에 뷰 포인트*viewpoint*가 있다. 높은 도로의 절벽 한쪽 옆에 크레타의 웅장한 해안선 경치를 볼 수 있는 주차 공간이 있었다. 잠시 쉴 겸 차를 세우고 전경을 바라본다. 까마득히 높은 산길 위에서 아름다운 크레타 동북쪽 해안선을 볼 수 있었다. 짧지만 자연의 숭고함을 느낀 순간이었다. 숭고함! 자연의 웅장함 속에서 나는 스르르 작아지는 느낌이 든다. 그 광경 속에서 왜 난 기쁨을 느낄까? 나의 작음과 자연의 웅장함 속에서 나를 넘어서는 존재를 느낀다. 그 큰 실존 안에서 원래의 나를 발견하곤 한다.

저 멀리 보이는 자그마한 비치에는 늦은 가을 마지막 해수욕을 즐기는 사람들이 있었고, 길 아래 가파른 경사지에는 염소들이 풀을 찾고 있었다. 때로는 길에서 염소들이 떡하니 길을 막고 움직이지 않고 서서 우리를 빤히 쳐다본다. 바람 소리가 조금씩 강해지는 10월 말. 따뜻한 햇살 속에 길 중앙에 서 있는 염소들도, 운전석 안의 나도, 길 위에 서서 잠시의 머뭇거림을 즐긴다. 나에게는 신기하고 재미있는 풍경이었지만, 길을 막은 염소의 안전은 좀 걱정되었다.

마침내 도착한 토플로우 수도원은 규모가 크지 않지만, 벽에 쌓아 올려진 돌 하나하나가 단단해 보이고, 소음이라고는 없는 고요한 곳에 있었다. 15세기에 건설된 것으로 추정되는 이곳은 오스만 제국의 지배하에서는 이슬람 신앙에 저항하며 동로마 제국부터 이어온 그리스 정교회 *Eastern Orthodox Christianity* 의 신앙을 지켰다. 아울러 외세로부터의 간섭에 대해 저항했던 크레타 섬 동부의 레지스탕스 중심지이기도 했다. 외관상으로는 높은 벽으로 둘러싸인 작은 요새 같다는 생각이 들었다. 수도원 내부의 1층에는 비잔티움 시대(동로마 시대)의 고대 문서와 성화와 성물이 잘 보관되어 있다. 2층은 수도승들의 생활 공간으로 외부인은 통제 구역이었다. 우리나라의 참선을 위해 출입을 막고 있는 절 한켠 같은 느낌이다.

수도원 한쪽에서는 수도원에 있는 과수원에서 생산한 유기농 포도주를 팔고 있었다. 나는 가장 비싼 25유로짜리 적포도주를 한 병 구매했다. 이 수도원만의 특별한 포도종으로 재배되어, 당도가 높고 단맛이 강하다는 점원의 달콤한 설명에 '한국에 가지고 가서 형님과 한 잔 해야지.' 하고 생각했다. 원하는 포도주 시음을 마음껏 할 수 있는 수도원에 딸린 파브리카(Fabrica, 그리스 말로 공장, 생산지라는 뜻)도 들어가 포도주를 즐길 수 있었지만, 운전을 해야 했기에, 눈으로만 감상하고 나올 수밖에 없었다.

해수욕장의 천국 크레타, 섬의 각 방향 비치의 특징

차분하지만 인상 깊은 토플로우 수도원을 나와 크레타 동쪽 끝의 바이 해수욕장_Vai Beach_으로 갔다. 이곳은 유럽 전역을 통틀어서 가장 넓은 야자수 보호 지역이다. 비치에 들어가는 길 한쪽으로 야자수가 넓게 분포한다. 며칠 전에 갔던 팜비치와 마찬가지로 이곳도 자연 보호 지역이어서 큰 건물은 없고, 비치 한쪽 끝의 아담한 언덕 위에 바다가 한눈에 보이는 레스토랑 하나만이 있을 뿐이다. 해수욕장의 모래는 다소 거칠었지만, 해변의 폭이 깊고, 파도는 잔잔했다. 크레타에서 가장 먼저 해가 뜨는 곳으로 아침 일찍 오면 멋진 일출을 볼 수 있다고 한다. 이곳에서 똑바로 동쪽으로 바닷길을 따라가면 사이프러스 섬이 나오고 더 나가면 레바논에 이를 수 있다.

크레타는 제주도의 4.5배 크기(크레타 8,336제곱킬로미터, 제주도 1,849제곱킬로미터)이고 그리스에서 가장 큰 섬이지만 지중해만을 놓고 비교해 보면 네 번째 크기의 섬이다. 1등은 이탈리아 시칠리아_Sicily_, 2등도 이탈리아 사르데

냐*Sardinia*, 3등은 사이프러스*Cyprus*이다. 나폴레옹이 태어난 코르시카*Corsica*는 프랑스령으로 9등이다.

나는 이번에 크레타에 와서 모두 열다섯 곳의 해수욕장을 갔었는데 열다섯 곳 모두 다 특색이 있고 나름의 매력이 있었다. 오늘, 이 동쪽 끝 비치를 돌아봄으로써, 크레타의 동서남북 모든 방향의 비치를 한 곳 이상 다 둘러보았다. 300개가 넘는 크레타의 전체 비치 중 내가 다녀본 곳을 방향별로 설명하자면, 남쪽의 비치는 높은 절벽 밑에 숨겨진 보석 같고, 서쪽 비치는 모래가 곱고 비치가 넓고 깊다. 크레타가 자랑하는 잘 알려진 유명한 비치가 대부분 서쪽에 모여 있다. 북쪽 지역은 특히 비치의 숫자가 많은데 사람들이 북쪽 지역에 많이 살아서 더 많이 개발된 이유도 있는 것 같다. 경험상 10분 정도 차로 달리면 새로운 비치가 하나씩 나오는 것 같다. 이에 비해 오늘 온 동쪽 방향 비치는 크레타 국제공항에서 거리가 가장 멀고, 많이 알려지지 않아서 관광객이 적고 한적하다. 더 깨끗하고 청결한 느낌이다.

이렇게 크레타에 비치가 많다 보니 곳곳에 옷을 다 벗고 해수욕을 즐기는 누드 비치도 숨겨져 있다.

바이 해수욕장에서 북쪽으로 20분 정도 차를 몰고 비포장도로를 따라가면 에리오우폴리스 해수욕장*Erimoupolis Beach*이 나오는데 나름 유명한 누드 비치라고 한다.

숙소로 돌아오는 길에, 동쪽에 있는 큰 항구인 시티아(Sitia)에 들렀다. 항구의 한곳에 차를 세우고 항구 주변을 둘러보니 영국에서 온 알렉사*Alexa*라는 높은 돛대를 가진 요트가 정박해 있다. 아름다운 항구를 배경으로 멋진 요트가 조화를 이룬 것을 보니 그림 같다는 생각을 했다. 사실 풍경이 아름다우면 그림 같다고 하는데 이 얼마나 모순된 말인가? 우리는 아름다운 풍경을 보면 그림 같다고 하고, 실물 같은 그림을 보면 사진 같다고 한다.

저 요트는 돛을 높이 세우고 영국의 해안 항구 어디인가를 출발해 지브롤터 해협을 지나, 이곳 지중해 중심에 위치한 크레타까지 먼 길을 왔을 것이다. 이 세상에는 생명을 담보로 모험을 즐기는 사람이 생각보다 많은 듯하다. 오로지 바람에 의지해 움직였을 저 배는 얼마나 오래 걸려서 이곳에 왔을까?

조금 더 시간을 가지고 동쪽의 그림 같은 항구, 시티아*Sitia*의 야경을 보고 싶었지만, 이곳으로 올 때 경험한 산길을 깜깜한 저녁에 통과할 것이 두려워서 어둑해지기 전 부랴부랴 다시 높은 산길을 넘어 서쪽으로 돌아갔다.

크레타 섬은 제주도의 4.5배 크기로 그리스에서는 첫 번째, 지중해에서는 네 번째로 큰 섬이다.

2

주니어 스위트 룸에서의 하룻밤

여행하며 살 힘을 얻다

영국에 살면서 삶이 힘들 때마다 유럽 곳곳으로 여행을 다녔다.

돈이 있든 없든, 어딘가로 여행해야 숨이 트이고 살아갈 힘이 생겼다. 그래서 기회가 되는 대로 여행을 갔다. 아내는 이런 나의 여행 애호가적 성향이 늘 불만이다. 아내는 여행에 돈을 쓰기보다는 차라리 그 돈으로 본인이 원하는 편리한 가전제품이나 예쁜 가구를 사서 집을 편하고 아름답게 꾸미며 살고 싶다고 한다.

처음 영국으로 올 때 우리는 신혼 무렵 장만했던 모든 혼수 가구를 한국에 두고 왔다. 언젠가는 다시 사용하려니, 하며 창고 한구석에 쟁여 두었다가 결국 더 이상 보관이 불가능해져서 다 버리고 말았다. 필요한 사람에게 주었으면 잘 사용했을 텐데 아쉬운 마음이다. 영국에 와서는 빠듯한 살림으로 제대로 된 가구를 산 적이 없다. 필요하면 중고 가구 매장에서 구매하거나, 아니면 이케아*IKEA* 가구를 사서 조립해 사용했다. 때로는 한국으로 돌아가는 지인이 놓고 가는 가구를 받아서 사용하기도 하였다. 그렇게 그때그때 가져다 놓으니, 집에 있는 가구들은 색깔도 모양도 들쑥날쑥 통일성이 없다. 집 꾸미기를 좋아하고 사람들과 음식을 나눠 먹는 것을 좋아하는 아내는 항상 이것이 불만이다.

라이언에어와 젯투 여행사를 통해 알게 된 유럽인들의 여행 스타일

처음에 영국에 왔을 때는 라이언에어Ryanair나 이지젯EasyJet 같은 유럽의 저가 항공사들이 본격적으로 비즈니스를 시작할 무렵이었다. 특히 라이언에어는 당시에 10파운드(원화 18,000원 내외)가 안 되는 돈으로 유럽의 여러 도시로 가는 편도 티켓을 팔았다. 조금만 관심을 가지고 있으면, 평소에 꿈꾸던 유럽의 도시들을 저렴하게 갈 수 있었다.

2012년에 작은 사업을 시작했다. 사업에 바빴지만 종업원이 아니고 사장이어서 때로는 유럽 여행을 위해 일정을 만드는 것이 그리 어렵지 않았다. 삶이 힘들고 지칠 때면 비행기 티켓을 검색했다. 여기저기 다양한 사이트를 검색해서 저렴하게 구입하고, 이어서 저렴한 호텔을 찾아서 예약을 했다. 여행을 떠나기까지 기다리는 몇 달 동안 틈틈이 연구하며 출발할 그날을 기다렸다. 영국 사람들도 나와 같이 여행을 좋아하는 사람이 참 많은 것 같다. 섬나라의 답답함과 고물가의 스트레스를 다른 나라 여행으로 해결하는 것 같다. 나도 영국인들처럼 다가올 여행을 기다리며 현실 속의 스트레스를 극복하곤 했다. 처음에는 저렴한 비행기표를 살 때, 라이언에어나 이지젯 같은 유럽 저가 항공사의 사이트에 들어가서 저렴한 티켓을 찾았다.

그러다 어느 순간부터는 스카이스캐너 Skyscanner라는 앱을 이용했다. 출발하는 공항만을 정한 뒤에 불특정 도시와 불특정 기간으로 검색하면, 영국 밖의 흥미로운 도시로 향하는 항공편을 알아서 찾아주었다. 그래서 프랑스의 카르카손, 독일의 뮌헨, 체코의 프라하, 덴마크의 코펜하겐, 헝가리의 부다페스트, 러시아의 상트페테르부르크, 스페인의 말라가 같은 여러 도시를 큰 부담 없이 갈 수 있었다. 왕복 항공권이 일 인당 10만 원이 안 되었던 것 같다.

그러다가 현지 영국인들이 선호하는 더 발전한 형태의 여행을 발견하였다. 우연히 영국에 본사를 둔 젯투 JET2라는 여행사의 사이트를 알게 되었다. 이 여행사는 자체 항공기를 가지고 있었고, 유럽의 아름다운 비치나 유서 깊은 도시의 수많은 호텔과 계약을 하여 항공 요금+호텔 비용+공항에서 호텔까지의 전용 버스 요금을 묶어서 편리하면서도 비교적 저렴한 홀리데이 패키지 상품을 팔고 있었다. 호텔 선택의 폭이 매우 넓고, 제휴하여 등록된 호텔의 수도 매우 많다. 모든 식사와 주류를 숙박 기간 제공하는 올인클루시브 All inclusive에서, 부엌이 있어 스스로 밥을 해 먹을 수 있는 셀프 케터링 Self-catering 호텔까지 옵션이 다양하고, 호텔 등급도 럭셔리한 파이브 스타 호텔에서 경제적인 투 스타 호텔까지 천차만별이다.

젯투 여행사를 통해 여행을 하면서부터 이전에 모르던 영국 사람들의 휴가 패턴 중 하나를 이해하기 시작했다. 일반적으로 영국 사람들은 휴가를 굉장히 중요하게 여긴다. 1년에 한 번 혹은 두 번 정도 1주나 2주간 젯투 같은 여행사의 상품을 구매해, 파라다이스같이 아름다운 곳, 예를 들어 그리스 ,터키, 스페인, 이탈리아, 몰타, 사이프러스 같은 지중해나 대서양 카나리 제도에 있는 아름다운 해수욕장에서 휴가를 즐긴다. 궂은 영국 날씨와 비교해 따스한 지중해의 휴양지에서 귀족이나 된 듯이 편하게 지내다 온다. 여유가 있으면 파이브 스타 호텔로 가겠지만 그렇지 않다고 해도 괜찮다. 호텔 규모도 다르고 다양성도 차이가 있을지언정 호텔 직원들의 서비스는 영국 내에서 받는 서비스와 비교할 수 없다.

내가 처음에 젯투 여행사를 통해 간 곳은 그리스의 로도스*Rhodes*라는 섬이었다. 이어서 1년 후에 여행계 회원들과 함께 단체로 튀르키예의 안탈리아 *Antalya* 지방으로 다녀왔다. 두 곳 모두 지중해 한쪽의 휴양지이다. 이번 그리스 크레타 여행이 젯투를 이용한 세 번째 여행이고 또한 지중해 여행이다. 이 여행사를 세 번이나 이용할 만큼 나는 무척 만족스러웠다. 공항까지만 가면 내가 할 일이 끝난다. 체크인을 하고 비행기를 타면 승객들은 모두 같은 지역, 하지만 다른 호텔로 가는 관광객이다. 목적지에 도착하면 여행사 직원이 호텔로 가는 버스로 안내해 준다. 비슷한 지역에 위치한 일고여덟 곳 호텔로 가는 모든 고객이 버스에 타면, 각자 예약한 호텔 입구에 내려준다. 호텔에 내리면 기다리고 있던 호텔 직원이 식사를 대접하고(식사 포함 고객의 경우) 각자의 룸 키를 주고 방으로 안내한다. 도착한 지역에서의 여행은 옵션이다. 자기가 렌터카를 빌려 직접 돌아다녀도 되고, 여행사의 프로그램을 이용해 근처 유명한 관광지에 여행을 다녀올 수도 있다. 이도 저도 싫으면 호텔에서 주는 밥을 먹고 음료수를 마시며 호텔의 전용 비치나 수영장에서 하루 종일 수영하다 책 읽기를 반복하면 하루가 간다. 어찌 보면 사치스럽고 매우 게으르다고 할 수도 있는 여행이라 할 수 있다.

처음 두 번의 젯투 여행은 올인클루시브 여행이었고 이번 크레타 여행은 식사를 제공하지 않지만, 호텔에 부엌이 있는 셀프 케터링 여행이다. 언급한 두 식사 옵션 외에도 음료수는 빼고 식사만 제공하는 풀보드*Full Board*, 아침과 저녁만 제공하는 하프 보드*Half Board*, 그리고 아침만 제공하는 브렉퍼스트 온리*Breakfast only* 등을 원하는 대로 택할 수 있다. 선택의 종류가 다양하다. 이번 크레타 여행은 때마다 식사를 직접 해 먹든지 아니면 사 먹어야 해서 조금 귀찮은 면도 있었지만, 호텔 자체는 부엌과 방이 분리되어 있어서 장기 숙박하는 우리에게는 집 같은 편안함이 있었다. 게다가 전용 발코니가 있어 파란 프레임의 프렌치 도어를 열고 나가면 바다가 보였다. 아침이면 발코니에 있는 러브시트에 앉아서 커피 한잔과 크루아상을 먹으며 책을 읽는 유럽인의 여유를 나 역시 즐길 수 있었다. 1년 전에 예약한 데다, 예약할 때 할인 쿠폰도 사용할 수 있어서 가성비 있는 선택이었던 것 같다.

숙소를 더 저렴하게 구하려면 에어비앤비를 이용할 수도 있다. 이 경우 비행기표와 현지 이동, 예를 들어 공항에서 숙소까지 교통도 따로따로 구입해야 하고, 숙소에 혹 문제가 생겨도 항의할 곳이 마땅치 않다. 가족을 이끌고 가는 많은 아빠들은 여행을 준비할 때뿐 아니라 여행을 다니며 항상 긴장을 할 수밖에 없다. 나 역시 가족과 여행 중에 위에서 언급한 젯투 여행을 제외한 모든 여행에서는 항상 긴장 가득한 여행을 하였다.

레티몬, 낮에는 알 수 없는 매혹적인 야경!

레티몬*Rethymnon*은 이번 크레타 여행에서 두 번째 방문이다. 베네치아 공화국이 크레타를 해상 식민지로 가지고 있던 시절에 만든 이 도시는 헤라클리온이나 하니아에 비해 규모도 작고 역사도 짧지만, 르네상스를 꽃피운 베네치아 공화국이 집중적으로 개발하여 베네치아의 흔적을 어느 곳보다 더 밀도 있게 볼 수 있다. 특히 이 구도시의 아기자기함은 다른 어떤 곳에서도 볼 수 없는 매력이다. 구도심의 좁은 길에 면해 있는 작지만, 고급스러운 호텔에서 여행의 막바지에 하루를 자며 도시의 화려한 야경을 즐기면 좋겠다고 생각했다. 이곳을 안 와 본 아내에게 이 독특한 야경을 가진 도시를 보여주고 깜짝 놀라게 해주고 싶었다.

첫 방문 때 구도심의 작은 호텔 여러 곳을 가볍게 둘러보다가 카사 데이 델피니*Casa Dei Delfini*라는 길고 특별한 이름(그리스어로 '돌고래의 집'이라는 뜻)의 작은 호텔을 발견했다. 오래된 두꺼운 나무문을 빼꼼히 열고 들어가니 크지는 않지만, 자연광이 중정에 아늑하게 드리워져 있는 공간이다. 막상 크기가 그리 크지는 않았는데 높은 층고로 인해서 여유로운 느낌이다. 마치 중세 시대의 어둑하지만 귀족의 집 같은 느낌의 리셉션에 고급스러운 데스크가 있고, 품격 있어 보이는 리셉셔니스트가 앉아 있었다. 그 뒤로는 커다란 소파에 무척 편해 보이는 쿠션들이 놓여 있었는데 몇몇 백인 중년 손님들이 가벼운 미소와 함께 담소를 즐기고 있었다.

한눈에도 독특하고 깔끔하면서도 내가 경험해 보지 못한 럭셔리 숙소로 보였다. 저녁에 지내고 있는 숙소로 돌아와서 이 호텔을 검색해서 찾아보니 객실이 열 개가 안 되는 작은 3성급 호텔이었다. 10월 말부터 시즌 할인을 하여 망설임 없이 좀 비싼 주니어 스위트 룸을 하루 예약했다. 참고로 레티몬 올드 타운에는 이런 작은 부티크 호텔이 생각보다 많고 선택의 여지가 많다.

  일주일을 사용한 렌터카를 어제로 반납하고 우리 부부는 다시 뚜벅이가 되었다. 정오 무렵 숙소를 출발하여 버스를 타고 헤라클리온을 거쳐 레티몬에 도착할 때는 오후 5시 무렵으로 해가 서서히 질 무렵이었다. 해안선에 서서 아름다운 일몰의 전경을 아내와 차분하게 즐기고 싶었지만, 버스 안에서 무언가에 삐진 아내는 한마디 말도 없이 아름다운 해안 길을 앞서 걸어간다. 높은 파도를 피할 수 있는 바닷가 높은 바위 위에서 하얀 갈매기는 지는 해를 아쉬워하며 젖은 날개를 펼쳐 말리고 있는데, 우리는 이 아름다운 하루의 끝자락을 무심히 흘려보낸다.
  아내는 막상 호텔에 도착하자, 아름답고 고급스러운 스위트 룸의 높은 천장과 서까래가 보이는 독특한 인테리어와 어메니티*amenity*를 보고 언제 그랬냐는 듯이 기분이 좋아 보인다. 30년을 넘게 알고 지냈고, 부부가 된 지도 25년이 훨씬 넘었는데도 때로 부부 관계는 어렵다.

  잠시 숙소에서 쉬다가 원래 이곳에 온 목적에 따라 레티몬의 야경을 구경하기 위해 호텔을 나섰다. 올드 타운의 길을 이리저리 돌아다니니 복잡한 미로를 이리저리 다니며 자발적으로 방황하는 느낌이다. 예쁜 골목길들이 한 길 한 길 자기가 더 예쁘다고 자랑하는 것 같다. 골목길마다 고즈넉

한 백열등 조명 아래, 저마다 특색 있는 카페와 레스토랑 그리고 바_bar_가 있다. 어디선가 애절한 색소폰 소리가 들리고, 저 멀리 바닷가에는 석조 등대의 불빛이 가물거리고 서늘한 가을의 바닷바람이 스쳐 지나간다. 이 도시에서 가장 붐비는 저녁 시간, 관광객으로 보이는 사람들이 이곳저곳에 편히 앉아 즐거운 대화를 이어간다.

이곳저곳을 목적 없이 한참 걷다가 온갖 악기와 소품들로 빈틈없이 벽을 가득 채운, 인테리어가 기이한 펍에 들어가 맥주 한 잔을 시켰다. 서양 사람들은 건물 안이 아니라 건물 밖의 테이블에 앉는 것을 선호한다. 동양인인 우리 같으면 사람들이 오가는 정신없는 길가를 싫어할 것이 뻔한데, 서양인은 펍 안이 텅 비어 있어도 바깥에 앉아 저녁 시간을 즐긴다.

아내와 나는 길가 탁자가 내키지 않는다. 건물 안쪽으로 들어가 편해보이는 구석 자리에 앉았다. 여종업원이 작은 초 하나를 가져와 식탁 가운데 놓아주고 촛불을 켜준다. 어두컴컴한 펍 안에 아련한 불빛이 흔들리니 분위기가 아늑하니 더욱 좋다. 주문한 생맥주에 감자칩이 서비스로 나왔다. 적지 않은 관광객이 펍 앞의 좁은 골목길을 지나가고, 밤이 깊어질수록 펍 안에도 조금씩 사람들이 많아진다.

아내와 한참을 도란도란 친구처럼 이런저런 이야기를 하다가 10시 무렵 호텔로 돌아왔다. 미로 같은 좁은 길을 이리저리 돌며 제자리걸음을 걷다 겨우 우리 호텔을 찾아냈다. 돌아오는 길에 가만 보니 레티몬에는 보석 가게가 정말 많다. 그 많은 가게 중 영국에서 흔히 보이는 '스와로브스키 _Swarovski_' 같은 유명한 보석 브랜드는 보이지 않는다. 다 나름의 로컬 특색을 가진 다양한 귀금속으로 만들어진 장신구로 손님을 유혹한다. 몇몇 디자인은 크레타의 박물관에서 본 듯한 디자인들로 예스럽고 독특하다.

　야심 차게 아내를 위해 예약한 호텔은 도심 가운데 있지만 외부의 소음이 없이 조용했다. 침대 맞은편에 있는 커다란 소파에는 포근한 쿠션들이 가득 놓여 있어 안락함을 누리며 영화 한편을 보았으면 좋겠다 싶었지만, 두 잔의 맥주에 조금 취했는지 금방 잠이 들어 버렸다. 내 나이에 이렇게 낭만 없이 그냥 이렇게 잘 거면서 왜 주니어 스위트를 예약했을까? 낭만을 꿈꾸었던 10월의 마지막 날 밤이었다.

3

영국에서의 사업, 그 시작과 끝

회사를 다른 사람에게 인계하고 나서 이제 많은 걱정이 사라질 것으로 생각했다. 그런데 희한하게 걱정할 회사가 없어도 소소하지만, 다른 걱정이 빈틈을 파고들어 와 마음을 채운다.

여행이 마지막에 이르러서 한가해진 틈을 타서 마음속에서 '정말 이렇게 아무 직업도 없이 살아도 되나?' 하고 스스로에게 물어본다.

아이들은 대학을 졸업하고, 직업이 확정되어 그 길을 열심히 가고 있다. 집사람은 다시 대학생이 되어 외국인에게 좋은 한국어 선생님이 되려는 꿈을 가지게 되었다. 그런데 나는 누군가가 무얼 하냐고 물으면 딱히 할 말이 없다. 그냥 은퇴를 했다고 해야 하나? 혹시 아이들이 여자 친구가 생기고 아버님 뭐 하시니 하면 "우리 아빠 놀고 계셔." 하고 말하지는 않을까? 다른 종류의 걱정이 시작되는 것이다.

폐업의 기쁨

사실 바로 몇 달 전에 회사를 폐업하고, 일을 멈춘다는 아쉬움보다는 안도의 숨을 내쉬었다.

군 생활은 장교로, 직장 생활은 은행에서 중간 관리자로, 그리고 사업을 하고서는 회사의 대표 Director로 통합 25년을 일했는데 감사하게도 한 번의 사고 없이 무사히 마침표를 찍었다. 다행히 '잘 마쳤다'는 안도감이 컸다.

특히나 영국에서 사업을 하며 컴퍼니 하우스 Company House, 영국의 기업청에서 불시 감사를 나오면 어쩌나 하고 근심 걱정을 하며 살았다. 회계사를 통해 또 주변의 소문을 통해, 기업청 감사를 불시에 당하고 회계 자료를 제대로 제출하지 못하여서, 또는 고용한 직원의 적정성 결여(비자 요건 불충족)로 큰 벌금을 맞았다는 이야기를 종종 들었다. 벌금을 못 내서 사업장을 폐업하였다는 이야기, 영국 영주권자인데도 범법자가 되어 바로 추방되었다는 이야기, 진짜인지 가짜인지 모르는 여러 종류의 소문이 나의 귀에도 들어왔다.

한국이라면 어떤 정보든 습득이 쉽고, 업무에 익숙하여 무슨 문제가 생겨도 해결하는 게 비교적 쉬울 것 같다. 그렇지 않다고 해도 주변에 도움을 요청할 사람도 있을 것이다. 그런데 이곳은 영국이다. 내가 모르는 무언가로 인해 곤경에 빠질지도 모른다는 생각, 나름 적법하게 다 하고 있어도 이곳의 법률과 관습을 잘 몰라서 반복되고 누적된 잘못을 하고 있을지도 모른다는 생각에 마음이 늘 불안했다. 외국에 사는 이민 1세대라면 누구나 느낄 애환인 것 같다.

회사를 폐업하고 3개월이 지나고 나서 어느 날 컴퍼니 하우스에서 공식 편지가 왔다. 회사의 폐업을 확인했으며, 이제 더 이상 운영하던 회사의 정보를 컴퍼니 하우스에서는 관리하지 않겠다는 내용이었다. 다시 말해서 이것은 회사가 공식적으로 문을 닫았다는 확인서였다. 나는 큰 짐을 내려놓은 것 같았다. 단 한 번의 기업청 감사도 없이 10여 년간 운영하던 회사를 폐업한 것이다.

영국에서 코로나 사태의 혼란이 막 시작된 2020년은 특히나 컴퍼니 하우스의 정기 감사가 있을 가능성이 컸다. 회사의 전담 회계사로부터 그해 감사를 대비하라는 말을 들었었다. 통상 작은 회사라도 5년에 한 번은 감사를 하는데 두 번째 회사(2016년에 동업자에게 기존 회사를 인계하고, 나는 다른 회사를 설립하였다)의 운영 기간이 5년이 되는 해였다. 준비를 단단히 해야지 생각하던 차에 2020년 초에 코로나 전염병 사태가 영국을 덮쳤다. 결국 이 혼란스러운 상황 가운데 2024년까지 컴퍼니 하우스의 감사는 없었다.

영국의 문호 셰익스피어의 희극 제목, 『끝이 좋으면 다 좋다』처럼 회사에 아무 문제가 없이 폐업되었으니 내 영국에서의 사업은 성공적으로 마무리되었다는 생각이 들었다.

첫 매출의 기억

처음 회사를 설립한 것은 2012년이었다. 영국에 온 지 5년 차였다. 한국에서는 은행에서 또박또박 주는 월급을 받으며 매달 수입에 대한 걱정 없이 생활하다가, 영국이라는 땅에서 오직 살기 위한 생존형 회사를 설립한 것이었다. 특별한 사업 아이템도 없고, 자본금도 없었다. 그저 영국에서 살기 위해서는 돈을 벌어야 했다. 허드렛일이라도 해서 돈을 벌어야 가족이 살 수 있었다. 어떤 지인분은 슈퍼마켓에서 생선을 다듬는 일을 해보라고 권했다. 또 어떤 분은 여행 가이드나 미니캡이라도 해보라고 말했다. 생선이라도 다듬고 싶었지만, 나는 손이 정말 무딘 사람이다. 또한 미니캡이라도 몰고 여행 가이드라도 해 볼까 생각했는데, 그럴듯한 차를 살 돈이 없었다.

몇 달 동안 무엇을 할지 고민하다가 컴퓨터 그래픽을 할 줄 아는 한 한국 분과 동업으로 온라인 쇼핑몰을 설립하였다. 사무실도 없었다. 집이 곧 회사가 되었다. 쇼핑몰 정식 오픈을 앞두고 다음에 카페를 열고 이것저것 영국의 물품을 소개하였다. 영국에 살지만 고객은 한국 사람이요, 상품을 팔지만 물건 없이 장사를 시작한 것이다. 한국인이 좋아할 만한 영국 물건을 열심히 찾아다녔다. 잠재적 한국 소비자 시장 조사는 물론 영국의 상품에 관해서도 많은 공부를 해야 했다. 지금 생각하니 나야말로 '디지털 노마드'를 실현한 사람이다.

인터넷 카페에 괜찮은 영국 물건을 밤낮으로 소개하였다. 그때의 심정은 마치 낚시꾼이 흐르는 강물에 낚싯대를 놓고 언제 올지 모르는 물고기를 기다리는 것 같았다.

내가 하는 것이 못 미더웠던지 아내는 나에게 1파운드(한국 돈으로 1,800원 정도)라도 한번 벌어와 보라고 했다. 솔직히 나도 내가 장사를 해서 돈을 벌수 있을까 의심스러웠다. 매일매일 일은 했지만, 아무런 소식이 없었다. 막다른 골목이라서 도망갈 곳도 없었다. 열심히 일하며, 열심히 기도하며 하나님께 매달렸다.

그러던 어느 날 기적 같은 일이 생겼다. 단 한 번도 가본 적이 없고, 아는 사람도 없는 전라남도 여수에서 '포키즈맘'이라는 아이디를 가진 분이 우리가 소개한 독일산 거위털 이불을 주문하였다. 한국의 여러 수입 업자가 유럽의 구스다운을 소개한 지 수년이 지났고, 그해 가을에는 한국에서 구스다운 이불이 갑자기 인기를 얻기 시작하던 때였다. 한국에서 판매하는 제품보다 더 질이 좋은 오가닉 구스다운을 제작하는 독일 회사 제품이었다. 얼마 전 우리 회사는 독일 회사의 영국 지사를 직접 방문하여 상담한 후 판매하는 몇몇 제품에 대해 도매가격을 제시받을 수 있었다. 시중 가격에 비해 좋은 가격이었다. 이제 어떻게든 판매만 하면 되는 거였다. 바로 그 무렵 '포키즈맘'이 이불 몇 채를 한꺼번에 주문한 것이었다.

고객이 우리 회사에서 구매하는 제품의 가격은 한국에서 판매하는 가격의 2/3 가격이었고, 판매하는 우리의 마진도 꽤 많았다. '포키즈맘'은 무엇을 믿고 한 번도 만난 적 없으며 번번한 가게도 없는 나를 믿고 수백만 원을 보내 주었을까? 지금도 놀랍고 감사할 따름이다. 고객의 무통장 입금을 확인한 후 바로 나도 독일 회사에 주문했다. 내가 돈을 벌었다는 것이 물건을 보낼 때까지도 실감이 나지 않았다.

크레타에서의 마지막 저녁 식사, 명함 있던 삶을 돌아보다

숙소 근처에 있던 크레타의 헤르소니소스의 바닷가 등대까지 아내와 가벼운 산책을 하고 돌아오는 길. 집사람과 수블라키(고기를 꼬치에 꽂아 숯불에 구워서 파는 그리스의 전통 음식) 식당에서 치킨 수블라키 두 개와 감자를 주문하고 앉아 멍하니 기다리는데, 갑자기 아내가 묻는다. "당신, 명함 없이 사는 삶은 어때?"

아내의 갑작스러운 질문에 '내가 언제는 명함 있는 삶을 살았나?' 하는 생각이 들었다.

명함은 자기를 내세울 것이 확실치 않은 우리들 대다수가 몸담은 조직을 통해 자기를 소개하는 데 필요한 작은 쪽지이다.

나는 은행을 다닐 때 명함을 남발했다. 마치 내 자체가 은행인 것처럼 명함을 통해 나를 소개했다. 승진을 하고 나서는 더욱 적극적으로, 그 명함이 아무 필요도 없는 사람들에게조차 주었던 것 같다. 지금 생각하니 다 쓸데없는 일이다. 그 명함은 내가 아니다.

영국에서 회사를 설립하고서도 바로 명함을 만들었다. 내가 만든 작은 회사의 로고를 디자인하고 그 아래 내 이름과 디렉터*Director*라는 직위가 쓰인 명함을 들고 다니며, 마치 큰 회사를 운영하는 듯이 사람들에게 나누어 주었다. 이것도 다 쓸데없는 일이다. 사실 한국에 있을 때 비해 영국에서는 명함을 줄 사람들도 몇 없었다.

영국에서 회사를 설립하고 13년 차에 이제 내가 설립한 회사를 내가 스스로 닫았다. 그동안 그저 생존하기 위해 살았다. 합법적으로 영국 정부에서 비자를 받고, 가족을 돈에 궁핍하지 않게 심적으로 안심하고 살게 하려고 노력했다. 특히 아이들에게 때에 맞는 필요한 공부를 시키고, 출석하는 교회에서 성도의 역할을 담당하며, 찾아오는 가족과 친지들을 어떻게든 편하게 대접하고, 시간이 나면 내 머리에 지식과 지혜를 조금이라도 공급하며 살았다.

  이 과정 중에 같이 일하는 동료들과는 잘 지내는 듯싶어도 불화가 생겼고, 반성하며 새롭게 관계를 맺고자 해도 또 다른 어처구니없는 일로 반목이 생겼다. 나는 내가 지도자로서 소양이 좀 있는 줄 알았는데 지나고 돌아보니 남과 비교해 뛰어날 것 하나 없었고, 사업가로서도 회사를 크게 성장시킬 만한 사업가의 비전과 실천력도 부족했다. 그저 작은 회사를 운영하며 같이 일하는 직원에게 미루지 않고 월급을 주고, 그들에게 조언이 필요할 때 조언을 주며 어찌 되었든 돕고자 했지만 도움이 되었는지도 잘 모르겠다.

  결국 내가 잘난 것처럼 생각하고 영국이라는 땅에 용감하게 찾아왔지만, 나 자신을 위해 목표했던 것은 아무것도 이룬 것 없이 겨우겨우 나와 가족의 생존만을 달성했다. 그 생존마저도 내가 한 것이 아니고 하나님이 때때로 주신 기적과 돌봄의 결과였다.

  나를 알려야 하는 명함은 원래 없었다. 그리고 돌아보니 명함이 필요하지도 않았다.

4

귀환의 여정, 뜻밖에 건물주가 되다

크레타 여행이 끝나고, 영국으로 돌아가는 날이다.

비행기는 저녁 8시, 체크아웃 시간은 오전 11시. 공항으로 가는 픽업 버스가 오는 오후까지 호텔 측에 우리 짐을 맡겼으면 하고 리셉션에 갔더니 호텔 주인의 사모님, 마리아가 앉아 있었다. 오늘로 호텔은 겨울 시즌 휴업을 한다고 우리가 마지막으로 떠나는 고객이라 알려준다. 추가 요금은 없으니, 오후까지 객실을 평소처럼 이용하라고 호의를 베풀어 준다.

아내와 나는 크레타에서 주어진 마지막 한나절의 시간을 소중히 생각하며 시외버스를 타고, 다시 헤라클리온에 갔다. 오늘은 11월 1일. 11월이 되기 전인 10월 말부터 도심의 상점들이 문을 닫고 있었다. 관광이 주요 산업임에도 겨울 시즌은 손님도 적고, 인건비, 난방비 부담이 커지는 데다가, 정부에 세금도 내야 해서 차라리 쉬면서 다음 휴가철을 위한 정비를 하는 기간이라고 한다. 11월부터 2월까지가 현지 크레타 관광업 종사자에게는 휴가 시즌이라고 할 수 있다.

사람이 바글바글하던 1주일 전과 다르게 11월이 되자 문 닫은 상점들도 많고 손님도 현저히 줄어든 것 같아서 도시가 좀 을씨년스럽다. 지난 한 달간 내내 쨍쨍하던 태양도 11월이 되었음을 알려주듯이 오늘부터는 구름 너머 가려져 있다. 크레타에 있는 동안 내내 보았던 새파란 바다가 검푸른색으로 보인다. 색상의 변경으로 도시의 분위기도 갑자기 확 바뀌었다. 내가 같은 곳에 있는 것이 맞나 하는 생각이 들 정도이다. 크레타의 오프 시즌이 되자마자 자연도 돌연 바뀌어 버리고 내 여유로운 은퇴 휴가도 이렇게 끝나가고 있었다.

경매로 건물주 된 이야기

다시 영국에 돌아가면 크레타 사람들이 나에게 해 주었던 것같이 나도 나에게 찾아오는 사람들을 접대할 것이다.

2019년 봄, 나는 노팅엄에 있는 조그만 건물을 경매로 구매했다. 건물이라고 하기에는 부끄러운 작고 볼품없는 벽돌 건물이다. 100년이 넘은 1900년대 초에 지어진 건물이니 낡아서 손 볼 곳이 많다. 2019년은 브렉시트의 여파가 여전히 감싸고 있는 때였다. 부동산 가격은 몇 년째 제자리였고, 폴란드 등 유럽 국가에서 영국으로 와서 활동하던 많은 건설 관련 노동자들이 브렉시트의 여파로 고향으로 돌아가기 시작해 영국 내 인건비가 비싸졌다. 그 직접적인 영향으로 건물 개보수 비용이 껑충 뛰었다. 게다가 내가 살고 있는 노팅엄시는 점점 노후화되고 열악해지는 도시 내 주거지의 퀄리티 유지를 위한 명목으로 이전에 없던 소위 '셀렉티브 라이선스 *Selective License*, 장

<u>기 렌트 하는 집의 퀄리티 증명서</u>'를 도입하기 직전이었다. 이는 가뜩이나 경기 침체로 위축된 노팅엄의 임대인들을 더욱 힘들게 하였다. 부동산 가격에도 부정적인 영향을 미쳤다.

이런 때에 내가 산 건물의 전 주인은 자신의 아버지에게 증여받은 이 건물을 관리하는 것이 어려웠던 것 같다. 전 주인의 아버지는 인도계 이민자로 자수성가하여 큰 재산을 이루었고, 아들도 교육을 잘 시켰다. 아들은 의대를 졸업한 전문의로 막 결혼한 20대 후반의 청년이었다. 실질적인 임대료는 얼마 안 되고, 건물은 구매 이후 거의 15년 넘게 방치되고 관리를 하지 않아 지은 지 100년이 넘은 건물은 성한 곳이 없었다. 아들은 직장도 멀고(울버햄프턴 대학 병원에서 전문의로 일하고 있었다), 그의 아버지가 마련해 준 이 건물에 애착이 없어 보였다. 게다가 새로 도입된 노팅엄의 '셀렉티브 라이선스'를 받으려면 건물 수리를 해야 해서 상당한 돈이 들어가야 했다. 나에게 건물을 팔 시기만 해도 본격적으로 라이선스가 도입되기 바로 전이었다. 낙후된 상태로 수익을 위해 더 운영하자니 저렴한 월세에도 새 임차인을 찾는 것도 어려워 보였다.

결국 이 청년 주인은 부동산에 건물을 내놓았다. 그런데 1년여 시간이 가도 구매 문의가 많이 없자 마음을 바꾸었다. 임차인에게 큰 부담인 '셀렉티브 라이선스' 제도가 도입되기 전에 서둘러 건물을 팔고자 온라인 경매 회사에 건물을 내놓은 것이다. 한 달이라는 경매 기간이 부여되었으며. 구매 하한선으로 제시된 가격은 처음에 내놓았던 가격보다도 25% 정도 싼, 정말 저렴한 가격이었다.

그제야 나를 포함해 싼 가격에 흥미를 느낀 몇몇 사람들이 건물을 보러 갔다. 언뜻 보기에도 건물 상태가 낙후돼서 저렴한 가격에도 불구하고 고민이 되었다. 건물 임대가 가능할 정도로 고치려면 돈과 정성이 정말 많이 필요하겠다고 생각했지만, 가격이 너무 매력적으로 보였다. 며칠 고민을 하다가 최저 가격보다는 조금 높여서 오퍼를 냈다. '설마 그 가격에 낙찰이 되겠어?' 하며 크게 기대를 하지 않았다. 그런데 놀랍게도, 예정된 한 달이 지나고 내가 제시한 가격에 그만 낙찰이 되고 말았다. 사실 나 말고는 오퍼를 한 사람이 없었다. '세상에 어쩌나!' 막상 낙찰이 되고 나니 바로 풀어가야 할 현실이 보였다. 영국 사람들이 왜 한 명도 이 건물을 사려고 하지 않았는지 여러 가지 문제점이 그제야 더 확실히 보였다.

아차 하는 마음이 있었다. 하지만 나는 한국의 베이비부머 시대에 태어나 '가열차게' 살아낸 한국인이 아닌가! 70년대에 태어나 그 격한 경쟁 속에서도 나름대로 잘 살지 않았던가! 가능성을 믿고, 노력하고, 도전하여 한강의 기적을 만든 선배들이 있지 않은가! 비장한 각오로 이곳저곳에 있는 모든 돈을 끌어 모아 몇 달 후에 법적인 건물주가 되었다.

사실 건물 주인도 황당하기는 마찬가지였다. 내가 처음 경매 회사에 오퍼를 낼 때만 해도 남은 기간 동안 더 높은 가격으로 경쟁이 되겠지 생각했겠지만, 내가 제시한 가격이 처음이자 마지막이었다. 나에게 너무 싸게 팔렸다고 여러 번 말했다.

그렇게 건물을 구매하고 어느새 거의 5년이 지났다. 올해 3월 어느 봄날, 건물의 뒤편을 전문 페인터를 불러 하얀색 페인트로 칠했다. 이곳저곳 크랙을 보수한 흔적이 많은 건물, 그 생채기들을 메꾸고 페인트를 칠하고 나니 화장을 한 것처럼 말끔해졌다. 지난 5년간 틈틈이 건물의 하자를 보수하고 건물 일부를 확장하고 실내 인테리어를 업그레이드시켰다. 마지막으로 외장 데코레이팅을 하얀색 페인트로 하면서 건물 보수의 대장정을 마무리하였다.

죽어가던 이 건물을 살리기 위해 집사람과 둘이서 참 많은 궁리를 하고 고민하였다. 때로는 전문가를 부르고, 때로는 우리 부부가 아이디어를 내서 직접 보수하고 장식하였다. 때로는 꼭 해야 하는 일들도 돈이 없어서 못하기도 하였다. 시간을 두고 목돈이 생길 때마다 틈틈이 할 수밖에 없었다. 마침내 5년의 치유 회복을 거친 후, 100살이 넘어 죽을 날을 기다리던 이 건물이 다시 기운을 차린 것 같다. 물론 앞으로도 이 건물을 유지하기 위해서는 살아있는 생물처럼 자주 신경을 쓰며, 때때로 나타나는 하자를 보수해야 할 것이다.

이 작은 건물에 상가가 두 개, 집이 세 채가 있다. 틈틈이 보수를 하면서도 건물 임대를 통해 돈도 벌어야 했기에 처음 살 때부터 건물 보수와 사업성을 같이 고민하며 여러 궁리를 했다.

두 곳 상가 중 한 곳은 내가 운영하던 회사의 사무실로 4년간 사용하였다. 회사를 그만둔 지금은 이곳도 세를 주고 있다. 다른 한 곳은 아주 오래 전부터 운영하던 미용실로 내가 인수할 때부터 지금까지 성업 중이다.

세 개의 집은 구매한 2019년에 아주 급한 부분만 보수를 하고, 비즈니스 플랫폼이었던 에어비앤비를 통해 짧게 짧게 세를 주기 시작했다. 솔직히 그때는 건물 상태가 너무 낙후돼서 길게 임대를 줄 자신이 없었다. 지금은 두 개의 집은 장기 렌트를 주고, 한 곳만 단기 렌트를 운영하고 있다.

수백 년 전, 의적 '로빈 후드'가 활동하던 이곳 노팅엄에는 커다란 두 개의 대학(노팅엄 대학교와 노팅엄 트렌트 대학교)이 있어 학생들이 많고, 대학교 외에도 1년 내내 다양한 행사가 열렸다. 예를 들어, 청소년 전국 테니스 대회, 유럽컵 포커 대회, 전국 경마 대회 등등 전에 모르던 여러 행사로 많은 사람들이 노팅엄으로 찾아왔다. 지난 5년간 인종도 문화도 언어도 다른 사람들이 세계 곳곳에서 내 건물로 찾아왔고, 감사하게도 우리 가족에게 임대료를 주었다.

새로운 인생을 시작하기 위한 착륙

나는 어떤 때는 건물주인 듯하지만, 어떤 때는 건물 청소부이고, 어떤 때는 벽지를 붙이는 인테리어 업자이고, 어떤 때는 막힌 변기를 뚫고 수도관 누수를 찾아내는 배관공이 되기도 한다. 손님들이 오면 기쁘게 맞이하고 조금도 불편이 없도록 최선을 다해 집을 준비하지만, 이따금 고객으로부터 올라오는 나쁜 리뷰에 화가 나기도 한다.

회사 일과 에어비엔비 호스트 역할을 둘 다 담당하며, 작은 회사의 사장이자 또한 건물 관리인 역할을 했다. 그러다가 몇 달 전 건강할 때 하고 싶은 일을 시작하자는 생각에 운영하던 회사를 접고 세미 리타이어를 하게 되었다. 회사를 그만두고 내가 첫 번째로 하고 싶은 일은 나이가 지긋한 한국에 계신 어머님과 좀 더 많은 시간을 같이 보내는 일이었다. 영국에 있는 회사 일에 매여 있으면 아무래도 어머니가 계신 한국에 오랫동안 머물기가 시간적으로 부담스러웠었다.

삶의 시간들 사이에 강제로 해야 하는 노동의 시간이 많이 없어지자, 그 사이사이 공간이 많이 생겼다. 오래전부터 해 보고 싶던 일을 생각해 보았고, 비록 시작은 미약하더라도 용기를 내서 시작해야겠다고 생각했다. 어떤 일이든 내가 정말 좋아서 10년을 하면 참 고수가 될 수 있으리라 믿는다.

오래전부터 하고 싶던 글쓰기를 시작했다. 돈을 벌기 위해 짧은 호흡으로 하루하루 연명하듯이 살다가 드디어 시간을 가지고 내 글을 쓰며 긴 호흡으로 살기 시작했다.

내 이야기를 글로 써 보고, 그다음에 누군가의 인생에 대해 소설로 개작하여 써 보고, 관심이 큰 유럽 역사와 유럽 지역을 연구하여 글로도 써 보고 싶다. 그렇게 앞으로 10년을 성실히 매진하면, 남과 다른 삶을 산 과거와 현재의 사람들 이야기를 멋지게 써 줄 수 있으리라 믿는다.

글 쓰기 외에도 하고 싶은 일이 하나 더 있다. 어려울 것이라고만 생각해서 감히 접근할 생각도 못 했던 의학(특히 내과 분야)에 관심이 생겼다. 공부해서 나이 든 노인들에게 도움이 되는 간호를 하고 싶다. 이 소망은 아버지와 장인어른이 폐암으로 돌아가시는 과정 중 마음속에 다가왔다. 당사자와 가족들은 아무것도 모르면서, 사랑하는 사람의 생명을 단지 전문가인 의사 선생님들께만 의지하면 안 되겠다는 생각이 들었다. 전문적인 의술도 필요하지만, 그것은 작은 것이다. 마지막을 준비하시던 아버지와 주변 노인 환자분들의 나약함, 외로움, 두려움을 보았었다. 바로 옆에서 진실한 도움이 필요함을 알게 되었다. 첫 시작을 어떻게 해야 할지 방황하다가 국가시험인 '요양 보호사'를 공부하고 자격증을 받는 일로 시작하였다. 어떻게 하면 더 그분들에게 도움이 될 수 있는 사람이 될까 지금도 곰곰이 고민 중이다.

  삶은 멋지다! 때때로 어려운 순간들이 있었고 영원할 것 같던 어두움이 지나가고 그 어두운 순간에 있었던 아픔이 아름다운 추억이 된다. 나를 괴롭혔던 사람들도 있었지만, 지나고 나니 그들을 이해하게 되고 나 자신의 부족함을 쳐다보게 된다.
  묵묵히 시간을 지내오니 내가 살아온 노력의 열매가 맺혀 있고, 도저히 안 될 것 같던 일이 이루어져 가는 것이 보인다.
  한때는 내가 꼭 해야만 한다고 생각했던 일들이 내가 하면 안 되는 일이었다.
  내가 했다고 생각한 것들이 내 노력보다는 때에 따라 나를 도와준 손길로 인해 이루어졌다.

  내가 살아오고 내 이웃이 살아가고 있는 이런 인생을 사랑한다.

  크레타에서 출발한 비행기는 4시간의 비행이 끝나고, 영국 이스트 미들랜드 공항*EMA*에 곧 도착할 예정이다. 안전벨트를 착용하라는 신호가 뜨고, 기장이 낮은 목소리로 곧 이어질 착륙을 알려준다. 저 멀리 노팅엄이 보인다. 인생 5장을 시작하기 위한 워밍업은 끝났다. 새로운 인생을 시작하기 위한 착륙을 준비한다.

에필로그

좋은 글을 쓰는 것은 쉽지 않다. 그렇지만 만족스럽지 않아도 끄적끄적 내 글을 쓰는 것은 보람되고 의미 있으며 즐거운 일이다. 주변에서 스쳐 지나간 막연한 사실들을 글로 정리해 가며 나만의 사유를 시작하게 되었다.

머릿속과 운 좋게 남은 사진 몇 장에 남겨 두었던 기억을 그림 그리듯이 글로 다시 묘사한다는 것도 흥미롭고 재미있으면서도 또한 아름다운 일이다. 그렇게 해 보고 싶었던 글쓰기를 다시 시작한 지난 1년이 빠르게 지나갔다.

어렸을 때 높이높이 올라가는 아파트 옆을 지나가다, 저 아파트 전체도 아니고 그중 작은 것 하나를 사려고 아등바등 노력하는 평범한 사람들의 삶이 허무해 보였다. 그러다가 나이를 먹고 직장을 가지고 나서는 가격표가 매해 조금씩 올라가는 아파트라는 돈벌이 수단을 나도 알게 되었다. 돈 버는 것이 나를 증명하는 것인 듯 재테크에 필사적인 사람 중에 나도 있었다. 아파트를 통해 레버리지가 무언지, 인플레이션은 무언지, 평범한 사람들의 삶의 욕망은 무언지 실체적으로 알게 되었다.

직장생활을 하며 삶의 많은 고통이 대인관계에서 생긴다는 점을 알게 되었다. 아무리 잘하려고 해도 조직에서 나를 싫어하는 사람은 있기 마련이고, 작은 실수조차 용납 못 하는 사람도 있다. 만나는 모두에게 사랑을 받는 사람은 없다. 때로는 미움받는 것을 당연히 여겨야 했다. 상하관계를 깍듯이 지키며 주변에 호감을 사도록 교육받은 나 같은 사람들은 인간관계를 무난하게 하려고 직장에서 필요 이상으로 노력했었다.

하나님을 신뢰함이 없었다면 나는 한국 사회를 빠져나오지 못했다. 때가 되면 떠나겠다는 서원을 지키고자 나는 한국을 떠나 영국이라는 아무도 아는 사람 없는 세상으로 이동했다. 고생스러움이 시작되었고, 상황은 점점 악화했다. 하지만 어두운 긴 터널이라도 끝은 있는 법이다. 긴 터널 속에서 방향을 잡고자 노력했고, 인내하며 살았다. 영국에서의 19년. 이방인의 삶이 무언지 발견하고, 가진 것이 하나도 없다는 것이 무엇을 의미하는지도 알게 되었다. 아무리 어려워도 살 수 있으며 그런 상황에서도 성장할 수 있다는 것을 알았다. 지나고 생각해 보니 익숙한 곳을 떠나갈 용기는 인생에 고생도 안겨주었지만, 인생을 넓고 새롭게 했다.

가족은 생각보다 중요하다. 결혼하고 아이를 낳고 그 아이들을 아내와 같이 성장시키며 묵묵히 살아가는 과정에서 나도 아내도 아이들도 어느새 다 같이 성장했다. 가정은 사랑의 최소 단위이자 삶의 버팀목이다. 부모님이 떠나가시는 나이가 되어서야 부모님의 존재와 희생과 그분들이 만들어 간 인생을 조금 더 이해하게 되었다.

우리들은 확실한 것을 원하기에 확실해 보이는 것을 갖고자 한다. 숫자로 명확히 표시되는 재산과 돈은 우리에게 때로 명확함을 줄 수 있다. 그에 비해 가족, 친구, 도전, 인내, 사랑, 믿음 같은 것들은 막연히 좋아 보이지만 그 가치를 측정하기가 얼마나 애매모호한가? 이에 비해서 돈은 정확하지만, 또한 냉정하고 차갑다. 돈을 모으면 모을수록 돈을 모으는 사람의 마음은 점점 돈을 닮아 차가워진다.

가질수록 따듯해지는 것이 무언지 생각해 볼 순간이 바로 지금이다. 돈에 너무 매이지 말고 이제 소유를 우선하는 세상에서 탈출했으면 좋겠다. 세상에 넘쳐나는 상업 광고들로부터 거리를 조금 두고 살고자 하면 사실 돈은 생각만큼 필요하지 않다.

때로는 무지해 보이고, 때로는 힘이 없어 보이는 사람들에게 작은 사랑을 진심으로 전할 수만 있다면 좋겠다. 내가 할 수 있는 범위 내에서 욕심 없이 목적을 중시하는 삶을 시작해 보기로 결심하였다. 도전은 항상 우리를 젊고 새롭게 만든다.

익숙한 것이 지겨우면 떠나갈 용기를 품고 자신만의 삶을 이루어 보기를 응원한다.

군중의 삶을 떠나 자신만의 삶을 살기 위해 잠시 멈춰 보는 자유를 누려 보기를 응원한다.

사랑하는 아버지 어머니에게 이 책을 바친다.

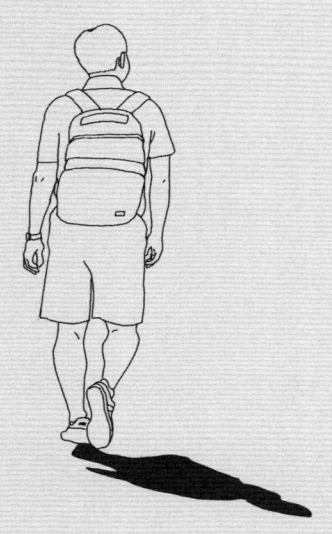

새로운 인생을 시작하기 위한 워밍업은 끝났다.
허영을 버리고 겸손하게 한 걸음씩 나간다.

떠나갈 용기, 멈춰설 자유

부록 1

1,500자로 다시 쓰는 크레타 이야기

사람이 사는 곳이라면 공통점이 있다. 북극에 사는 에스키모나 사하라 사막의 유목민이나 모두 다 생존을 위해 노동하고, 휴식을 취하고, 이성을 만나고, 아이를 낳고, 삶과 죽음의 경계에서 신을 찾으며, 때가 되면 죽는다. 반면에 지리와 문화와 종교의 차이로 삶의 방식이 확연히 달라지기도 한다. 인간의 가치관도 바뀌고, 모든 인류에게 똑같을 것만 같은 보편적 도덕률조차도 차이가 난다. 크레타도 많은 것들이 우리와 다르다.

크레타의 최근 역사

크레타는 100여 년 전 그리스 왕국에 편입되면서 오스만 제국에 의해 오랫동안 지배받던 이슬람 국가에서, 기독교 국가로 변경되었다. 이 독립의 시기에 튀르키예와 그리스 간 정치적 합의로 순식간에 민족 대이동의 명령이 떨어졌다. 다시 말하자면, 크레타에 사는 모든 무슬림이 추방되었고, 반대로 튀르키예 본토에 거주하던 그리스인들도 그리스로 추방되었다. 상대방 국가의 언어도 모르고 급하게 모든 것을 두고 이주할 수밖에 없었다. 크레타는 초승달과 별이 국기에 그려진 이슬람 국가에서, 지금은 파란 십자가를 국기에 그린 기독교 국가가 되었다. 지리적으로 공산주의 국가와도, 이슬람 국가와도 접하게 되었다. 자본주의를 바탕에 둔 자유 민주주의 국가의 최일선에 위치하게 되었다. 이탈리아의 무솔리니 정권의 위협에도, 나치 독일의 침범에도, 그리고 공산주의 소비에트의 유혹에도 자유 민주주의 독립을 지켜냈다.

크레타의 산업

크레타는 원래 농업이 중심인 사회였다. 2차 산업화에 있어서 낙후되었던 이 섬은 생산성이 낮고, 가난한 곳이었다. 그러다가 지중해의 맑은 바다, 그리고 유럽 문명의 시작을 알리는 유적들을 이용한 관광 산업으로의 전환이 이루어졌다. 3차 산업으로의 전환이, 2차 산업보다도 산업 전환이 쉽고 더 돈벌이가 된다는 것을 발견한 것이다.

크레타 사람들은 크레타를 유럽 사람들이 오고 싶어 하는 곳으로 만들기 위해 꾸준히 노력하고 있는 것 같다. 서유럽의 물가에 비해서 외식 가격은 저렴하고, 건강한 지중해 향토 요리는 맛도 좋다. 짧은 인연으로 바로 끝날 수밖에 없는 일회성 관광객에게도, 대부분의 식당 직원은 친절하며 바가지요금은 보기 드물다.

우리는 물가가 저렴한 나라에 가서 물건을 살 때, 혹은 택시를 탈 때, 불쾌한 일을 드물지 않게 경험하게 된다. 크레타는 그렇지 않다. 이곳의 식당과 호텔에서 일하는 사람들은 수준이 있다. 그런 면에서 크레타가 관광 산업에 있어서 선진국이다.

관광 후진국에서는 호텔 밖을 나가는 것이 마치 정글에 나가는 듯한 불안함이 있었다. 유명한 관광지임에도 외국인에게 터무니없는 가격을 제시하며, 나중에 가서 거짓말로 하고, 관광객 같은 이방인의 지갑에서 돈을 뺏어 오는 게 잘못된 것이라는 인식도 없어 보인다. 그런 관광 후진국은 정직이라는 윤리 의식이 떨어지고 한탕주의가 많다. 크레타는 그렇지 않다.

크레타에서 거의 한 달의 긴 여행을 한 사람으로서, 감히 크레타 사람들을 평가하자면, 정직하고 부지런한 사람들이다. 장사를 정직하게 한다. 가격은 가격표에 있는 그대로이고, 사람들은 아침 일찍부터 저녁 늦게까지 열심히 일하고, 팁을 요청하는 법도 없다.

사람이 직접 주문을 받고 서빙을 한다. 후식도 공짜로 제공하는 곳도 많다.

대중 버스는 운전기사와 동승하는 차장이 있어 차장이 현찰을 받고 거스름돈을 돌려준다. 초행길이라도 차장이 내릴 역을 친절히 알려 줄 것이다. 배차 시간이 다른 티켓을 가지고 있어도 앞차에 자리가 있다면 먼저 타도 되고, 실수로 승차권을 잘못 구매했어도 대개 이해하고 받아준다.

어쩌면 크레타가 디지털 기술 능력이 안 되어서 그럴 수도 있겠지만, 여전히 사람이 일을 하는 크레타의 아날로그 세상이 나로서는 좋았다. 자동화된 세상은 때로 사람을 답답하게 한다. 디지털화된 세상에서는 서비스해 주는 사람이 없다. 인건비를 줄이기 위해 사람이 있어야 하는 자리에 주문 기계를 가져다 놓는다. 회사는 인건비 감소로 돈을 더 벌 수 있을지 모르지만, 갑자기 일상적이지 않은 예상 밖의 일이 벌어지면 소비자는 기계 앞에서 문제를 해결하기 위해 많은 시간과 노력이 필요하다.

한국도 그렇고 영국은 더 심하다. '자동화'라는 근사한 이름을 가진 세상에서, 소비의 대상이 되어 살기 위해 어쩔 수 없이 기계를 통해 주문해야 한다. 평범한 대중에게 사람이 직접 해주는 서비스는 귀해지고 있다.

개인적으로 디지털 사회야말로 '유전무죄, 무전유죄'의 세상이라는 생각이 든다. 다행히 크레타는 아직 그렇지 않다. 크레타의 아날로그 세상이 여행하는 내내 마음을 따듯하게 한다.

크레타의 도로 사정

크레타의 도로에는 낡은 차가 많다. 우리나라 같으면 폐차할 차인데도 쌩쌩 잘 돌아다닌다. 고급 독일 차(벤츠, 비엠더블유, 아우디 같은 브랜드의 차)는 영국에 비해 확실히 적다. 실용적인 자동차 브랜드인 도요타, 스즈키 그리고 한국의 현대차가 많이 돌아다닌다. 그리고 큰 차보다는 작은 차가 훨씬 많다. 실용적인 트럭도 많이 다닌다. 포장도로가 꼭 있어야 할 것 같은데, 포장도로가 없는 지역도 많고, 도로가 있어도 비포장도로가 많다. 워낙 산이 많고 깊어서 이해는 된다.

자동차 도로는 주로 2차선이다. 대신 갓길이 넓어서 평균 속도를 지키고 가려는 차는 일부러 갓길과 도로를 반씩 거치며 어정쩡하게 운전한다. 뒤따라오는 차가 맞은편에서 오는 차와 충돌할 걱정 없이 추월할 공간을 만들어 주는 것이다. 처음에 크레타에서 운전할 때 많은 차가 도로의 갓길 표시선을 밟고 운전하는 모습을 보고 적지 않게 당황했었다. 웬만한 도로는 4차선 이상으로 도로를 만드는 한국이나 영국에서는 이 갓길 추월 시스템이 신기한 일이다.

속도 제한 표시판이 도로 곳곳에 있지만 규정 속도를 지키는 차는 별로 없어 보인다. 가끔 속도 측정계가 보이지만 과연 스피드 측정을 하기는 하는 것인가 싶을 만큼 지나가는 차들이 속도 측정계를 무시하고 마구 질주한다.

크레타의 관광 시설

크레타는 호텔과 식당 그리고 선물 가게가 과도하게 많아 보인다.

그만큼 관광객이 많다는 증거이기도 하겠지만, 이들 사이에 경쟁이 심해 보인다. 관광객에게 대부분 호의적인 자세로 친절하고 밝게 웃으며 맞아주고, 영어로 설명해 주려고 노력한다.

헤르소니소스의 바닷가 식당가를 지나가고 있는데 호객하시는 노년의 아저씨가 악수를 청하며 어디서 왔냐고 물으신다. 한국 사람이라고 하자 갑자기 자기

와이프가 지난겨울 서울에 다녀왔다고 말하며 호의를 보인다. 반갑게 인사를 하고 지나쳤지만 '정말일까?' 사실 조금 의심스러웠다. 아니나 다를까, 내 뒤에서 걸어오던 영국 관광객에게 이번에는 와이프가 지난겨울에 영국 여행을 갔었다고 하는 소리가 들렸다. 독일 사람에게는 와이프가 독일을 여행했다고 말할 것이다. 확실한 것은 이 아저씨의 상술 덕에 그 식당에는 다른 식당보다 손님이 북적였다. 괜한 오해인지는 몰라도 손님들의 표정은 밝지 않았지만 말이다.

숙소는 최고급 호텔에서 아주 저렴한 호텔까지 다양하다. 저렴한 호텔도 시설이 낡기는 했지만 그래도 깨끗하게 유지하며 필요한 것들이 잘 준비되어 있다. 특이한 것은 호텔 객실에 난방 시설이 없는 곳이 많다는 사실이다. 그래서인지 11월에서 2월까지 휴업하는 호텔이 많다. 침대의 이불도 홑이불 정도만 제공한다. 나 역시 머물던 호텔에서 10월 말에는 자다가 좀 춥다고 느낀 적도 있다. 그래도 뜨거운 물은 잘 나온다. 항상 온수 샤워가 가능하다. 많은 호텔이 태양열 전기를 통해 샤워나 생활용수로 쓰일 더운물을 공급한다. 보통 거주민들이 사는 집도 난방이 없는 집이 많다고 한다. 쌀쌀하여 난방비가 많이 드는 북반구 유럽 국가보다 크레타는 서민들의 난방비 부담은 매우 낮을 것 같다.

크레타의 물가

자동차 기름값은 한국보다는 30% 정도 비싸고, 영국보다는 조금 싸 보인다. 영국은 셀프서비스로 스스로 주유를 하고, 휘발유 가격보다 디젤 가격이 조금 비싼 나라이다. 거기에 비해 크레타는 주유소에 가면 아직도 주유원이 직접 기름을 넣어주고 현찰이나 카드로 결제를 도와준다. 아직은 한국식이다. 한국처럼 휘발유 가격이 디젤에 비해 10% 정도 비싸다. 흥미로운 사실은 새로운 추세인 전기차를 본 적도 없고, 전기 충전소도 보지 못했다. 아직도 내연기관을 가진 차만 이 섬을 돌아다니고 있는 것 같다.

슈퍼마켓 가격은 영국과 비슷한 것 같다. 한국 슈퍼마켓보다는 저렴해 보인다. 요즘 한국의 편의점 가격은 깜짝 놀랄 수준이다. 가공식품과 공산품 가격이 영국보다 좀 비싸다. 그에 비해 식품류는 조금 저렴한 것 같다. 고기류는 돼지고기를 많이 먹고, 양고기를 정말 좋아하는 것 같다. 여기서도 닭고기는 모든 이의 사랑을 받는 저렴한 고기이다.

슈퍼나 가게에서 물건을 구매할 때 현찰과 카드 모두 쉽게 이용할 수 있고, 현찰을 다소 더 선호하는 것 같다. 카드를 쓴다고 해서 싫어하지 않고 추가 요금을 받는 경우도 없었다.

크레타의 기후

1년에 5월부터 9월까지는 거의 비가 오지 않는다고 해도 무방하다. 대부분 비는 11월에서 3월까지 내리는데 특히 12월과 1월에는 월에 90mm에서 130mm 정도 비가 내린다. 한국에 비하면 우기인 겨울에도 비가 정말 조금 온다. 겨울 최저 온도는 가장 추운 1월에도 영상 5도 이하로는 잘 내려가지 않는다.

내가 머물렀던 10월의 크레타는 한 번도 비가 내리지 않았다. 전형적인 지중해성 기후를 가지고 있어서 겨울에도 온화한 편이고, 여름이 길고 건조한 편이다. 도시의 많은 나무도, 도로에 주차된 차들도 그 표면에 먼지가 가득 놓여 있다. 눈이 오기는 하지만 해안 지역은 별 영향이 없어서 경사가 있는 지붕이 아닌 평평한 평지붕이 많다. 높은 건물도 별로 없다. 3층 이하 집이 대부분이다.

크레타의 종교와 식사 문화

그리스 정교회*Eastern Orthodox Christianity*를 믿는 인구가 크레타 전체 주민의 90% 이상이라고 알려져 있고, 눈에 보이는 교회도 거의 다 동방정교 양식이다. 오랜 이슬람 지배의 영향으로 대부분의 교회가 아담한 크기이다. 지방에 가면 오래된 수도원이 많다. 수도원 역시 규모가 작은 편이다. 가톨릭 성당*Roman Catholic* *cathedral*은 가끔 보이지만, 장로교 같은 개신교 교회는 보기 어렵다. 이슬람 사원은 보존 차원에서 이따금 볼 수 있지만 문이 굳게 닫혀 있다. 안을 들어가 볼 수 있는 곳이 없었다. 이슬람교, 유대교, 불교 심지어는 무교 인구까지 다 합쳐서 총인구의 1% 이하라는 말이 있다.

사람들은 커피를 좋아하는데 특히 냉커피를 좋아한다. '프레도'라는 말은 냉커피를 말한다. 프레도 에스프레소나 프레도 카푸치노를 주문하면 차가운 커피에 얼음이 들어 있다. '그리스 커피'라는 것도 있는데 이것은 세계적인 커피 회사 네스카페의 가루 커피를 아주 진하게 타고, 거기다가 설탕도 듬뿍 넣어 아주 달짝지근하고 진한 싸구려 커피 맛을 내는 커피다. 오후에 마시면 순간 정신이 확 든다.

식사할 때 포도주를 많이 마신다. 그리스의 전통 증류주인 '라키'를 식사가 끝나면 무료로 줄 정도로 식후 술 한 잔이 대중적인 듯하다. 식사 후 약간 독한 증류주 한 잔을 주는 관습은 헝가리나 불가리아에서도 볼 수 있었는데 유럽 동부 지역 문화의 한 모습인 것 같다.

길에는 개도 고양이도 자유롭게 돌아다닌다. 크노소스 궁전을 방문했을 때 검은색 길 강아지 한 마리가 줄도 없이 이곳저곳 어슬렁거렸다. 지방에 나가면 염소가 길가를 다니며 풀을 찾는다. 일부러 그러는 것처럼 때로는 자동차를 막아서기도 한다.

크레타의 지형

크레타는 무척 큰 섬이다. 볼 것도 무척 많다. 한 달을 열심히 돌아다니면 이곳의 명소들을 거의 다 볼 수 있을 것 같기는 하다. 며칠 전 식사하려고 식당에 앉았더니 길 건너편에 큰 여행사가 있었다. 그 벽에 크레타의 명소 여덟 곳을 보여주는 커다란 사진 액자가 걸려 있었다. 유심히 그 여덟 곳을 하나하나 살펴보니, 거의 한 달을 있었는데도 여덟 곳 중 세 곳은 가보지 못한 곳이었다.

크레타는 남북은 50km 내외로 좁지만, 동서는 300km에 이른다. 평지는 몇몇 큰 도시를 제외하고는 거의 없다고 해도 과언이 아니다. 분지를 포함한 산악 지역이 대부분을 차지한다. 현지 여행사에서 작은 렌터카를 저렴하게 빌릴 수 있지만(하루 50유로 이하) 차가 작고 오래 사용한 차가 대부분이다. 나는 빌린 차의 엔진이 작아서 오르막길을 오를 때 못 갈까 봐 걱정스러웠고, 이따금 예상치 못한 비포장도로를 지날 때마다 자동차 타이어가 펑크가 날까 봐 걱정이 많이 되었다.

마지막으로, 누군가 크레타 여행을 왜 가야 하냐고 한 줄로 말해 달라고 하면, 한 마디로 이 섬은 정말 입이 떡 벌어질 정도로 아름답다고 말해 주고 싶다. 문화의 섬세함과 자연의 웅장함이 공존한다. 오랜 역사 유적들이 도시들을 더욱 근사하게 한다. 비루한 염소 무리와 수많은 올리브 나무를 볼 수 있는 지방에서는 색다른 감성을 찾을 수도 있다.

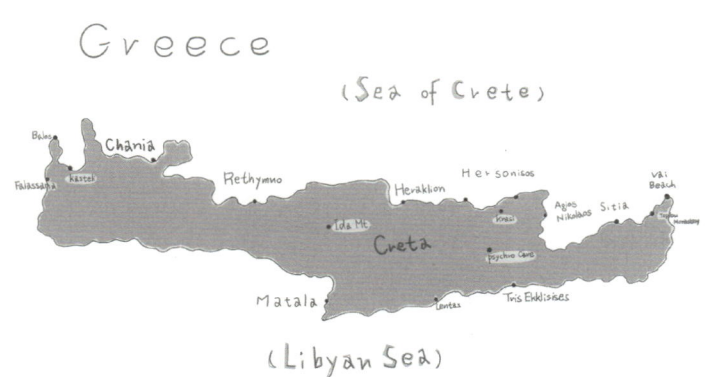

크레타의 여러 여행지는 나에게 기억의 한 조각이 되었다.

부록 2

하루로 만나는 크레타, 자동차 7코스

직접 다녀보고 검증된 일곱 개의 크레타 하루 여행 코스를 소개해 본다. 크레타의 주도인 헤라클리온에서 렌터카 등의 차량을 이용해서 아침에 출발하여 여러 곳을 둘러보고, 저녁에 헤라클리온의 숙소로 돌아오는 것이 가능한 하루짜리 여행 코스다. 직접 다녀본 경험 및 현지 사정을 고려했다. 코스별 우선순위는 없다. 어느 코스를 택해도 크레타의 자연과 문화와 역사 그리고 만나는 사람을 통해 여행자 나름의 새로운 경험을 충분히 만끽할 수 있다.

코스1

뎀니오니 비치 — 프레벨리 비치 — 코우탈리오티코 고원 — 레티몬 타운

코스 소개

크레타 남부 해안에 있는 아름답고 독특한 해변 두 곳을 한 번에 발견할 수 있다. 프레벨리 비치는 협곡과 강, 야자수로 둘러싸인 독특한 풍경을 선사하며 바다 수영을 하며 크레타 남쪽 바다 리비안 해를 즐길 수 있다. 아울러 모래가 곱

고 평화로운 뎀니오니 비치와 크레타의 역사와 문화를 즐길 수 있는 레티몬 올드 타운을 함께 즐길 수 있는 코스다.

한마디로, 자연(프레벨리 비치&협곡)+문화(레티몬)+해변에서의 여유로운 점심(뎀니오니 비치)이 혼합된 환상적인 하루 코스다. 각각의 도착지에서의 관광 시간은 선호에 따라 자율적으로 정할 수 있다. 평균적으로 10시간 정도 소요.

상세 일정

헤라클리온Heraklion에서 출발 — 차량 이동: 2시간 30분

첫 번째 도착지 뎀니오니 비치Demnoni Beach - 도착 후 보트 탑승, 프레벨리 비치Preveli Palm Beach로 이동.
— 이후 보트 이동 30분

두 번째 도착지 프레벨리 비치 - 야자수 숲으로 유명한 프레벨리 비치에서 수영, 강가를 따라 야자수 숲 산책, 보트로 돌아오기.
— 이후 보트 이동 30분

세 번째 도착지 뎀니오니 비치 - 한가로운 비치의 해변 식당에서 점심.
— 이후 차량 이동 20분

네 번째 도착지 코우탈리오티코 고지Kourtaliotiko Gorge - 크레타의 장엄하고 웅장한 자연 경관 감상.
— 이후 차량 이동 30분

다섯 번째 도착지 레티몬 올드 타운Rethymnon Old town - 베네치아 시대에 만들어진 아기자기한 르네상스풍 도시 감상.
— 이후 차량 이동 1시간 30분

헤라클리온 도착

코스 2

시시 — 아요스 니콜라오스 — 보울리스마 비치

코스 소개

크레타 동부에 위치한 그림 같이 아름다운 두 도시와 수영객으로 활기 가득한 비치를 방문하는 코스. 시시는 작은 항구 마을로, 잔잔한 바다와 아담한 레스토랑들이 어우러져 느긋한 휴식을 즐길 수 있는 한가하면서도 참다운 크레타의 정취를 느낄 수 있는 곳이다. 아요스 니콜라오스는 활기찬 해안 도시로 그림 같은 마리나의 정취를 느끼며 아트 갤러리 방문, 세련된 카페와 쇼핑을 즐기기에 좋은 곳이다. 보울리스마 비치는 크리스털처럼 투명한 바다와 고운 백사장으로 '크레타의 에메랄드'라 불리는 해변이다.

한마디로, 크레타다운 아담하고 작은 항구 도시 및 활기차고 세련된 항구 도시를 동시에 느끼며 이어서 에메랄드 빛 바닷가에서 수영도 즐길 수 있다. 인생 샷을 위한 최고의 사진 촬영 스폿이 곳곳에 있다. 평균적으로 총 8시간 정도 소요.

상세 일정

헤라클리온 *Heraklion* 에서 출발 — 차량 이동: 1시간

첫 번째 도착지 시시 *Sissi* - 아기자기한 항구를 둘러보고, 원한다면 포구 안 비치에서 수영.
— 이후 차량 이동 30분

두 번째 도착지 아요스 니콜라오스 *Agios Nikolaos* - 절벽과 마리나가 절묘하게 조합된 아름다운 항구 주변을 산책하며 해안이 보이는 아름다운 식당에서 점심

식사 산책.

— 이후 차량 이동 30분

`세 번째 도착지`   보울리스마 비치*Voulisma Beach* - 크레타의 에메랄드빛 바닷물에서 스노클링 또는 일광욕.

— 이후 차량 이동 1시간 30분

`헤라클리온 도착`

`코스3`

`리츠티스 협곡` — `토플로우 수도원` — `바이 비치` — `시티아`

`코스 소개`

건조하고 척박한 느낌. 하지만 독특한 정취를 가진 크레타 동쪽 끝 지역을 방문하는 코스. 가는 길에 산과 바다가 한데 어울리는 웅장한 자연을 품은 리츠티스 협곡*Richtis Gorge*을 지나간다. 협곡은 가고 오는 길인 90번 도로에 있으니 잠시 들러도 좋을 것 같다.

토풀오우 수도원은 크레타 섬에서 중요한 역사적 순간마다 적극적으로 크레타인과 함께 했던 의미 있는 수도원으로 크레타 국민에게 신앙과 민족을 품은 곳으로 여겨진다. 무척 오래된 수도원이다.

유럽에서 가장 큰 야자수 숲인 바이팜 비치를 방문하는 것은 그 자체로 의미가 있다. 멋진 야자수뿐 아니라 그 기슭에 펼쳐진 넓은 모래사장은 많은 관광객을 유혹한다. 마지막 목적지는 지중해의 정취가 가득한 해변 도로가 있고 베네치아 시절 성이 남아있는, 지금은 메트로폴리탄 도시로 세계 각국의 사람들이 찾아오는 시티아이다. 평균적으로 총 9시간 정도 소요.

상세 일정

헤라클리온 *Heraklion* **에서 출발** — 차량 이동: 2시간 30분

첫 번째 도착지 토플로우 수도원 *Toplou Monastery* - 수도원 및 수도원 내 작은 박물관 그리고 수도원에 딸린 파브리카 *Fabrica* 에서 당도가 높은 크레타 포도주를 저렴하게 구매할 찬스.
— 이후 차량 이동 30분

두 번째 도착지 바이팜 비치 *Vai Beach* - 유럽 최대의 야자수 숲 산책 후 해변에서 수영, 비치 한쪽 끝 낮은 절벽에 위치한 레스토랑에서 점심.
— 이후 차량 이동 30분

세 번째 도착지 시티아 *Sitia* - 항구 주변 해안 도로에 지중해를 품은 수많은 카페 중 한 곳에서 크레타 전통 디저트와 커피를 맛보면 좋겠다. 그리고서 정박장으로 가서 멋있는 요트를 배경으로 사진 한 장을 찍을 수 있는 곳이다.
— 이후 차량 이동 2시간 30분

헤라클리온 도착

코스4

마탈라 — **크노소스 궁전** — **헤라클리온 고고학 박물관 및 헤라클리온 시내 관광**

코스 소개

헤라클리온 지역의 남부 해안, 1970년대 히피 문화의 성지인 마탈라에서 잠시 동안 삶의 일탈을 느껴보는 것은 어떨까? 선사 시대의 절벽 동굴과 현대 히피 문화의 흔적이 함께 남아 있는 오묘한 곳이다. 이어서 유럽에서 가장 오래된 문명으로 꼽히는 미노아 문명의 중심지인 크노소스 궁전을 방문해 둘러보자. 미

노아 유물을 세계에서 가장 잘 소장하고 있는 박물관인 헤라클리온 고고학 박물관을 마지막으로 방문해 둘러보면 우리 모두 미노아 문명에 대한 반전문가가 된 것 같다. 총 8시간 정도 소요.

상세 일정

헤라클리온Heraklion에서 출발 — 차량 이동: 1시간 30분

첫 번째 도착지 마탈라 히피 비치Matala Hippies Beach - 크레타 남쪽의 여러 전설을 가진 비치로, 코발트 빛 바다와 부드러운 모래사장에서 수영과 휴식을 즐겨보자. 자유로운 '히피 스피릿Hippie Spirit'을 느낄 수 있는 곳이라는 리뷰를 보았다. 바닷가에 수많은 수영객과 푸른 바다를 쳐다보며 해안가 레스토랑에서 맛있는 크레타 전통식을 저렴하게 즐길 수 있다.

— 이후 차량 이동 1시간 30분

두 번째 도착지 크노소스 궁전Knossos Palace - 미궁과 미노타우로스의 신화가 전해 내려오는 고대 궁전으로 4천 년 전 크레타인의 삶을 직접 마주할 수 있는 곳이다.

— 이후 차량 이동 30분

세 번째 도착지 헤라클리온 고고학 박물관Archaeological Museum of Heraklion - 크노소스 궁전과 세트로 꼭 보아야 하는 박물관으로 크노소스에서 출토된 화려한 벽화, 황금 장신구, 독특한 토기를 보며 고대 크레타의 높은 문화 수준을 체험할 수 있는 곳이다. 헤라클리온 도시 중앙에 위치한다.

박물관을 나온 후에 시간이 있다면 도보로 천천히 이동하며 헤라클리온 시내 투어를 가볍게 하면 더 좋겠다.

헤라클리온 도착

코스 5

카스텔리 — 그람보우사 반도 — 발로스 라군

코스 소개

그람보우사 반도 해안과 발로스 라군에서 두 개의 작은 무인도를 탐방하는 코스. 크레타 섬의 최서단 지점을 통과하는 마법 같은 보트 여행을 즐기고, 그곳의 믿기지 않는 맑은 바닷물을 감상할 수 있는 코스이다. 백사장을 가로질러 걸어가다 보면 세계에서 가장 아름다운 해변에서 햇볕과 바람을 즐기고 있는 자신을 발견할 수 있다. 최소한 14시간 정도의 시간이 필요하다. 근처에서 1박을 하면 더 여유 있는 여행이 될 것 같다.

상세 일정

헤라클리온 Heraklion 에서 출발 — 차량 이동: 3시간 30분

첫 번째 도착지 카스텔리 Kastelli - 크레타 서쪽 끝에 위치한 작은 타운 카스텔리에 도착 후 보트 탑승, 그람보우사 반도 해안과 발로스 라군으로 출발.
— 이후 보트 이동 1시간

두 번째 도착지 그람보우사 반도(Gramvousa Peninsula) - 반도에 정박하여 언덕 위에 있는 베네치아 성 탐방. 숨이 멎을 듯한 풍경을 보며 사진 한 장!
— 이후 보트 이동 15분

세 번째 도착지 발로스 라군(Balos Lagoon) - 맑고 따듯한 바닷물, 황금빛 모래밭, 아름다운 풍경, 시원한 바람, 완벽한 해수욕장에서 완벽한 해수욕을 즐길 수 있다.
— 이후 보트 이동 1시간

`네 번째 도착지` 카스텔리 - 보트로 돌아와 바로 차량 탑승. 깊은 아쉬움을 두고 귀환.

— 이후 차량 이동 3시간 30분

`헤라클리온 도착`

`코스6`

`하니아` — `팔라사나 비치`

`코스 소개`

베네치아풍 항구와 멋스러운 골목들이 매력적인 하니아를 탐방해 보자. 하니아는 크레타의 보석이라고 불리는 곳으로 크레타의 어느 도시보다도 고풍스러운 특색이 가득하다. 더 서쪽으로 향하면 크레타 최고의 에메랄드빛 바다로 손꼽히는 팔라사나 해변이 펼쳐진다. 도심의 역사와 바다의 자유로움을 하루에 모두 만나는 환상적인 코스. 최소한 12시간 정도의 시간이 필요하다.

`상세 일정`

`헤라클리온 Heraklion에서 출발` — 차량 이동: 3시간

`첫 번째 도착지` 하니아 Chania Town - 크레타 서쪽에 위치한 그림 같은 도시. 작은 가게와 맛있는 크레타 음식을 즐길 수 있는 수많은 레스토랑. 올드 타운을 이리저리 걷다 보면 르네상스 시대로 타임머신을 타고 간 느낌. 점심으로 맛있는 크레타 전통 요리 무사카를 즐겨 보면 좋을 것 같다.

— 이후 차량 이동 1시간

`두 번째 도착지` 팔라사나 비치 Falassana Beach - 크레타 서쪽 해안의 넓은 비치, 크

레타 최고의 비치로 여러 번 인정된 곳. 일광욕을 즐기며 높은 파도를 즐길 수 있는 해안. 아이스크림과 아이스티를 즐기며 해안에서 삶의 여유로움을 느껴보자.

— 이후 차량 이동 3시간 30분

> 헤라클리온 도착

> 코스7

> 라시티 고원 — 제우스 동굴 — 크라시 마을 — 올리브 팜

> 코스 소개

라시티 고원에서 제우스 동굴을 탐방하고 비디아니 수도원 그리고 크레타에서 가장 오래된 나무가 있는 오랜 전통의 마을 카사리를 가보자. 이어서 크레타 최고의 농산물인 올리브를 생산 가공하는 농장을 탐방한다. 대표적인 역사 문화 탐방 코스다. 올리브 농장에서 현지 올리브로 만든 오일, 비누, 꿀 등의 생산 과정을 볼 수 있으며, 저렴한 구매도 가능하다. 평균 6시간 정도 소요.

> 상세 일정

> 헤라클리온*Heraklion*에서 출발 — 차량 이동: 1시간 30분

> 첫 번째 도착지   라티시 고원*Lassithi*에 있는 제우스 동굴*Zeus Cave*, 그리스어:*Psychro Cave* - 신화에 따르면 제우스 신이 아버지 눈을 피해 성장한 곳으로 알려져 있다. 석회암 동굴도 독특하지만 동굴 입구에서 바라보는 라시티 고원의 경치도 참 아름답다.

— 이후 차량 이동 30시간

부록 2

`두 번째 도착지` 비디아니 수도원*Vidiani Monastery* - 한 번쯤 꼭 방문해 볼만한 그리스 정교 소속의 수도원. 작은 규모이지만 정신적 깊이가 느껴진다. 크레타 대학의 작은 자연사 박물관도 같이 있다. 나치에 저항한 수도원의 역사가 숨 쉬고 있는 곳이다.

— 이후 차량 이동 30분

`세 번째 도착지` 크라시 마을*Krasi Village* - 크레타의 전통 마을이며, 오래전부터 깨끗한 샘이 나는 마을로 알려져 있다. 크레타에서 가장 오래되고 가장 큰 올리브 나무를 볼 수 있다. 크레타의 대표 작가인 니코스 카잔차키스가 자주 찾았던 운치 있는 장소이다.

— 이후 차량 이동 30분

`네 번째 도착지` 올리브 농장*Olive Mill Farm* - 점심시간에 맞추어 이 지역의 여러 올리브 농장 중 한 곳을 방문하면 좋을 듯하다. 농장 안에 식당이 있는 곳도 있다. 저렴한 올리브 제품 구매가 가능하다.

— 이후 차량 이동 1시간

`헤라클리온 도착`

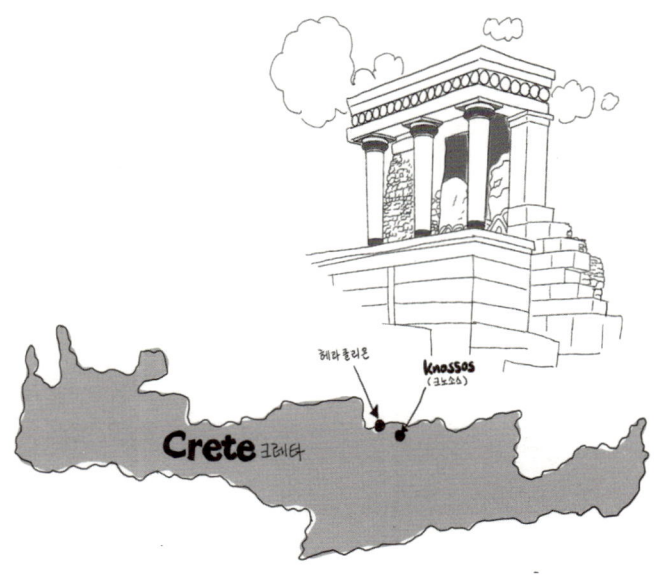

크레타에서 한나절만 시간이 있다면 어디를 가야 할까?
- 헤라클리온 고고학 박물관 & 크노소스 궁전

부록 2